U0933495

珍藏本
纪念版

汉译世界学术名著丛书

现实的人类和理想的人类
一个贫苦罪人的福音

〔德〕威廉·魏特林 著

胡文建 顾家庆 译

商务印书馆
SINCE 1897 The Commercial Press
2017年·北京

Wilhelm Weitling

DAS EVANGELIUM

DES ARMEN SÜNDERS

DIE MENSCHHEIT,

WIE SIE IST UND WIE SIE SEIN SOLLTE

Veröffentlicht im Rowohlt Taschenbuch Verlag

Gmbh, Reinbek bei Hamburg, Februar

1971

根据联邦德国汉堡罗沃尔特出版社 1971 年版译出

汉译世界学术名著丛书
（120年纪念版·珍藏本）
出 版 说 明

2017年2月11日，商务印书馆迎来120岁的生日。120年前，商务印书馆前贤怀揣文化救国的理想，抱持“昌明教育，开启民智”的使命，立足本土，放眼寰宇，以出版为津梁，沟通中西，为中国、为世界提供最富智慧的思想文化成果。无论世事白云苍狗，潮流左右激荡，甚至战火硝烟弥漫，始终践行学术报国之志，无改初心。

迻译世界各国学术名著，即其一端。早在20世纪初年便出版《原富》《天演论》等影响至今的代表性著作，1950年代后更致力于外国哲学和社会科学经典的译介，及至1980年代，辑为“汉译世界学术名著丛书”，汇涓为流，蔚为大观。丛书自1981年开始出版，历时三十余年，迄今已推出七百种，是我国现代出版史上规模最大、最为重要的学术翻译工程。

丛书所选之书，立场观点不囿于一派，学科领域不限于一门，皆为文明开启以来，各时代、各国家、各民族的思想与文化精粹，代表着人类已经到达过的精神境界。丛书系统译介世界学术经典，引领时代思想，为本土原创学术的发展提供丰富的文化滋养，为推动中国现代学术和现代化进程做出了突出的贡献。

为纪念商务印书馆成立120周年，我们整体推出“汉译世界学术名著丛书”120年纪念版的珍藏本，寄望既利于文化积累，又便于研读查考，同时向长期支持丛书出版的译者、编者和读者致以敬意。

两甲子后的今天，商务印书馆又站在了一个新的历史时间节点上。我们不仅要铭记先辈的身影和足迹，更须让我们的步伐充满新的时代精神。这是商务人代代相传的事业，更是与国家和民族的命运始终紧密相连的事业。我们责无旁贷，必须做好我们这代人的传承与创造，让我们的努力和成果不仅凝聚成民族文化的记忆，还能成为后来人可以接续的事业。唯此，才能不负前贤，无愧来者。

商务印书馆编辑部

2017年10月

译者前言

空想共产主义理论家和活动家威廉·魏特林(1808—1871年)在德国工人运动和共产主义运动史上占有重要地位。恩格斯把这位裁缝帮工称做“德国共产主义创始者”[①],马克思把他的代表作《和谐与自由的保证》称做德国工人“史无前例光辉灿烂的处女作”[②],并且正是由于魏特林的这一著作,马克思说“德国无产阶级是欧洲无产阶级的理论家,正如同英国无产阶级是它的经济学家,法国无产阶级是它的政治家一样”[③]。

魏特林的主要著作共有三部:《现实的人类和理想的人类》(1838年)、《和谐与自由的保证》(1842年)和《一个贫苦罪人的福音》(1843年)。这三部著作代表魏特林思想发展的不同阶段,完整地体现了他的空想共产主义体系。《和谐与自由的保证》已有中译本,为了全面地完整地研究魏特林的空想共产主义体系,特将另两部主要著作翻译出版。

《现实的人类和理想的人类》是魏特林的第一部著作。1835年10月,魏特林怀着“当时还不成熟的关于平等的看法”[④]到了巴

① 《马克思恩格斯全集》,第1卷,第586页。

② 同上书,第483页。

③ 同上。

④ 魏特林:《和谐与自由的保证》,1979年商务印书馆版,第295页。

黎，除了1836年4月至1837年9月这一年多的时间外，直至1841年5月他主要住在这里。当时的巴黎是革命行动和言论的中心，是各种社会主义和共产主义学说的发祥地。他在这里尽情学习，贪婪地吸收法国空想社会主义和共产主义思想，并很快就加入了德国流亡者于1834年在这里建立的民主共和主义的秘密组织——流亡者联盟，积极参与反对流亡者联盟中的小资产阶级一翼的斗争。1836年，无产阶级分子从流亡者联盟中分化出来，建立了正义者同盟，这是当时在巴黎形成的具有巴贝夫主义传统的法国工人共产主义的一个德国分支，魏特林成了它的创建人和领导人之一。后来在1847年，正义者同盟在马克思恩格斯的影响和指导下进行了改组，成立了世界上第一个无产阶级政党——共产主义者同盟。1838年，魏特林作为正义者同盟巴黎委员会成员和共产主义思想的热烈宣传者，受巴黎委员会的委托，为正义者同盟起草一个证明财富共有共享可能性的纲领性宣传文件，这就是他的《现实的人类和理想的人类》。这一著作经正义者同盟委员会审查后，于1838年底秘密出版了两千册，实际上成了当时正义者同盟的纲领。

魏特林在这部著作中以平等要求为依据论证了财富共有共享的必要性和可能性。他认为自然法则和基督教的爱应是一切法则的基础。根据自然法则，权利和义务是平等的。工人苦难的根本原因不是机器，在共有共享社会中机器能造福于人类。劳动分配的不平等，产品分配的不平等造成贫富，这是工人苦难的根本原因，而维持这种可恶的混乱状态的手段则是金钱。所有的人都得到同等的生活条件才能使大家无忧无虑、友爱幸福。所以必须实行财富共有共享，废除金钱制度，平等地利用一切财富，平等地分配劳动，平等地分配产品，平等地享受，平等地受教育，男女平等，每个人只有权拥有和享受他们所需要的那么多的东西而不能超过，谁也无权追求更多的消费和更少的劳动，任何人不能因为有较多的知识而获得较多的享受和从事更少的工作，否则就是贵族。"向尘世的完美成熟着的人类就是庄稼，尘世财富的共有则是这种庄稼的第一个果实。"[①]他号召人们根据爱的戒律去收获成熟着的人类的果实——财富共有共享。这是一种粗陋的共产主义，手工业工人的空想的平均共产主义。

魏特林提出了劳动群众彻底摧毁旧社会和建立财富共有共享的新社会的斗争目标。他认为宣布自由平等，推翻国王、贵族和僧侣，废除常备军，并不能确立人类的幸福。资产阶级共和国和宪法尽管名称好听，并不能解放工人，因而决不能停顿在这里，而应进行社会革命。但他不是号召富豪，而是号召劳动和贫困的人们，因为在他看来，富人是实行不了共有共享的。他用正在形成中的无产阶级的阶级意识反对各种资产阶级和小资产阶级的意识。他反对改良，不相信金融家，不相信依靠资本家实现的改革，认为国家银行、国家工场和政府的种种改革措施只是陷阱。魏特林的所有这些思想远远超出傅立叶、圣西门和欧文的空想社会主义体系。

魏特林主张暴力革命。他认为同敌人妥协不会得到任何东西，而只会带来损害；希望只存在于自己的宝剑上，真理必须用鲜血去开辟道路，基督的到来不是叫地上太平，而是叫地上动刀兵。

① 见本书第4页。

但他不是像布朗基那样主张靠少数人的暴动密谋去解放全体，而是号召全体劳动、贫困和被压迫的人民群众拿起武器反对压迫者。

为了使人民群众在摧垮旧制度之后能很快建立起新的社会制度而不致陷入无政府状态，他制定了财富共有共享社会的组织方案。他把新社会组织叫做大家庭联盟，描述了大家庭联盟的组织结构以及实现财富共有共享、平等分配劳动和产品的办法。其中他已经提出大家庭联盟没有国界，实行交易小时制度，消灭脑力劳动与体力劳动差别等重要思想。他并不认为自己的新社会组织方案是完美的，因为每一代人都有自己关于完美的观念，每一个方案只是争取改革的必要性和可能性的论据，最好的方案必须用自己的鲜血写成，必须由社会本身，由大多数社会成员选择，而这种选择又受当时社会状况的极大影响。这说明他模模糊糊地意识到未来社会的性质决定于社会的发展。诚然，总的说来，魏特林在整个这部著作中完全是个空想共产主义者，并没有关于社会发展规律的意识。

魏特林的这一著作在论述形式上有极大的缺陷。他从圣经中寻找论据和语言进行批判和论证，诉诸感情，诉诸基督的仁爱训诫。这当然不仅仅是论证形式，它反映了怀有强烈的宗教意识和宗教感情的德国手工业工人的倾向性和局限性。但不能像西方史学家那样，由此认为魏特林的空想共产主义来源于宗教。魏特林的共产主义的真正来源是德国手工业工人本能的阶级意识和阶级要求的表现，是法国空想社会主义和共产主义在受小手工业生产限制的那种世界观范围内的复制。

在这部著作中，魏特林后来在《和谐与自由的保证》中阐述的所有重要思想几乎都已经有了萌芽。因此,这部著作标志着魏特林的德国手工业工人空想共产主义体系已具雏形,宣告了德国无产阶级独立理论运动的开始。它使德国第一个从资产阶级反对派独立出来的手工业无产者组织——正义者同盟有了工人自己的独立的纲领,在德国工人运动史上占有重要地位。

《一个贫苦罪人的福音》是魏特林 1843 年夏在瑞士洛桑写成的,原书名是《贫苦罪人们的福音》。他到了苏黎世,把书交给这里的出版商赫斯出版。1843 年 5 月,魏特林刊登了征订广告,宣称"这本书举出一百多处圣经引文,证明现代解放思想的最大胆的结论与基督教学说完全一致"[①],并详细列出各章节的标题,例如:"耶稣教导废除财产。耶稣教导废除金钱。耶稣教导废除惩罚。耶稣学说的原则是共同劳动和共同享受。耶稣的原则是自由和平等的原则。耶稣认为为传授共有共享学说必须作出的牺牲。耶稣是有缺点的。与罪人交往。耶稣由妇女陪同周游各地并得到她们的接济。耶稣否弃家庭。耶稣宣传战争。耶稣不尊重财产。耶稣攻击财产"[②]。苏黎世的教士拿着广告,以侮辱上帝的罪名向检察厅检举魏特林。1843 年 6 月魏特林被捕,《贫苦罪人们的福音》已经印好的印张和手稿也被当局没收。魏特林被判十个月的徒刑,审前羁押的四个月不包括在内,并被判驱逐出境五年。魏特林在苏黎世近郊监狱服刑,1844 年 5 月服刑期满,1844 年 8 月到了伦

① 艾·卡勒尔:《威廉·魏特林。他的生平和学说》,1896 年圣彼得堡俄文版,第 105 页。

② 约·卡·布伦奇里:《瑞士的共产主义者。根据从魏特林那里发现的文件。委员会给苏黎世政府的报告全文》,1843 年苏黎世德文版,第 85—86 页。

敦。在魏特林坐牢期间，朋友们把落在当局手中的手稿拯救出来，并于1845年交给伯尔尼的耶尼出版社出版，书名改为《一个贫苦罪人的福音》。但由于手稿的许多地方被别人作了删补，魏特林在坐牢期间就决定出第二版，他到了伦敦之后脱稿，1846年在瑞士的比尔斯费尔德出版，书名为《一个贫苦罪人的福音》。第二版包括第一版的全部内容，但分类不同，内容增加了，主要是增加了一章组织宣传以及其他材料。

《一个贫苦罪人的福音》在形式上完全是圣经福音的注释。诚然，魏特林并不是要宣扬神学的基督教。他愤怒地揭露了教会的欺骗与伪善，揭露了教会只是特权者阶级用来保证自己统治的工具，指出随着科学教育的发展，群众会识破这种宗教。他认为统治阶级用圣经制造了一部暴政、压迫和欺骗的福音。他则要"制造一部自由、平等和共有共享的福音"[①]。他为此大量引证圣经福音的章节，不厌其烦地加以注释。他论证说耶稣是古代一个秘密同盟的领袖，这个同盟的目的是要彻底变革一切社会关系，建立共有共享的尘世天国。剥开基督的神秘外壳，便可以发现它的核心，它的纯正的原则。纯正的基督教原则就是废除财产，废除继承，废除金钱，实行财富共有共享，人人自由、平等和仁爱等等。实现这些原则，"是共产主义的至善尽美状态的前提"，"就是共产主义"。[②] 这样，他把共产主义归结为早期基督教，归结为"纯正的基督教"。他又引证了大量福音章节，说明耶稣进行革命斗争的种种策略。在

① 见本书第252页。

② 见本书第75、78页。

这一著作中他不断以比第一个救世主更高明更伟大的第二个救世主的口吻表白自己。

这部著作也有许多闪耀着光辉的思想火花，例如关于工人不要依靠富豪而要自己起来用暴力革命消灭私有制和建立公有制的新社会的思想，关于新社会既要实行财富共有又要保证每个人的自由发展的思想，关于工人要团结起来、组织起来和行动起来的思想，以及关于工人革新社会的思想等等。但是其中也有许多迷误，如宣扬为了达到目的可以不择手段，宣传盗窃是反对私有财产的革命行动，鄙视一般科学理论等等。而最大的迷误就是求助于宗教，把共产主义等同于早期基督教，以先知自居。因此，恩格斯曾经正确地指出：魏特林在这部书中“有个别的天才论断，但他把共产主义归结为早期基督教”[①]。

魏特林是空想共产主义者，对于包括他在内的所有空想社会主义者来说，“社会主义是绝对真理、理性和正义的表现，只要把它发现出来，它就能用自己的力量征服世界”[②]。对于他来说，共产主义无非是天才头脑的发现和发明。他不可能把自己的共产主义置于现实的基础上，置于对无产阶级解放的历史条件、道路和手段的科学认识上，置于对无产阶级和资产阶级的斗争的总结上。他完成了《和谐与自由的保证》的写作之后，认为自己的理论体系已经完成，新社会体系已经被他发现，已经被他论证，任务只不过是把它付诸实现。他急于实现他发现和论证的新社会体系，但面临

① 《马克思恩格斯选集》，第 4 卷，第 195 页。

② 同上书，第 3 卷，第 416 页。

许多现实的困难,遭到一个又一个的挫折。他要建立一支由二至四万机智勇敢的好汉组成的队伍去进行毁灭私有财产的游击战的计划遭到正义者同盟领导人的坚决反对。他的著作在德国、奥地利和法国受到严密追查。他主办的杂志《年轻一代》在法国边境被没收焚毁。瑞士的保守政府日益加强对他和他的合作者的迫害,破坏他主办的杂志的印刷和出版。他在瑞士当做共有共享社会的萌芽来开办的共产主义食堂一再失败。在瑞士的青年德意志派日益倾向于青年黑格尔的哲学而对魏特林持鄙视态度,并在瑞士的德国手工业工人中获得越来越大的影响。在空想与现实的矛盾之中,他的思想出现了种种迷误。他正是在这种情况下写作《一个贫苦罪人的福音》的。

魏特林是德国手工业工人的代表,而德国手工业工人具有浓厚的宗教意识和感情。他本人虽然深受大卫·施特劳斯对圣经的批判的影响,他已经不信教也不祈祷了,但仍然有较深的宗教感情。他认为受尽无数苦难而又苦于无能为力的人类不会失去信仰,在浩劫茫茫的生活狂风暴雨之中,信仰将一直是人类最后的希望之锚。他不肯同意伏尔泰等人的为了解放人类而必须毁灭宗教这一原则,而赞同拉梅耐等人的观点,认为不应当毁灭宗教,为了解放人类,必须利用宗教。他把黑格尔仅仅看做是一个玄虚哲学家,厌恶地把德国古典哲学一概斥之为荒谬的东西,不去探求正确的世界观而只诉诸感情。因此,他在迷惘中必然地求助于德国手工业工人的宗教意识和感情,“利用差不多家家户户都有的福音书”,[①]

① 见本书第183页。

完全从圣经的福音书中寻找自己的共产主义的论据，结果把自己的共产主义归结为早期基督教。

因此，这部书表明魏特林在空想与现实的矛盾中已迷失了方向，标志着魏特林的极大退步。从此，魏特林的空想共产主义就逐渐地变成了正在发展的德国工人运动和刚刚产生的科学社会主义相结合的障碍。

这两部著作我们是根据联邦德国汉堡罗沃尔特出版社 1971 年出版的这两部著作的合订本德文版译出的（我们根据写作年代重排了两部著作的顺序）。在罗沃尔特出版社 1971 年的德文版中，《一个贫苦罪人的福音》是根据魏特林修订增补过的 1846 年第二版刊印的，《现实的人类和理想的人类》则根据 1845 年在伯尔尼出版的未经修改的第二版刊印。本书篇末的魏特林生平年表是译者编的，书目是罗沃尔特出版社 1971 年德文版原有的。

1983 年 11 月

目　录

现实的人类和理想的人类

一个贫苦罪人的福音

附　录

现实的人类和理想的人类

共和国和宪法，
多么好听的名称，
但是仅有这些还不成；
饥肠辘辘的穷苦人，
衣不蔽身，
依然劳累困顿；
再来一次革命吧，
这次应当前进一步，
是一次社会的革命。

第一章

耶稣看见人们，他怜悯他们，
于是对门徒说：要收的庄稼多，
做工的人少，所以你们当求庄稼的主，打发工人
出去收他的庄稼。

要收获的庄稼很多，而且成熟了，要干的活多的是；工人们，来吧，开始收割吧！收获的田地是荣誉的田地，这种劳动是值得颂扬的，而他的报酬是不朽的，因为对他人的爱是我们的镰刀，而真正的上帝的法律——“爱上帝胜过一切，爱他人犹如爱自己”——则是我们加在这把镰刀上的钢刃。所有喜爱这种劳动和拿得动这把

镰刀的人都来组成一个伟大的收获联盟吧！

向尘世的完美成熟着的人类就是庄稼，尘世财富的共有则是这种庄稼的第一个果实。爱的戒律召唤我们去收获，收获给我们以享受。如果你们愿意收获和享受，你们就要遵守爱的戒律。

人们要你们相信，迄今起草和印刷的多得可供你们整整一冬取暖之需的法律和条例，都是为了增进你们的福祉和维护秩序；但是从来也没有人来问一问你们是否赞同这样做，因为这些法律和条例只会给你们带来苦难，你们决不会予以赞同。在你们触犯这些法律并受到惩罚之前，人们从来也不向你们解释他们的法律的内容；他们这样做是为了使你们永远完全生活在奴隶般的恐惧之中。

而恐惧是懦弱之根，工人应当把这种有害植物的根拔掉，让勇敢和爱他人在那里深深地扎下根。爱他人是基督的首要戒律；其中包含着所有善良的人的希望和意愿，因而包含着所有善良的人的幸福和福利。

如果你们想要生活得美好和幸福，那就应该努力实现这真正的上帝的戒律。只要你们有勇气，这项戒律就不难实现，因为只要进行斗争就行了，而你们是全都愿意进行这种斗争的。

上战场去，向纷争和自私开火；首先在你们自己中间消灭它们，然后向它们的一切存身之处发起进攻。

只要你们还是仅仅看到别人的缺点，而不愿注意自己的缺点，或者是不愿改正自己的缺点，你们就还不能在你们中间消除不和；只要你们还是关心自己的生活状况比关心许多不幸的兄弟的境况为重，你们就还没能摆脱自私之心。

如果谁十分不愿意宽恕他人和同情他人，那就让他继续怨恨和吝啬，并在自己的临终时刻看看自己的下场吧；如果到那时他还能哭泣，他的眼泪必将是非常之苦的，因为他是在绝望地哭泣，孤独地哭泣。

满足的人是幸福的人！但是人们只有在生活无忧无虑和有朋友时才会感到满足，而人们只有懂得每个人拥有他所需要的那么多东西时才会生活得无忧无虑；人们只能在那些和他命运相同的人中间挑选和寻找朋友。这就是说，使所有的人都得到同等的生活条件才能使大家无忧无虑和获得友谊，从而带来大家的幸福。如果你们希望出现普遍幸福的境界，那就要致力于使每个人只拥有和享受他所需要的那么多东西，而不能超过。

如果在你们家的餐桌上有一个人要夺走另一个人的应得之份，那你们当然会制止，因为你们不愿看到那另一个人挨饿！你们的田地就是仁慈的大自然赐予的丰盛的筵席，为什么你们对它不同样地予以保卫，以防不公之辈的贪欲呢？

他们说：你们在其中工作的那些房屋、田地和工场，都是我们买来的、租来的和继承来的，只要你们工作，我们就给予你们足以使你们不致饿死的东西，而你们为了不致饿死也心甘情愿这样做。然而会有那么一天，你们会质问他们：你们同我们分担同样的劳苦了吗？

如果他们同意分担，那你们也应当让他们分享劳动成果；如果他们不愿意分担，那你们就不让他们分享，因为不劳动者不得食。

你们从早到晚，年复一年地劳动，你们从土地上赢得的物品堆满了所有仓库；然而你们中的大多数却缺乏最必需的食物、住宅和衣服，分享物质福利最少的却恰恰是那些汗流浃背地辛勤劳动取得这些物质福利的人们。

造成这种情况的原因是劳动分配不平等以及由此产生的产品分配不平等。贫富就是由于这种不平等而产生的，因为有富人才会有穷人，有穷人才会有富人。

当富人和有权有势的人就是当不义的人，因此，在你们中间有多少富人和有权势的人，就会有多少不义的人。只有义人才能进入天国。

如果你们是基督徒，那就应该记住基督的话：对富人来说，遵守所有的戒律倒容易，把财产分给大家共享就太难了。

当富人和不义的人，这还意味着拥有无须劳动而得到多于常人需要的享受的权力和手段。这也意味着其余的人必须为这个富人劳动；这个富人挥霍掉的东西，他们就必然缺少！由于他们和为了他们，你们千百万人要担负着对你们毫无补益的劳动；可是你们这千百万人也要穿衣吃饭，而且你们又同样要为他们劳动，而他们却不能通过他们的劳动使你们获得什么重大的益处。

只要还有人缺吃少穿，所有那种不是为大家的生存和福利所必需的劳动就都是无益的劳动。所有耗费了特别大的力量制造出来的奢侈品，对于不能享有它的大多数人有什么用呢？而大量从事这种生产的工人本来可以是对社会有益的，因为他们本来可以减轻大家为了生活必须从事的必要劳动，因为每一个人都想免受风雨严寒之苦，都想吃饱穿暖。还应该估计到不计其数的领薪俸的懒惰者，再加上为了使他们过得舒适而伺候他们的人和为保卫他们的不义事业而设立的军队，这些身强力壮的人都不从事有益的劳动,他们的那份工作只好由其他人来承担,这种人的数量之巨大足可使你们大吃一惊。

然而,这些人类仇敌的不义并不满足于利用你们的智力和体力专为他们谋利益,他们的贪欲还不让你们平等地享受生活资料,最大和最好的那一部分生活资料,像人为的、奸诈的所谓资产阶级制度所规定的那样,要供他们自己和那些自愿地和被迫地为他们工作的人享用。因此,他们提高最好的生活必需品的价格,并且把你们的工资规定得使你们经常只能获得少量比较坏的生活必需品。如果不是怕把你们饿死,他们必须自己从事他们所不能忍受的劳动的话,他们将不会给你们任何东西。

如果肉类和其他食品被运到城市去,那么,其中最好的部分就会被你们那些叫做皇帝、国王或什么别的名称的统治者夺去,供他们自己或为他们服务的人享用。然后,又有另外一些人带着金块来到,并表示要占有剩余的部分;这样你们就没有留下什么剩余的东西了,你们就只好用陈面包来餬口,如果你们还有这种面包的话,因为那些人虽然喜爱他们肥胖的小狗,却是根本不会为饥饿的工人操心的。

工人愈穷就愈要为更多的商人和小店主干活,这些商人和小店主全都想利用工人来使自己发财;这并不都是由于个人的恶意造成的,而是因为这整个社会都是建筑在重利盘剥制度上的,在这样的社会里,正义的人只好乞讨为生。

工人只能向小商人零星购买必需品,不能成批地购买,而不得不总是为此而多付钱,因为他向之购买东西的经营小生意的人也要活命。

如果工人要借钱而且能借得着的话，他就必须向高利贷者支付高得可怕的利息；反之，如果富人为了扩大自己的企业而借贷大量资本，则仅仅支付很低的利息；而且富人还会以别的名义把所有利息和税收转嫁给工人。

如果重利盘剥引起了食品和其他必需品价格的上涨，那么，无论是收取地租的地主，还是买卖这些物品的商人，都丝毫不愿承担这方面的任何小小的负担。

必须承担这整个重担的仍然是工人，即使工人被这种负担压垮了，这些铁石心肠的人当中也未必会有人去帮助他们，减轻他们的负担，如果不是在自己受苦的兄弟的胸中跳动着善良的心，他们就将得不到救助。

你们全都感觉到了这个负担的重压，你们在这个负担下呻吟，但是，你们中的大多数人都不知道反抗的手段。有些被称做师傅的人想求助于降低他们的帮工或工人的工资来减轻自己的负担，然而，这种措施既危害了他们自己，也危害了整个行业，因为随着工人工资的降低劳动产品的价格也降低了，之所以如此是因为不存在调整好的价目表，以维持价格不变：同时每个人都要靠自己救自己。

如果野兽来糟蹋你们的田地，你们会到田地里去对付它们，以保住你们和你们的家畜所必需的食粮；你们中的任何人大概都不会怯懦到这种地步，宁可让你们的家畜减少食粮或者让你们自己忍受贫困之苦。为什么你们不防御那些糟蹋你们的劳动产品的野兽呢？

你们往往在自己的周围寻找贫困的原因，其实这原因是在宫殿里、在王位上、在柔软的地毯上。

有些人把过错推给根本无罪的机器，可是，如果人类一旦像一个大家庭一样生活在财富共有共享之中，机器是能造福于人类的；因为它们能使人类获得它本来所无法达到的力量和速度，在机器的帮助下可以大大节省劳动和精力。

在目前的社会条件下，发明的机器越多，机器越完善，人类大多数的境况就越糟糕，因为在没有机器的情况下，成百万闲散无事或无谓忙碌的人为了满足他们的欲望以及需要，就必须让所有其他的人干活，凡是没有权利闲度时光的人，都得干活。

但是，当出现了只需耗费很少力气就可取得不可思议的成果的机器时，人们就不再需要大量的工人了，谋取暴利者立即进行了计算：每个人所需要的必需品，按时限和数量计算，加在一起就是一个巨大的数目，而如果能省掉这个数目，就能再捞到一些新的资本，也就是捞到新的宴乐和闲散的特权。于是在我们目前这个可悲的状况下就出现这样的情况：完善和制造机器，目的本来是要减轻工人的劳动，但现在却只用来加重他们的痛苦，而不是用来减轻他们的劳动；因为在业工人的劳动时间还是和以往一样，如果不是延长了的话。并且，只要这种状况延续一天，无论工人为改善自己的境况想出和发明出什么东西来，那些不义的人都会利用它来达到自己卑鄙的利己的目的。而对于发明者，顶多是给他嘴里塞点甜头，以便使其他人的热情不致冷却，仅此而已。

你们经常埋怨说时代不好，但是很少分析为什么会这样，即使对此进行分析，也很少从正确的基础出发。工场工人埋怨机器，手工业者埋怨行会的规矩、工业自由和上层阶级的节俭开支，农民埋

怨年成时好时坏，所有的人都埋怨生活必需品价格昂贵；但是，很少有人能击中要害。

产生这种持续的坏时代的原因仅仅是产品的分配和享用不平等，以及生产这些产品的劳动的分配不平等；而维持这种可恶的混乱状态的手段则是金钱。

如果从今天起就没有或能够没有金钱，那么，富人和穷人很快就不得不在财富共有共享之中生活。但是，只要现在意义上的金钱存在一天，这个世界就永远得不到解放。自从使用金钱以来，人类真不知道遭受了多少痛苦和不幸了！你们如果把人类的全部罪恶和缺点都开列出来，你们就会承认，其中的大多数，尤其是那些最令人厌恶而且最有损于公众利益的，没有金钱就不会存在，并且会随着金钱的消失和财富共有共享制度的建立而消失。如果你们宣布自由平等，推翻国王、贵族和僧侣，废除常备军，并向富人征税，诚然，通过这一切你们可以大有所获，然而，你们仍然不能确立人类的幸福。如果想使我们的工作完成，我们就不能停顿在这里。我们的责任是利用人类为获得拯救而斗争的伟大时刻。既然斗争要以鲜血、生命和自由为代价，那我们当然要努力争取最完善的东西，而不以同样的牺牲去换取不完善的东西。

由各等级的不平等引起的道德沦丧也同样使人类痛苦加重。贵族在商人面前趾高气扬，商人自以为比手工业者高贵，而交纳直接税的手工业师傅则认为自己比工人高贵，他们全都看不起工人，而在同一个等级里，每一个比别人多点什么的人都这样对待别人。甚至一个工人穿了套新衣服，就认为另一个没有新衣服的工人不体面。

非常可悲的是，在你们工人中也发生了这种事。而这是你们的愚昧和懦弱造成的；因为，如果你们知道你们是世界上最有用的人，你们就会有勇气在这些服饰华丽的压迫者和蠢货面前表现出自豪感，你们就不会尽心竭力地去仿效他们的蠢行，你们就不会看重这种蠢行而轻视你们的健康。

对于沉湎于华丽服饰的人，宣传财富共有共享是不合适的，对于耽于宴乐者和狂饮者也是这样，除非他们能够改过自新，如果这样，他们就能像使徒保罗一样，成为最好的老师；但是，一个人虽然抛弃了这些嗜好，当他能帮助自己不幸的兄弟时，却听任他们遭受贫困的煎熬，对于这样的人，是不能期待他改过自新和帮助别人的，因为他缺乏爱，而缺乏爱的人是什么呢？——无非是鸣的锣和响的钹。

如果你们过有节制的生活，甘愿与贫穷者分忧，那么，你们的言词就将如同降在干旱土地上的甘霖一样。

有节制是任何良好秩序的培育者和财富共有共享的基本条件。

无节制是整个人类幸福的破坏者，是财富共有共享的不可调和的敌人。

我们现在的生活环境是一个最肆无忌惮的无节制的环境。一些人只做很少的工作或者根本不工作，都享用不尽，同时，另外的大多数人无节制地工作，但是他为此而得到的往往还是挨饿。

财富共有共享决不是沉湎宴乐和游手好闲的特权，而是整个社会能够无忧无虑地生活在长久幸福中的共同权利，大多数人决不会试图破坏这种权利，因为这是他们自己的权利，即大多数人的权利。

你们有什么愿望，你们可以高兴地看到它实现；你们可以时而追求这样的物质财富，时而追求那样的物质财富来满足你们的必需或者保证你们的安乐。你们的劳动和受累，可以使你们得到渴望的东西；你们的期望和耐心决不会落空。

你们说，你们的愿望不违反节制，而且也不侵犯别人的权利。那就直截了当地把它提出；财富共有共享能够满足所有这些愿望。它不会像继母那样分配自己的礼物。谁一旦集合到它的旗帜下，他就会把世界看做自己的财产。

假定说：在社会平等的条件下，你们完成了日常工作，那你们也不必等着为此取得什么报酬，而是需要什么就取得什么。

例如，你们想吃合自己的口味和胃口的东西，你们就能吃到，因为一切东西都十分丰富。

你们在同别人聚会时想喝啤酒或葡萄酒，你们就每天都能这样做，而且不必花钱。

你们想要同家人一起到若干小时路程以外的乡间去进晚餐，你们可乘车往返；你们不再需要等待一星期之久才得到少得可怜的休息时间，每天都将是星期日；你们如果愿意，每天都可以上剧院和赴舞会。这不是好似现在每天口袋里装满你们所没有的钱一样的好吗？

你们非常喜欢旅行。好，旅行去吧！你们可以每天在工作之余做一次小的旅行。

即使徒步旅行，你们都可以在一周内轻易地做三十小时路程的旅行，而利用铁路，你们就能做相当于三百小时路程的旅行。你们到处都可以受到家庭宴请和兄弟般欢迎，现在有哪一个富人在自己的旅行中能得到比你们更大的欢畅呢？

的确，也会发生这样的事，有时有些反常的饕餮之徒和酒徒，如果他们的欲望得不到满足，他们就会感到不幸福，不过，这种情况是很稀少的。这种情况通常是由教育引起的，它将随着教育变得文明高尚而终止。有一句古老的谚语说：贪吃不是天生的，而是教出来的。不过，对于这种例外情况，人们即使不把它看做无节制的恶习，也通常可以把它看做一种病态，而我们将来的医生是会有办法医治这种病的。

劳动将不再是一种负担，劳动时间的缩短和工种的变换将使劳动变成一件愉快的事。一些人的工作时间是上午，另一些人的工作时间是下午，还有一些人的工作时间在夜间。你们可以选择，哪些与你们同行的工人的工作时间对你们最方便，你们就加入那些工人的行列。面包师并不需要整夜地烤面包，夜里有一半的时间可以睡觉，而且第二天白天，更正确地说，是每天白天都是空闲的。现在我们每晚用来给工作场所照明的煤油、蜡烛和瓦斯，可以用来给剧院、舞厅、讲堂、图书室和音乐会照明。我们全都为了我们的生存和富裕而必须从事的劳动不再要求我们在小灯下断送自己的健康和视力，因为我们不必再为只知挥霍的懒汉劳动，而只为自己劳动；我们劳动不再仅仅是为了得到必需品，而且是为了生活得丰富多彩。

但是，许多人不明白，在人们不必获得或独自占有的条件下的生活情况将会多么美好。而你们能够完全按自己的愿望获得你们想要的东西。你们可以用艺术和科学充实自己，艺术和科学是进步人类的真正财富，进步人类的千差万别的兴趣是这一代人和他们的后代的光荣和荣誉。难道你们忘记了这样的格言：不要为自己积攒财宝，财宝有虫子咬、能锈坏、也有贼挖窟窿来偷；接着又说：因为你的财宝在那里，你的心也在那里。（马太福音第六章第十九、二十一节）一个人不能侍奉两个主，你们不能又侍奉上帝又侍奉玛门。（马太福音第六章第二十四节）

某些人竟然认为，应当给赢利规定一条不能超过的界线，以便把剩余的部分充做必需的国家开支。但是，在这种情况下，工作和享受方面的不平等将依然存在，所谓的"金钱作用"或寄生现象将依然是社会的赘瘤。

请注意，企图通过分配资本来实现的和金钱仍起主要作用的任何社会改良，都不能说是完美的。正如拉梅耐所说的，这样的财产平等如果是早晨建立的，往往到晚上就不再存在了。[①] 建立国家银行，给每一个熟悉本行业务的人提供贷款，这只是保证工人得到能够进行工作的手段，而工作本身还要他们去寻找。只有通过平等地分配工作才能确定应分配给每个人的工作量，或者更确切地说，确定每个人的工作时间，而如果没有这种平等的工作分配，又怎么能够保证每一个人经常都能找到工作呢？于是社会就有责任为他们安排工作，并且要具有他们在社会中寻求而没有找到的那种有利条件。总之，除了国家银行之外，社会还必须建立国家工

① 费里西德·拉梅耐（1782—1854）——法国神父，政论家，基督教社会主义思想家。魏特林在这里引用的话，出自拉梅耐的《一个信徒的话》，该书激烈抨击使人民群众受苦受难的社会经济关系，1834 年出版后不久即被译成德文。在魏特林在巴黎居住期间，此书在侨居巴黎的德国工人当中流传甚广。——译者

场和移民区,以便使所有失业工人都能在合适的条件下得到职业。为了设立这类机构,就要有一笔长期贷款,也就是必须由国家承担损失,因为制造出来的产品必须销售出去,为了易于销售,又必须降低价格。因此,国家银行的贷款就会被损耗和糟蹋,所有不是为国家机构工作的人的福利也因之受到影响。由于增加国家机构的需要不断增长,这种充做财富共有共享制度前奏的不伦不类的国家银行制度将被压垮。因此,十分清楚,一个真正关心工人利益的政府是不能仅仅靠建立国家银行来满足工人利益的;而如果这个政府想仅仅借助金钱来为所有人谋福利,那么它无论如何都不得不选择上面提到的那条道路。但是,谁能向我们保证:在由于国家工场、国家作坊和移民区增加而引起的危机压力下,为了使它原本的福利体系即国有银行不致垮台,政府决不愿降低在国家机构中工作或为国家机构工作的人的工资并延长他们的工作时间。政府要这样做并不困难,国家银行的大批庸人都会支持这样做,因为两部分工人的利益几乎是截然对立的。所有得到国家银行支持和虽有贷款也无法找到生计的那部分人组成了国家里的一个特殊阶级,他们的劳动产品同其他人的产品处于竞争之中。这些人将看到,前景同现在的情况是一样的,几乎所有产品的价格很快就会下跌。如果政府在降低产品价格的同时,也降低这些受雇于国家的工人的工资的话,它将受到重利盘剥者和商贩阶层的直言不讳的欢迎,这是很容易理解的。有些人认为,给予这些受雇于国家的人以平等的权利或他们所说的特殊优待是不公平的。

我们不相信金融家,同样也不相信企图依靠资本家实现的改革,我们从这两方面不会得到完善,倒是会得到布置好的陷阱,对

于这种陷阱,善良的人不会给以足够的提防。如果我们把一大堆金钱分成一些小堆,那么,我们在道德方面造成的会害多于益,因为这样会使好几千人沾染上重利盘剥精神,而这是我们的后代很不容易抵抗的。

金钱是人类的替罪羊,凡是不能使自己的社会改革主张摆脱开金钱的人,未必能坦然说自己对金钱没有贪欲。享受的不平等以及劳动负担的不平等是同现在意义上的金钱的保存联系在一起的;等级和贫富的差别以及由此而产生的恶习,所有这一切全都依然如故;而这正是金钱体系的辩护者所希望的,因为他们非常乐于比其他兄弟占有更多的东西,很难期望他们会愿意同手工业工人和农民吃同样的饮食。

我要告诉你们:凡是仗着自己有较多的知识和技能而要求比别人多享受或少工作的人,他就是贵族。

任何一个人,如果他认为自己比别人有本领和有学问,他不应该让人知道这一点,只应该更加谦虚,这样他的才能才会为自己的同胞所推崇。

对于正直的人来说,同时代人和子孙后代的尊敬比所有尘世间的财富都重要。这种尊敬,即使有人以王国做代价也是买不到夺不得的。

任何一个人,如果他在精神上有特殊的优越之外,而且他的道德面貌适应于他在其中生活的人民的风尚,那么,公众舆论不会不把他放到这样的社会地位上,在这个地位上,他最能有益于社会,并有机会证明他没有辜负给予自己的信任。然而,为什么他因此就应该成为我们的主宰者,就应当比我们生活得好?如果这样,那就依然是今天的不公平和不平等现象了。

为享受而生活的人将得到享受的报应，而为精神而生活的人则将得到精神的报应。

对于在艺术和科学方面的勤奋努力和取得的进步，在实行财富共有共享制度和消灭现在的重利盘剥制度之后，将受到极大的鼓励，到那时人类的科学修养水平将大大提高，因为每个人都会没有区别地拥有时间和手段来按照自己的天赋获得现在的百分之九十九的人所缺少的知识。

如果说财富共有共享制度在基督教徒中迄今尚未建立一个千年王国，那么，这始终应归咎于有权势者和教士的道德败坏。直到基督诞生后三世纪之前，他的门徒是他的教义的当之无愧的继承人，生活在财富共有共享制度之中。参加基督教的条件是新参加者要把财产卖掉分给穷人。违背这些戒律的人要受到严厉的惩罚，而我们在圣经中看到，在这种情况下对这样的人要处以死刑。（参看使徒行传第五章第一——十一节）

后来，除了许多大人物之外，还有一个皇帝被接受皈依这一新的宗教，却没有要求他们履行入教的条件，在此之后，基督教的平等就完蛋了。放弃权力和财富、自甘卑下和牺牲曾经是基督教义的基础。但是，由于接纳君士坦丁皇帝加入基督教，以及这位皇帝入教后使教士凌驾于社会之上，基督教义的基础就被动摇了。

从这以后，基督教的纯正原则就为昏暗的黑夜所笼罩了。欺骗和强权的王国开始出现。千百万人在它们狠毒的魔掌中辗转待毙，这两个怪物在昏暗的庇护下继续窒息人们的心灵。——

但是，夜幕开始逐渐消散。一场风暴正在酝酿，备受苦难的人民将聚集起来，把这些怪物彻底铲除。

如果印刷术更早些发明，而最初的基督教徒又全都能读书识字，那么，君士坦丁未必能成为基督教的皇帝，因为圣经上写道：外邦人有君王为主治理他们，有大臣操权管束他们；只是在你们中间不可这样，你们中间谁愿为大，就必做你们的佣人，谁愿为首，就必做你们的仆人。（马太福音第二十章第二十五——二十七节）

但是，基督教各个教派的教士全都企图引用圣经里的话来为自己的错误辩护。因此，基督讲话用比喻的方法以及使徒们对基督教义的真正原则的某些背离，正中这些教士的下怀。

他们说，为了使群众易于理解，必须对这些比喻以及圣经里的许多章节作注解，也就是进行歪曲和伪造。

但是，如果在他们之中没有富人和国王，那么他们就没有必要作注解和歪曲了，那时他们就能清楚地理解下面这句话：富人进天国就像骆驼穿过针眼一样难。而现在，为了使人们听信他们对腐败和诈骗所作的解释，就必须使人们具有超过盲从的东西。

如果你们在各个方面都严格遵循基督的教义，你们就能抵抗一切引诱。

如果有人想从现已印刷出版的基督的使徒写给当时的人民的书信中，向你们引证那些令人怀疑社会平等原则的章节，让你们继续处在懦弱的奴隶地位和卑下的仆从地位，那么，你们就应该回答他们说：人人都会犯错误，按照基督的形象的说法，甚至义人也会犯七十个七次错误。保罗曾经虐待基督的信徒，多马不信主，彼得不认主，犹大出卖主。难道这些也犯错误的人在写传道的书信的时候就不会由于不了解或出于一些特殊的考虑而犯下违背他们的师傅的原则的错误吗？

你们有基督关于爱他人的训诫，这是一块试金石，你们可以用它来检验所有人的真诚。

你们不要相信那些总是言行不一的人；他们不是懦夫就是骗子，无论他们属于哪一类，由他们来当人民的教师都是有害的。

但是，那些为了帮助人类从被奴役和被压迫的状况下解放出来而牺牲自己的生活幸福的人，传播真理和正义的人，为了我们的解放而同我们合作的人，把人民从沉睡中唤醒并号召他们拿起武器反对自己的压迫者的人，和人民同甘共苦的人，是当之无愧的人民传教士。这种人向你们宣传的宗教是没有经过篡改的宗教；这是平等和基督的爱的宗教。

你们很难在教会或宫廷中找到这样的人。当被奴役的痛苦使你们紧蹙双眉，仇恨在你们敏感的胸膛中沸腾的时候，你们会不时地听到他们激动人心的声音。监狱是为他们兴建的宫殿，断头台是他们华丽的灵床；但上帝将是替他们复仇的复仇者！

第二章

如果你们对你们的正义事业怀有信仰和信心，那么你就已经获得了一半的胜利；因为你们的信仰能使你们搬动大山。虽然没有看见却仍信仰的人是有福的。然而，引导人们达到目的的不是盲目的信仰，而是出自信念的信仰。

现存在着一种以基督教义和自然为依据的信念，根据这种信念，不实现下述原则，就不可能有真正的人类幸福：

(1) 自然法则和基督之爱的法则是应为社会制定的一切法律的基础。

(2) 把整个人类完全团结成一个巨大的家庭联盟，清除一切狭隘的民族和宗派观念。

(3) 对所有的人实行平等的劳动分配和平等的生活福利享受。

(4) 根据自然法则实行男女两性平等的教育以及平等的权利和义务。

(5) 废除一切继承权和个人财产。

(6) 通过普选产生领导机关。这种机关实行责任制并可罢免。

(7) 这些机关在平均分配生活资料时不得享有特权，它们履行职务的时间同其他人的工作时间一样长。

(8) 在不侵犯他人权利的条件下，每个人都享有最大限度的行动和言论自由。

(9) 向每个人充分提供发挥和完善其精神和肉体天赋的自由和手段。

(10) 对犯罪者的惩罚只能涉及他的平等和自由的权利；而不能危及他的生命，只能通过终身驱逐和放逐出社会来使他丧失荣誉。

这些原则可以用很少几个字加以概括，这就是：爱他人犹如爱自己。

没有这些原则和不实现这些原则，就别想有人类的真正幸福。在人们为实现这些原则而付出的努力获得成功之前，数千年来迫使人类流了那么多眼泪的祸害是不会消失的。

依靠自己双手的劳动而过着贫困生活的群众对我们的旗帜是深信不疑的，这一方面是由于我们能提供给他们的物质利益，也是因为对富有者和权势者的仇恨，他们不能容忍这些人的傲慢和奢侈。

然而，必须有新学说的使徒，向群众阐述财富共有共享制度的真实情况，使他们对这种制度的真实情况认识得清晰具体，坚信不疑，坚定地抗拒一切诱惑和试探，不因这美好的事业遭受某种意外挫折而动摇信仰。

必须预先进行阐述，以便在旧制度崩溃之后人民能够迅速理解新的社会秩序，不致陷入无政府状态，或者落入某些别的暴君的掌握之中。

向邻人指明到达目的地的道路，使他们不致误入歧途，这是一种神圣的义务。谁把一个虽然会引起很多争论并且是从未实现过的，却是伟大的真理埋没在自己的胸中，谁就要承担沉重的罪责。

一切伟大的真理、一切优秀的和完美的才能都是来自上天，来自光明之父。

其实，早在一千八百年前就告诉过你们这些人民教师：你们的灯应照在世人面前，而不应放在斗底下。但是，仍有如此之多的灯违反进步的精神放在斗底下燃烧；这样做可能是为了使这些灯不暴露在从外面阴暗的地方吹来的穿堂风之下，能在斗的掩护下平安地燃烧完毕。结果，寻求这些灯的跋涉者也就常常在斗的面前碰壁。

真理的箴言是人类的敌人所不能容忍的，因为它威胁着他们的权势和存在；为了对它进行阻碍，自有史以来人类的敌人就想出了最可怕的惩罚，这种惩罚已部分地转入现代文明。

我们的监狱、苦役牢、苦役船和断头台提供了关于这一点的最可怕的证据。

新的殉难者不断涌来，在罪责之杯完全装满并浇到恶人头上之前，拷问不会终止。

要把圣经中的这几句话向他们宣读：你们用什么量器量给人，也必用什么量器量给你们：你们不要论断人，免得你们被论断。

不要以为你们能通过妥协从你们的敌人那里得到什么好处。

你们的希望仅仅在于你们的剑。他们同你们之间的每一次妥协都是为了加害于你们。你们已经一次又一次地有过这种经验，现在是你们从这些经验中吸取教益的时候了。真理必须用鲜血来开辟道路，这是一个可悲经验，因此，基督说：

“你们不要想我来，是叫地上太平；我来并不是叫地上太平，而是叫地上动刀兵”。（马太福音第十章第三十四节）

劳动和贫困的人们，以及那些虽不劳动，也不感贫困，但力图以牺牲家产来解人危难的人，都将是高举我们的旗帜前进，在我们的行列中战斗的人。对于所有其他的人都不能信任，尤其要防止授予他们某种职位。

把掌管平均分配劳动和生活资料的公共职务，托付给自私自利的人和不按社会平等法律行事的任何人，是不会没有危险的。你们不能让山羊来照管你们的花园。

但是，不要把仅仅同你们意见不一致的任何人当做你们的敌人，因为我们在改邪归正之前也同样犯过一系列错误。

因此，你们要防止攻击别人认为是神圣的东西；只要这种东西没有成为你们敌人手中反对你们的武器，你们就要为了美好的事业而宽容它。你们俘获的敌人的生命对你们是神圣不可侵犯的；所有不反对你们的人的财产也是如此；因为你们强制和粗暴地要人们交出多余财物的任何行为，都将被关于财产权的根深蒂固的偏见看做不正当的行为，并且只能使你们树敌更多。

在收获之前只能让庄稼与莠草同长。

下述社会组织计划有助于显示没有金钱制度的财富共有共享制度的可能性和优越性。

这项计划应当仅仅适合于我这一类的人，他们没有机会看到傅立叶和其他更多的人所提出的关于财富共有共享制度的计划。这并不是说，这里提出的是一个最完美的社会改革的理想，否则我们就要假设知识之泉是会枯竭的。每一代人，每一个人也是一样，都有自己的关于完美的观念。人顶多只能不断地接近这种观念，而绝不会在他的生活中达到它。

完美，这是一位全能的上帝；而争取达到完美，则是说变得同它比较相像。

迄今所拟定的所有社会改革计划都是这种改革的可能性和必要性的证据；而且关于这个问题的作品写得越多，向人民提供的这方面的证明也就愈多。但是这个问题的最好的著作，我们必须用自己的鲜血才能写成。

宪法要由社会本身，由它的大多数成员选择，而当时的情况对这种选择有非常大的影响。财富共有共享制度分为各种不同的体系，但是在将来的实际运用中将导向同一个目标，即建立整个人类的大家庭联盟；社会状况改善的实现即使遇到重大阻碍，它仍然是我们奋斗的不变的目标，无论是锁链还是死亡都不能使我们的决心动摇；我们活是为上帝而活，我们死是为上帝而死，我们活或死都是为了上帝。

第三章　人类大家庭联盟宪章

劳动和享受是人类生活，即个人生活和社会生活的两个重要条件；最完美的社会共同生活就在于，在隶属于社会、按照自然法则和基督之爱的法则行事的全体成员之间平均分配这两项条件。

社会平等作为尘世幸福和天国般的完美的最高理想和最坚实的基础，就存在于与人类生活的两个重要条件即劳动和享受相应的两个组织系统中，在其中，大联盟的每一个个别成员必须按照普遍平等的法则行事。这两个组织系统，一个是家庭组织系统或享受组织系统，另一个是业务组织系统。

家庭组织系统

家庭组织系统由处于家长监督下的家庭组成。

由大约一千个家庭组成一个家庭联合，并选举一个联合领导机构。

每十个家庭联合建立一个家庭区，并像前者一样共同选举，或者由联合领导人选举一个区领导机构。

每个区领导机构选举一名代表参加大家庭联盟的代表大会；代表大会选举作为大家庭联盟的最高立法机构的议院。

业务组织系统

业务组织系统由农民阶层、工人阶层、教师阶层以及产业军组成。

农 民 阶 层

十个农民建立一个小队，并选举一名监督和领导他们劳动的队长。十名队长选举一名。

农艺师。他是一百人的业务领导人，负责在队长之间平均地分配委托给他的工作，并督促队长忠实和精确地完成这些工作。十个农艺师选举一名。

主事。主事督促农艺师履行职责，并给每个农艺师规定工作的地点、场所和等量工作份额。一百个主事选举他们中的一人参加。

农业参议会。该参议会在农业的每一个部门，如谷物栽培、葡萄栽培、酒花栽培、水果栽培、养蜂业、养羊业等部门中选举一名主管人，参加大联盟的内阁。

该内阁由以同样方式从农民阶层、工人阶层和教师阶层中选举出来的主管人组成。

工人阶层

这个阶级包括所有从事手工业、工艺、机器生产、工场劳动的人。

他们像农民阶层一样每十人选举一名工长，每一百人选举一名师傅；每十名师傅选举一名工作理事。

在包括一百名工作理事的地区里建立一个技工团，技工团由那些做出过有助于整个福利的发明的工人组成。技工团同该地区的一百名工作理事一起选举一个人参加工业理事会，这个理事会在工人阶层中的地位就相当于农民阶层的农业参议会；这个理事会从每一个专门部门选举一名主管人参加大联盟的内阁。

每一个人都根据他在学校所获得的知识同时属于两个阶层，在两个阶层中按照自己的爱好在各个不同的部门劳动。因此，可能发生这样的情况：某一个在一个部门担任工作理事的人，在收获季节或是在有必要的情况下，作为一个普通劳动者参加农业劳动。

每一个人都可以按照自己的愿望从事一种行业或同时从事几种行业。为此目的，所有劳动都将每过两小时替换一次。

教师阶层

业务组织系统的三个部门中所有必须受过多年教育的位置都交由他们担任。

为此目的，每一个家庭联合设立一所学校；每个家庭区除许多工艺学校和职业学校外还设一所高等学校，每十个家庭区或每一百万人设一所大学。

大家庭联盟的教授从每一个科系选举一名主管人参加内阁。

除此之外，每一所大学，即该大学中达到高等学识水平的学生，选举十人参加学术理事会。

该理事会同农业参议会和工业理事会一样，一直存在到举行新的选举为止。

议院从学术理事会中选举教授担任一切应由教师阶层担任的重要职位。它同样也从农业参议会中选举它的主管每一百万人的储存的经理或管理者，从工业理事会中选举巨大的工业仓库的主任和会计。

从事教育的每一个人都有义务亲自从事任何一种手工劳动的实践，在他所担负的专业无须占用他的全部工作时间的情况下，以这种手工劳动填补他的工作时间。

每一个人都无例外地可以根据自己的意愿参加学习。

只有学习成绩优异的人才能在工作时间里接受大学和高等学校的教育。

第四章　担负联盟普遍义务劳动的产业军

所有健康的和强壮的人都有义务在产业军中从事三年劳动。

他们的劳动时间同其他产业部门一样，服务期限为十五岁至十八岁。

他们满一百人选一名监督员；而其余的职务，如应当完成各种需要科学知识的工作的领导人，则由教师担任。

监督员只能从那些在服务期满后仍留在产业军里的人当中选出。

在劳动时间之外，一切教育机关都对产业军的成员开放，这就使他们在三年的服务期限内也能掌握任何学科的知识，或者是在他们在服务期限前已从事的或在学校中已学习过的学科中深造。

任何人在度过三年之后而未能获得任何部门的基本知识时就必须在产业军里再待一段时间，但是他在多待的这段时间内可以被选为监督员。

产业军划分为各种军团，每一个军团担负各自不同的劳动。

如果某一军团缺乏志愿者，则在人员充足的军团用抽签的办法决定哪一个成员应该到人员不足的军团去。

任何一个成员每经过六个月可要求转到另一个军团去。

成立荣誉军团来志愿担负劳累的工作。在该军团志愿服务一年者可免除其余两年的劳动。

必须经过义务服务期限之后才能获得投票权或进入成年期。

在这之前，在涉及执行委托给他们的工作的时候，他们都应像原先服从他们的父母和老师那样地严格服从他们的领导。

产业军是军事化的组织，接受议院的直接领导。他们将屯驻在各个家庭附近的他们劳动的场所，为此目的每座房子里都设有客房。

如果他们必须长期在无人居住的地方完成工作，那么他们就为自己建造简易住宅。

产业军必须完成议院交给它的一切工作。

他们从事的主要工作是采矿，修筑铁路和堤坝，开凿运河，敷设公路和桥梁，伐木，排干沼泽，开垦大片不毛之地，运送货物和产品，清理港口、公路和公共建筑，以及垦殖边远地区。

当青年在这种劳动中变得强壮起来的时候，苍白的、爱发寒热的和病态的一代就会消失，代之而起的将是一个体魄强健的新的人种。

第五章　议院和内阁

前者由家庭组织系统选举产生，是大家庭联盟的最高立法机构；后者由业务组织系统选举产生，是大家庭联盟的最高执行机构。

家庭组织系统确定全体人员的消费，业务组织系统确定满足消费的手段。

至于家庭组织系统和全体人员的消费品的平均分配，为了便于管理，议院为每十个家庭区即大约每一百万人任命一名经理。

经理应向议院报告他所管辖的地区所生产的全部产品和扣除该地区的需要后的余额，然后还要作出精确的说明。

在平均分配根据该地区需要而得到的未加工和已加工的产品

时，他们也应该这样做。

把各经理的报告综合起来就使议院能够准确地知道和计算大家庭联盟的所有成员的需要的数量和质量。然后议院就把应由大家完成的工作的清单交给内阁，内阁在其成员内部分配这些工作，各部门的主管人承担他所主管的那一项工作；建筑师承担土木工程，木匠制作家具，有的农业家承担葡萄种植，有的农业家承担谷物生产，化学家承担采矿，等等。

内阁各部门的主管人按数量和质量把应完成的工作分配给地区的主事、工作理事和产业军的高级军官，再由这些人分配给自己的选民等等，直到个人。

议院通过各部门为此目的而选举出来的人领导一切工作。议院关心与全体成员福利有关的事项，如饮食、居住、穿衣、艺术和科学、舒适和愉快，它对所有成员给予同等的关怀。

每年或至少每三年举行一次新的选举，视联盟范围大小而定。

在每次新的选举中只更新议院中三分之一的成员。

每次议院三分之一成员任期结束时，代表大会的三分之一的代表的任期也同时结束。

议院决议需三分之二的多数通过。

如议院不能取得这种多数，则由代表大会的绝对多数通过决议。

如果某个成员有两次或两次以上被选入内阁，则他每次新的任期都延长一倍。

在业务组织系统中参加任何一种工作的妇女都享有选举权和被选举权。

第六章　一般规定

每个家庭都有一所宽敞的住宅，并附有最完善的设备和花园。

关心家庭的清洁和整齐是每个家庭成员的义务。家长或者说家庭里的长者督促履行这种义务。

儿童在六岁以前住在家中，从六岁起在学校住宿。

家庭举办公共食堂。

厨师从家庭联合的仓库取得每天的必需品，家庭联合的仓库从家庭区的仓库取得一个月的必需品，家庭区每年按照议院的指示获得它本身不生产但又是它所必需的产品的供应。

总的福利状况、收成的丰富、不同气候的物产以及居民的口味决定食物的选择和膳食的丰盛。

除了每个家庭根据自己的口味设置的小型果园外，每个家庭区还要有一座大型的公共果园，以便为公共膳食提供餐后水果。

每个旅行者在他投宿的家庭里有权要求得到平等的款待。

如果他在公共劳动时间内在这里逗留，而又不是为联盟行政事务出差，他就有义务在这里参加公共劳动，否则应从交易簿中注销掉相应的劳动时间。

旅行者可得到一切可能的旅行便利。出差者，即受领导机构委托而旅行的人可优先享受交通便利。

新的建筑要考虑到方便、美观和节约，所有新建筑的计划由内阁提出，经议院同意后，由公共建筑主管人和他的选举人实施。

衣料、建筑材料和制作家具的材料也都按照内阁的计划生产和配备。

服装、建筑和家具的式样和形式由联合的领导机构在各个行业的工作理事参加下决定。

用于由联合决定的家具和服装式样的劳动时间不得超过内阁对此所议定的，如果发生超过的情况，就必须以交易小时来填补。

第七章　交易小时

仅仅平均分配劳动和生活资料还不足以保证人类得到持久的幸福。人类获得严格计量的单调的平等就如同一个因旅行而又累又饿的异乡人得到没加盐的菜肴一样，他开始觉得这是渴望已久的，但一天比一天觉得乏味，并最终感到厌恶。

人的始终活跃的精神必须有一个可供它驰骋的天地，才能使它不受厌倦的袭击。

诚然，最严格的财富共有共享制度已经可以通过各种科学的教育，通过公众宴会和娱乐使人的精神在六小时的工作时间之外获得充分的活动和寄托；但是，有一种欲望强烈的人，他们如果不能按照自己的自由意志和欲望行动，就会感到不幸福，尽管他们往往只是为了表现得与众不同。

一些人会突然想起这一天或那一天不去工作。另一些人不喜欢联盟的服装式样和家具式样。还有一些人会想要吃喝公共食堂菜单上没有的这种或那种东西。一个人可能喜欢要一只会报时的金表，但是又不能没有分针；另一个人愿意要一只挂钟，而且要能演奏各种音乐。由此可见，每一个人都有自己的特殊要求和自己的特殊愿望；人的眼睛是贪婪的，它要看遍辽阔的欲望大地，直到看够为止；而且由于人的精神的不知疲倦的活动，这种欲望会不断地增长。

但是，人的精神的这种活动必然会有越来越多的自由活动天地，因为可以肯定，在已经建立起来和和平地度过二十年之后的财富共有共享制度下，为满足所有人的福利和生活享受所必需的劳动时间将会很容易地从每天六小时降到三小时。

为此就必须把社会平等的原则同个人自由的原则密切结合起来。的确，我们今天已经知道的许多需要还会因此增加，但是这种增加不再成为社会的负担，而仅仅成为那些要享受不必要的需要的人的负担。

正确地确定在社会平等的范围内扩大个人自由的限度，对于将来在财富共有共享制度下生活的几代人来说，依然是制定新的完善法律的课题，在这之后人类才能向着最高的现在难以想象的尘世完美的理想境界不断前进，达到那种理想境界时，自由和平等都无须人们制定法律来规定，爱与和谐就将成为人的第二天性。

因此，为了在实施财富共有共享制度时，使人们的各种爱好在不侵犯别人的权利的条件下尽可能获得供天生的自由本能活动的天地，就必须允许每个人都可以在规定的共同的劳动时间之外又志愿完成劳动小时或者说交易小时。

这种交易小时在不再劳动的老人的监督下进行。

每一个社会成员持有一个簿册,用以登记所有的交易小时。

如果哪一个行业的劳动者过多,就封锁那个行业,也就是说不能在这个行业里去完成志愿劳动小时或交易小时。

这种交易小时往往只允许在最急需工人的行业里完成。

任何行业都不能拒绝产业军去完成交易小时。

产业军的劳动通常被当做交易小时。

既然每一个人即使不掌握基本知识也可以在产业军里劳动,而且到处都使用产业军的劳动,那么,某一行业的封锁就不会剥夺任何人完成交易小时的权利。

家庭联合或家庭区可以设立工厂或工场,以便制造不属于必需的但是适应它的成员的各种爱好的各种产品。这里制造的产品交给家庭联盟的仓库和陈列厅,并在这里按交易小时分配。

放置这些机构的劳动产品的陈列厅由老人或无力从事其他劳动的成员看管。

这些机构所提供的所有产品都按劳动时间计算。

如果这些产品所必需的材料和原料的消耗使普遍需要受到损失,那么议院就有权允许为这些产品索取比劳动时间多的交易小时。

生产交易产品的工人也要像其他行业的工人那样组织起来。在他们的人数没有达到可选举一名主管人的情况下,他们就在业务组织系统中同加工同样材料的其他相似的实业等级一起进行选举。

如果有一个工人除了自己的民族服装之外还想要某种服装,

或其他非必需的东西，那么，就让他在自己的登记簿上注销掉相当于生产这些东西所需的劳动时间那么多的交易小时，并把这些交易小时记入陈列厅的大登记簿。通过这种方式，所有用于非必需产品的劳动时间都会因使用这种产品的人而不断地重新产生出来；社会不会因此而损失任何东西，个人也有所得，因为他在交换劳动小时的时候只需向工人付报酬，而不是像今天这样喂肥高利贷者和懒汉。

所有产品的价值都根据劳动时间计算。

所有劳动只能在为此目的而建造的建筑物里，在每个部门选举出来的主管人以及领导机关任命的簿记员的监督下进行。小手工业的劳动时间长是人所共知的，它可以作为例外。

所有利用交易小时而获得的物品在获得者死后应退回陈列厅，并可重新用交易小时交换。

因这种方式而形成的交易小时的剩余每年通过各行业的总封锁来予以平衡，这种封锁要一直延续到产业军或农民等级的劳动中的交易小时数目与此剩余相等的时候为止。

每当农民等级的劳动紧迫时，各行业的总封锁就安排在收获季节。这种对策应有助于在业务组织系统中经常保持相应的平衡，保证有益的和紧迫的部门经常有充分数量的志愿劳动者。

所有硬币、所有一般的黄金和白银应当予以熔化，以便用来制造公共用具。

交易小时登记簿将代替货币。

为了防止积累财富，斯巴达人使用巨大的铁币，这些铁币事先放在醋里冷却，从而使它不能再做别的用途。这种铁币的体积也使它无法大量积累，从而就防止了不平等的形成。

自从发明了纸和印刷术以后，人类发现了更加强有力的手段，可以防止高利贷和保持社会平等。不过人类应当尽快运用这种手段。

交易小时制度为人类所有的爱好敞开了大门，奢侈品的消耗本身只会增加而不会减少。为了防止这种消耗由于漫无节制而使良好的道德遭到损害，领导机关有权增减交易小时，使之朝有益于全体福利的方向发挥作用。

业务封锁是达到这个目的的更有力的手段。

第八章　给发明者的优待或技工团

技工团由那些做出有益的发明和发现的社会成员组成。

技工团在业务组织系统中享有相当于具有一千名以上选民的当选人所享有的选举权。

技工团在享受优待期间不受任何规定的工作时间的约束。

技工团可以像其他人一样赚取交易小时，不过其中至少应有三分之一是他们在工艺学校和职业学校的授课所得。

每一个部门都要尽可能成立一个或更多的技工团，由它们来检验该部门所做出的新的发明或发现的效益，并决定给予优待的期限。

由社会在社会内部实行的优待将带来社会本身在科学和工业

教育方面的进步，因而这也是全体成员的福利和幸福，因为知识的增长和完善是推动一切事情蓬勃向上的社会心灵，没有这种心灵就不可能有社会的福利。

这种优待要以公共利益为条件。那些已经向社会证明了自己的优异智力并有益地运用自己的智力的人，还可以做出更多的重要贡献，因此，让他们能够完全自由地支配自己的时间是符合社会利益的。

由于自己天生的自由本能，人竭力追求尽量不受限制的自由，而这种追求将刺激他做出最勇敢的行为，人要在智力上和体力上强而有力就是这种追求的表现。

然而，所有原始的力量都是既可以起有益的作用也可以起破坏性的表现，这取决于人们对它的引导的正确与错误。

在一台制造粗劣的机器里，用来推动这台机器的、封闭在锅炉里的蒸气的原始力量，对于所有在它近旁工作的人，都可以成为危险的东西。

在一个组织不良的社会里，人的不受约束的自由本能的情形也是这样。

在我们的组织恶劣的社会里，富有者和有权势者享有不利于劳动者的真正不受约束的自由。对于他们来说，法律几乎根本不存在。他们为自己所犯的罪行编造了完全不同的名称，根据他们制定的法律，这些另有名称的罪行或者是不能惩罚的，或者是付很小一笔钱即可了结的。

但是，这对他们根本不算惩罚，因为他们擅长于用这种或那种方式把这种损失转嫁给工人。

既然你们这些富有者和有权势者认为普通的小偷是一种如此可鄙的生物，那么，难道你们不认为人民对那些大盗窃犯也会给予同样的鄙视吗？

你们所引以为自豪的一切财富，难道不是你们或你们的先辈以这种或那种方式从人民那里窃取来的吗？你们强加给我们的捐款和赋税、你们使资本膨胀起来的利息、你们制造出来的破产、你们装出来给我们看的虚伪和耗费浩大的官司，难道不都是盗窃吗？你们让工人在令人窒息的工厂里过早地衰亡，这难道不是你们对社会犯下的谋杀罪吗？你们的监狱、断头台和手持刺刀的军队不是在到处宣扬谋杀吗？

偷盗穷人的人是最卑鄙的盗贼，杀害弱者的人是最卑鄙的杀人犯。

现在，权力愈大和金钱愈多的人，就越有自由和越能独立。为了获得金钱并利用金钱获得尽可能大的独立性，今天人们通过诸如商业投机、交易所投机、高利贷、卖身投靠、欺诈等不正当的途径来进行角逐。

在一个组织良好的社会里，这种损害他人权利和破坏社会平等的不正当手段，对任何人来说都是不允许的；只有在发挥才能的道路上才允许每个人有放纵自己追求独立的本能的自由。

今天，富有者和有权势者无须从事发明，他们的金钱会通过不正当的途径给他们提供更多的好处。而一个穷人，如果有了发现或发明，由于缺乏付诸实践的必要手段，就不得不同有钱的人达成协议，条件是有钱的人除了把钱借出来之外不必出别的力气，而发明所得利益的最大部分却归他所有。

另一方面，穷人也没有条件来提高自己最喜欢的专业的知识，即使他是在适合自己的行业工作，他的精力也不能始终全部集中在工作上，对生计的操心、辛劳和贫苦使他一年到头几乎没有什么休息日。

在财富共有共享制度下的情况则完全不同，在这里所有的人都受到相同的教育，都享有同等的自由和条件，以便按照自己的心愿选择工作部门，并在这个部门中使自己完善起来，因为社会用尽一切办法，使追求进步的热情始终保持活跃。

正是因为这样，应当给个人以发明优待和社会对个人的特别信任证明，即由于他自愿向社会提供了有益的服务而允许他自己决定如何支配时间。

这种优待所表示的自由决定或工作或休闲的目的，不是为了使人尽情闲散，而是为了给享受优待者以自由活动的余地，以便使他们的聪明才智产生新的成果。如果他在自己享受优待期间能做出某种类似的新成果，那给予他第二次优待，否则他在这次优待到期之后就重新回到他中意的部门去工作。

第九章　法庭和感化院

法官职务由品德无可指责的老人担任。

每个家庭区选举三十名上述老人组成司法委员会。原告和被告各自从委员会中挑选六人。然后，双方都有权拒绝对方选中的人当中的三人，而留下六个人来决定被告有罪或无罪。

产业军的高级军官、父母以及学校的教师担任他们的尚未达到有投票权年龄的下属的法官职务。

规定的惩罚是部分或完全逐出受到犯罪行为损害的工作单位或家庭单位；其次，规定的惩罚是部分禁止参加公开的庆祝活动和娱乐活动，销掉交易小时登记簿上的交易小时；此外，还规定实行斋戒，即不许吃肉食和喝酒精饮料；最后，规定送往感化院和遣送矿山或移民区。

产业军中设立赎罪军团，每一个犯罪者可以自愿选择到这里赎罪。

第十章　财富共有共享制度在物质上的优越性

由于财富共有共享制度的实行，节约将达到近乎不可思议的可观程度。这种制度实现后立即需要的新建筑就可作为例子。新建筑的布局应该安排得使将来既没有大都市也没有穷乡僻壤。

每一个家庭联合的成员居住在组成五角形的五座公共住宅里。在五角形的中心坐落着家庭联合的大厦。这座大厦里面设有行政机关人员的住宅和办公室、学校、仓库、邮政和交通机构、供旅行者和产业军留宿的住房、设有讲台的人民会堂、剧场、天文台和电报局。大厦附近设有家庭联合的公共果园。

家庭联合的所有其他成员居住在公共住宅里。因此，每一座公共住宅都有人民会堂、室内球场、食堂、图书馆、电报局、工艺学校和职业学校、仓库和陈列厅。住宅内部必须舒适、美观和节约。因此，这种建筑的内部通道必须有挡风遮雨的玻璃顶棚，还要有供夏季散热的气窗。其次，这种住宅的建筑式样必须做到使它内部住房的取暖全都达到同样的温度，同样，任何货物运输都不应妨碍内部交通。公共住宅同家庭联合的大厦之间由铁路连结。假如说每座公共住宅同家庭联合的大厦之间的距离为五小时的步行路程，那么，整个家庭联合在半小时之内就可以集合到一起。

我们今天常常看到农民把鞋拿在手上，怕在乡间小路上磨破，工匠像蜗牛背着壳一样背着行李艰难地走遍四方，虽然既不缺乏马和车，也不缺乏鞋。

我们没有必要再这样折磨自己了。农工将乘车前往要耕种的田地并乘车回家；他们将在可携带的帐篷的遮蔽下完成作业而不遭雨淋和日晒。现在为一千六百人做饭大约需要三百个火炉，而将来只要三个就足够了。在取暖和用火方面节省的情形就是这样。现在人们所消耗的燃料比在财富共有共享制度下建造新建筑物以后所需要的多九倍。

现在要由一百名挤奶妇每天花费一百个半天进城，将来只要一名挤奶妇和一辆奶车就够了。现在许多农夫要忍受这种劳累和这样无益地浪费时间，背着许多东西到城里的集市去；许多小商小贩也是这样，要成天手持公平秤。其实他们当中只要有十分之一的人就可以在受累较少的情况下为社会做同样多的事，而且不必担心受骗上当。

如果在某个地方某种产品很丰富，那么，在另一个地方也不会感到这种产品短缺。

为什么只出产马铃薯的地方的人不应当也喝到一杯葡萄酒，而葡萄种植者不应当也吃到一块肉呢？使他们或许相互隔开的距离由于有了铁路和蒸汽机车将缩短十分之九。各种水果将在最合适的土壤和气候条件下种植。在谷物产量高的地方，人们就没有必要再种马铃薯、烟草或萝卜；在葡萄产地可以不必种谷物。人们也将没有必要再把耕地变成人工草地，而把草地变成耕地。在有良好牧场的地方，不应当为了得到赡养居民所必需的农产品所需要的土地而损害畜牧业。我们不妨看看节省马匹的情况，这是废除单独占有和解散常备军的结果，而在更大的程度上是由于今后广泛地敷设铁路。我们不妨再看看清除一切不必要的界线、篱笆、墙和沟的情形，看看所有的人参加农业劳动的情况，看看所有的人参加劳动时表现出来的快乐、健壮和力量，以及由于任何人都不必再为自己忧虑而产生的对别人的爱。惊恐的忧虑和恶意的嫉妒在人们的心中再也得不到养料；其实，除了人们自己的福利，再有谁的福利能引起他们的嫉妒呢？他们为什么要为自己忧虑，而不为使所有别人忧虑的事而忧虑呢？他们不再是今天的奴隶了，劳动不会再使他们每天都疲惫不堪，丰富的、滋补的营养使他们大量消耗的力量得以恢复。

这些以及其他的优越性是如此明显，以致可以预料，在财富共有共享制度实现五年之后就可以使产品增加两倍。

既然造成我们的匮乏的不是必需品生产太少，而是必需品的分配不均，那么，在实现财富共有共享制度之后，由于生产能增长两倍，我们就能达到极大的富裕。在达到富裕的地方，人们就不必苛待自己，为了不妨碍普遍的福利和不妨碍饮宴的欢乐，社会只宣布无节制是犯罪。

在刚实行财富共有共享制度的最初两星期里，当然会因无节制而造成许多糟蹋我们的贮藏品的事情；但是，一旦挨饿的一代人吃饱了，这种现象就会自动停止。人们只渴望得到别人不让他们得到的东西。

让他们每天都得到饱餐，这种无节制的情况就会减少，正如在我们今天这个腐败的社会里无节制随着饥饿而增长一样。

只有在实行财富共有共享制度后最初几年内可能发生的和由我们的敌人造成的特殊情况，如由于同敌人作战而需要实行总征集，或我们的许多仓库遭到焚烧和抢劫，才能成为实行必需品的严格分配制度的理由。在这种情况下，我们就不得不承受巨大的牺牲，于是家庭联盟成员只能在自己之间分配扣除军队需要之后所剩余的东西，因为不能让我们的战士缺少任何东西。如果说其余的人在忍受匮乏，那么，他们是大家一起忍受，而大家一起忍受，也就没人感到难以忍受了；同时，我们至少不再会受到这样的凌辱：别人大吃大喝，柜子里放着成打的衣服，而我们却在忍饥受冻。

如果在一个有一百万居民的地区里有二十万人为保卫平等而拿起武器，那么，其他人在战争期间就会愉快地在为每个人规定的六小时工作时间之外每天再多工作三小时，以便使每个人所必需的产品的生产不损失一个小时的工作时间。

人们虽然忍受着物质上和精神上的这种特殊的牺牲，然而他们的生活仍然比在我们现在文明条件下的大多数人幸福得多。

关于财富共有共享制度的可能性和必要性的这些论据同时也说明了这种制度在战争情况下具有压倒的优势。任何别的宪法也无法做出这样的努力和承担这样的牺牲。一个只有三四百万居民的很小的地区,在迫不得已时,却能同时对付欧洲的所有人民敌人并在战争中必定获得全胜,因为敌人每前进一步,这个地区的居民会随之加倍勇敢和加倍奋战,敌人每后退一步,这个地区的居民会随之解放自己的兄弟,增强自己的战斗手段。

第十一章

如果这些思想得以实现,人们到处遇到的都将是兄弟和姐妹,而不会有敌人。在财富共有共享制度下生活的第三代人将说一种语言,他们在道德方面和科学教养方面都将一样。

手工业工人和农民将同时是学者,学者也将是手工业工人和农民。

人们将不是只知道自己的出生地,而是将遍游所有地带和各大洲,并且到处都像在自己的家乡一样。

第一代人在他们所有的学校里学习民族语言的同时,还要把一种已知的不再使用的语言或者一种他们自己创造的新的语言当做世界语来学习。第二代人将在一切工作和家庭交往中使用这种世界语,第三代通过儿童出生后就进入学校的办法使一切民族语言完全消失，到那时就只有一个牧人放一群羊了。

今天由于许多成见而难于办到的事情，对于生活在财富共有共享制度下的第二代人将是轻而易举的，而对第三代人则将是必不可少的要求。

在开始种牛痘时，由于害怕对孩子不利，大多数父母都反对这样做，并且根本不相信它。今天他们恐怕会像当初反对种牛痘一样地反对禁止种牛痘了。

请设想一下，假如有一个人在奥古斯都皇帝[①]时代发明了火药和指南针，并通过事先的多年试验而确信其效果，那么，他大概会给这位皇帝的大臣说下面这样一番话：

我用这种小玩意儿就可以使亚历山大大帝[②]和凯撒大帝[③]的战争艺术改观，我可以用这个玩意儿把城堡炸毁，在一小时路程之外把城市炸得粉碎，在一分钟之内使罗马城变成一堆废墟，在三千步之外毁灭你们的军团，使最虚弱的士兵成为相当于最强壮的士兵，我的裤袋里藏着霹雳闪电。

最后，我可以利用装在这个小盒子里的工具在黑暗中抵抗狂风暴雨和礁石，在夜间就像在晴朗的白天一样可靠地驾驶船舰，并可以不看天地而在任何地方驾船驶往世界各地。

---

① 奥古斯都(公元前 63—前 14)——罗马皇帝(公元前 27—前 14)。——译者

② 亚历山大大帝(公元前 356—前 323)——古代著名统帅，马其顿王(公元前 336—前 323)。——译者

③ 凯撒大帝(公元前 100 左右—前 44)——著名罗马统帅，著有《高卢战记》一书。——译者

当时罗马的达官贵人，如梅瑟纳[①]和阿格利巴[②]，如果听了上面一番话，一定会认为这位发明家是一个幻想家，其实这个人并没有许诺更多的东西，他只说了十分可能的效果，而这种效果今天连小孩都知道。

今天，任何新的发明和任何经过周密考虑的真理也要遇到同样的阻碍和同样的异议，因为与它们势不两立的特殊的利益和偏见太多了，然而，最后它们总归会冲破愚昧，因为它们是光明的产儿。

勇敢地向着源头挖掘吧，那里埋藏着宝贵的清泉，未来的几代人将靠它来清凉解渴。

如果你们获得了第一个胜利，并且打碎了统治欲、专制和自私的旧的腐朽的桎梏，你们千万注意选择你们的新宪法。

宪法不等于用沙石填平修好的马路，在上面骑马、步行和乘车都可以。

在马路上，车辆总喜欢躲开石头多的地方而走步行者的平坦小路。步行者如果不想陷入被车轮碾出来的泥坑，就不得不去走那布满石头和高低不平的小路。

财富共有共享制度是人类的救世良方，它将把义务变为权利，连根铲除大量的犯罪行为，因而使地球完全改观，变得像天堂一

① 梅瑟纳（公元前64左右—前8）——古罗马政治家和作家，奥古斯都皇帝的顾问。他曾庇护味吉尔、贺雷西、普罗佩尔提乌斯等诗人，因此他的名字成了科学和艺术的庇护者的代名词。——译者

② 阿格利巴（公元前63左右—前12）——杰出的罗马统帅，公元前21年起是奥古斯都的共同执政者。皇帝在军事方面的主要助手，以在罗马建筑水管和万神殿等工程著名。——译者

样。抢劫、谋杀、贪婪、偷窃、行乞以及许多类似的可恶的字眼，在各民族的语言中将成为过时的东西，只有关于世界历史的书本还要讲述它们的悲惨含义，我们的后代听到这些字眼的含义会被吓得往后倒退。

我们对实行这种制度抱有什么样的希望？我们怎样才能达到这个目的？

通过明智、勇气和爱他人。

要像蛇一样聪明，像鸽子一样温柔，不要害怕会杀死肉体的东西。

爱他人会使我们获得一支兵员身强力壮的大军。

明智可以夺取敌人的枪，勇敢可以抓住每一个战胜敌人的机会。

谁有勇气拒绝向压迫者交纳租税，把他们的警察奴仆和宪兵从屋里赶出去，他就是做出了相当于打倒了一个暴君那样的值得颂扬的业绩。但是，谁为了保全生命，为了得到暴君的沾满血泪的金钱，而建造杀害自己兄弟的断头台和监禁他们的牢狱，谁在绞杀者搜寻自己的猎物时袖手旁观，或者完全无动于衷地看着他们拖走自己的牺牲品，他就是一个比警察奴仆更可鄙的小人，就是一个比卑贱的奴隶更可悲的可怜虫。这种懦夫的名字应当从人类中消失，因为他们不配受到自己孩子的纪念。

在聪明和诡计方面，我们的敌人常常超过我们，因此，我们虽有勇气但常常缺乏用以战胜他们的恰当武器，然而，我们的敌人却丝毫没有爱他人之心。他们的军队是用强制手段补充人员，而这些人却宁愿参加我们的队伍。

拿出证据来证明你们坚持为你们的信念而战斗的勇气和决心吧。在你们的旗帜上写上这样的话：我们再也不要贫穷和压迫！你们要撇开富有者和权势者，自己选举自己的领导人。不要使你们的将军有权得到比一名最年青的志愿兵更多的生活享受。同敌人作战时他是你们的父亲，而在进餐时他是你们的兄弟。请想一想，瑞士就把自己获得自由归功于一个农民。[①] 既然死亡向所有的人讨取贡献，那么，你们要宁愿为人类的解放把自己年轻的生命放在死神的铁制天平上，而不要为了一小块面包就使自己落入高利贷者和妄自尊大者的手中，让他们靠吸你们的骨髓养肥自己，在吸吮干净之后把你们扔到大街上，全然不管你们过着贫穷悲惨的生活。

最初的殉道者们在博爱的旗帜下把自己的鲜血洒在故乡的土地上，以自己的死亡证明了自己的坚定信仰，他们的名字对于自己的同时代人和自己的后代将是神圣的，是最神圣的！

在他们战斗过的战场上，解放了的人类应该把暴君们的铜像和大炮熔化，用来建立一座台基，在这台基上用熔化的金钱浇铸一座金字塔，使那些打倒了金钱和粗暴权力的战胜者的名字流传给敬佩他们的后代。

坚持斗争到底的人的名字也是最神圣的！应该在世界上最美的地方建立同样的纪念碑来使他们流芳万代。

这些都将是人类的圣物。

---

① 指威廉·退尔，相传他是农民，射箭能手，十四世纪初瑞士人民反对哈布斯堡王朝的异族统治的民族英雄。1307 年他刺杀了哈布斯堡王朝驻瑞士的总督赫尔姆·盖斯勒，组织了起义。——译者

人们将从各地涌来瞻仰这些圣物，并在它们的面前加固和睦的联盟。

因此，让明智成为你们的领袖，勇敢成为你们的盾和枪，爱他人成为你们的口号，因为你们将在这种标志下取得胜利。

斯巴达人在财富共有共享制度下生活了五百年。[①]

他们不缺乏明智和勇敢，但是缺乏爱他人之心。他们不劳动，而是强迫在战争中抓来的和在他们之间分配的俘虏为他们劳动。他们不懂得“不劳动者不得食”这句成语，因此他们的制度毁灭了。

十六世纪在德国的政治生活中充满了重要事件。[②] 萨克森的新教牧师托马斯·闵采尔[③]曾经宣扬财富共有共享制度，把富人逐出城市，从而赢得了大批追随者。但是，他缺乏勇气。当他的敌

① 在这里，魏特林显然是受了关于古希腊立法者李库尔赫的传说的影响。据传李库尔赫在公元前九至八世纪为斯巴达人创立了一个理想的制度，实行除奴隶外人人平等，这个奴隶制城市国家所有的自由民平等地分得一份不得转让的土地。——译者

② 指十六世纪德国以及欧洲各国（英、法、尼德兰、瑞士、奥、捷、匈、波和斯堪的纳维亚各国）广泛开展的宗教改革运动。这是新兴资产阶级在宗教改革旗帜下发动的一次大规模反封建的社会政治运动，反对罗马教皇对各国教会的控制，反对教会拥有地产，鼓吹《圣经》为信仰的最高准则，不承认教会享有解释教义的绝对权威，强调教徒个人与上帝直接相通，无须由神父做中介。在宗教改革的口号下爆发了一些重大的历史事件，如十四世纪初的德国农民战争，十六世纪的尼德兰资产阶级革命和十七世纪的英国资产阶级革命等。——译者

③ 托马斯·闵采尔（1490 左右—1525）——伟大的德国革命家，宗教改革时期和1525 年农民战争时期农民和平民阵营的领袖和思想家，宣传平均共产主义思想，主张用暴力推翻封建制度，建立一种没有阶级，没有私有财产的社会制度；1525 年 3 月 17 日领导农军在缪尔豪森推翻城市贵族议会，成立了革命权力机关——永久议会，领导了新的革命政府，5 月 16 日诸侯联军利用谈判搞突然袭击，农军死伤无数，闵采尔被俘，英勇就义。——译者

人的军队突然向他逼近时，他却让他营地上的三万人去注意天上的彩虹，宣称他们得到天使的保护，并禁止他们投入战斗。他们几乎没有进行抵抗就被杀死了。

就在同一时期，莱顿城的裁缝约翰在威斯特伐利亚的闵斯德市也同样实行过财富共有共享制度，他把富人驱逐出城市，宣告自己是世界之王。[①] 在闵斯德遭到围攻之后，由于被人出卖，他落入敌人之手，他被残酷地处死，但不是作为殉道者死去，因为他以自己的野心亵渎了纯洁的学说。

这些例子也同时证明，财富共有共享制度在当时就已经对群众具有电力一般的魔力，尽管在宣扬它的时候它还有不完善之处。

就在这个世纪里，教士和贵族的傲慢激起了农民造反，反对本国暴君，农民造反大军的怒潮席卷士瓦本、法兰克尼亚和奥地利，他们焚烧了暴君的寺院、宫殿和城堡。[②]

还是在同一时期，萨克森的一名教士慷慨激昂地反对教皇和教士滥用权力和专横跋扈，但是他对于贵族的专横暴虐不仅予以

① 约翰(1510—1536)——荷兰莱顿城的裁缝帮工，十六世纪欧洲宗教改革运动中在德国、瑞士和荷兰等地出现的一个宗教教派再洗礼派的领袖。再洗礼派由于不承认教会强制儿童所受的洗礼，认为应于成年后再次受洗，故名；主要成员是农民和城市平民。他们反对罗马天主教会和封建制度，主张财产公有，参加了1524—1525年德国农民战争，并于1534年起义，在闵斯德建立了公社。他们把闵斯德改称新耶路撒冷，约翰被宣布为“新以色列王”。闵斯德公社在约翰的领导下进行了一些平均主义的改革，如平均分配储存的消费品，没收了货币，货币只在与外界清账时使用等。闵斯德公社经过十六个月的奋战，终于遭德意志联合起来的封建势力的残酷镇压，约翰被处死。——译者。

② 士瓦本、法兰克尼亚、图林根和萨克森是1524—1525年德国农民战争时期农民起义的主要地区，农民起义还发生在上奥地利等地区。——译者

姑息,而且还给予鼓励和支持。[①]

他曾建议诸侯把造反的农民像牲畜一样杀死,但是这些农民为其获准实行而战斗的十项条款[②]仍然包含今天也无人否认的公平和权利。农民战争被诸侯镇压下去了,但是宗教改革却在诸侯的保护下成功了,德国的统一消失了,遂了诸侯的心愿。如果宗教改革与农民战争携手并进,并且始终是纯粹的人民事业,那么,我们也就将一举摆脱教士和贵族的暴政,而人民也就不用再为所有的眼泪和迄今洒下的鲜血悲叹了。人民还要悲叹多久呢?德国复仇者的旗帜将首先在哪个地区飘扬呢?大家的心都在为即将来临的事变而焦急地跳动。

当时,宗教改革像一道柔和的亮光射进了这昏暗的世界。从黑暗中蹒跚而出的人民畏缩地环视四周,探寻新的乐土的入口,然而,他们看到的只是血迹斑斑的刀剑和王冠。

他们垂下睫毛,像从前一样,再次进入新的梦乡,在他们怀着希望的心灵里,只剩下了福音书的一线微弱光芒。此后,由于时而是外国的时而是本国的暴君的挑动,入睡者的行列不时受到不和

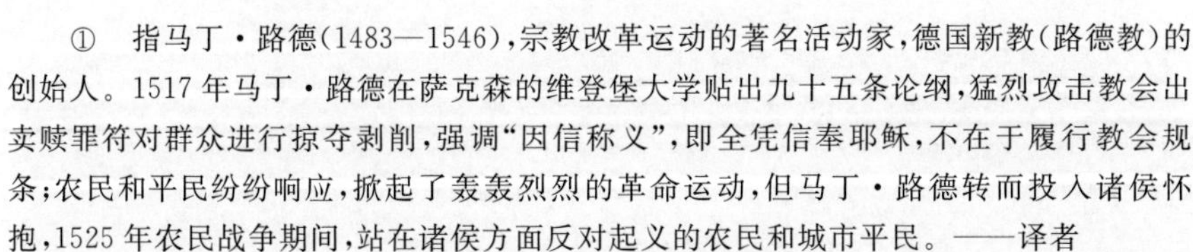

① 指马丁·路德(1483—1546),宗教改革运动的著名活动家,德国新教(路德教)的创始人。1517年马丁·路德在萨克森的维登堡大学贴出九十五条论纲,猛烈攻击教会出卖赎罪符对群众进行掠夺剥削,强调"因信称义",即全凭信奉耶稣,不在于履行教会规条;农民和平民纷纷响应,掀起了轰轰烈烈的革命运动,但马丁·路德转而投入诸侯怀抱,1525年农民战争期间,站在诸侯方面反对起义的农民和城市平民。——译者

② 应是十二条款。德意志农民《十二条款》是德国农民战争期间士瓦本地区六支起义农民队伍领导人在1525年3月制定的斗争纲领,要求废除农奴制,减轻租赋和徭役,取消寡妇孤儿的遗产税和教会的小什一税,归还过去夺自村社的耕地、草地和树林,农民有权选举本教区的牧师等。它具有一定的反封建性质,但它只求限制封建剥削,未触及封建土地所有制。——译者

的侵袭，暴君们打算送上屠宰台的牺牲被这种不和震醒。贫穷的、受欺骗的然而是善良的人民啊！继续睡吧，直到号角和警钟呼唤你们参加最后的审判。然后，就把那些来自维登堡和罗马，维护王位和钱袋，嘲笑你们的赤贫的人物[①]扫除掉。那时，团结将在你们的地区树立起爱他人的旗帜，你们的青年人将举着这面旗帜奔向世界各地，世界将变成一座花园，而人类将变成一个家庭。

① “来自维登堡和罗马的人物”指马丁·路德和罗马天主教会首领。——译者

一个贫苦罪人的福音

第二版序言

本书原定于1843年夏在苏黎世出版。为了使它能够尽量廉价发行，志同道合者决定负担印刷费用。但是这一著作勉勉强强只印了一半就没有再印，因为当局夜里公然在大街上突然将我拘捕，并没收了印张和尚未完成的手稿。接着就是五十周的监禁、驱逐、引渡，然后又是驱逐和遣送英国。这一福音被没收的印张被人践踏殆尽了。

幸而我的朋友们把落在当局手中的手稿差不多全部拯救了出来。为了帮助我，同时也为了能使它得到发表，这些朋友在我坐牢期间把手稿卖给了伯尔尼的耶尼先生。但是在这次坐牢期间我决定出版较为完善的版本，我获释到了伦敦之后脱稿，可是把它交给耶尼出版已为时太晚；前一手稿当时已经付印了。同时，最初的手稿的特殊命运又会给别人增补和误刊的口实。为了排除这种情况，同时也为了使每一个穷人能廉价获得这本书，我的朋友们决定凑钱印刷现在这一较为完善的手稿。它仍包含第一版包含的一切，只是分类不同了，内容增加了。在第一版中我只引证了四篇福音的章节，在这第二版中我除此之外还引证了使徒书信的章节。——同时，为了表明我对福音的解释不怕来自任何方面的反驳，我有一章对新约教义的矛盾作了概述，而又指明新约教义的矛盾并不因此就是耶稣教义的矛盾。最后我建议组织宣传，但这一

建议尚需读者独立思考。

耶尼的版本又提供了追查的口实。因此有一百本在苏黎世被没收，持有这本书的人被关进监牢或被驱逐出境。这第二版的手稿是由坐牢的一个人保存着的，当时又有被没收的危险，幸而在搜查时没有被搜出。

据说卢塞恩政府打算把携有一本共产主义书籍的人处以五年苦役监禁。

这个所谓激进的苏黎世州政府在今年初制定了一项迫害共产主义者的法律，这项法律在3月25日由大议会一致批准。按照这一法律，凡通过报刊或结社企图传播共产主义的人，罚款一千瑞士法郎，并处以两年以下的苦役监禁。我们希望，没有一个真正的共产主义者会被这一法律所吓倒，希望每一个真正的共产主义者一如既往，通过一切途径，采用一切可用的手段去传播和捍卫自己的信念。以往，人们迫害共产主义是无须法律的，这样，苏黎世政府也就理所当然地享有最先制定法律反对这一新学说的不朽荣誉。这些蠢材，以为用这种可怜的玩意儿就可以长久地或永远地使自己的权贵统治和金钱统治平安无事，就可以把至高无上的人民禁锢在蒙昧之中。但是他们必将事与愿违，结果只能是人民将很快明白自己是怎样受骗上当的，并让这些权贵老爷们连同他们迫害共产主义者的法律统统完蛋。

对基督教徒的迫害已经终止了，对共产主义者的迫害同样也将终止；迫害共产主义的法令必将被废除，就像女巫法[①]和其他的

① 中世纪迫害女巫的法律，往往以“女巫”为名把无辜的人烧死。——译者

愚蠢法令被废除一样。这种情况发生得越早越好，共产主义者的责任就是促进这种情况发生；因此，那些捐款印刷这一著作的工人有义务做到：

每一个由于传播本书而被捕的人，在获释之后，会因每一天的被囚而获得一定的补偿，就像因每一哩的运输获得一定的补偿一样。

威廉·魏特林

导　言

贫苦的男女罪人！这是给你们的福音！用它造出自由的福音吧！

所有信仰不坚和知识基础不牢，希望之锚在怀疑的海洋上丧失根基的人们，你们可以从这里获得和吸取新的勇气和新的希望。

即使牧师的宣讲和解释已把你们胸中对基督福音之爱的火星扑灭殆尽，你们也不要轻蔑地拒绝这一福音；这不是圣徒的福音，不是牧师的福音，不是虔诚信徒的福音，而是一个罪人的福音。

如果你们的良心怀疑你们自己的判断的正确性，如果你们在情欲的冲动之中需要慰藉和希望，如果你们渴望有更美好的生活，而牧师先生又不能给予你们满意的忠告，如果不幸把你们压倒在地，而牧师却劝你们逆来顺受和弃绝欲念，并要你们相信天国将满足你们的需要和欲望而聊以自慰，你们就拿这一福音去对付他。

如果在洁净圣殿的尝试中，兑换银钱商人的桌子被推翻，一些钱币落到你们贫苦罪人手里，而他们因此把你们抓到他们的法庭上去责问追究，你们就拿这一福音对付他们。

如果人们毫不考虑你们干的是连续不断的令人筋疲力尽的劳动，用恶言恶语责骂你们喝烈酒，败坏你们的酒兴，你们就翻开这一福音。你们将会在里面找到一个“饕餮者”和“酒徒”，他是税吏和罪人的朋友[①]，在他面前，你们的敌人的道德就黯然失色了。

赎罪的抹大拉！满眼渴慕之情的女罪人！你曾用那奢侈浪费的双手大量涂抹贵重的香膏。你让那小爱神犯罪的手探进你青春美丽的蓓蕾之中，而只对他作微弱的反抗。在与情欲斗争中，你总是失败者，但你终于把情欲减弱了，而又没有把情欲欢娱的诱力和道德行为的力量丧失掉。情欲的女王，你现在已战胜了情欲！

让别人依然用虚伪的外衣把自己掩护起来，并以虔诚、无辜和贞洁自鸣得意吧。他们还必须经受考验，而你已经在这种考验中把德行能力拯救了出来，而又没有把情欲丧失。抹大拉啊，你造出许多贫苦罪人！如果偏见为此责难你，你就翻开这一福音对它说："我们爱得多，得到的赦免就多！"

来吧，你们一切劳动的人们，贫苦的、受蔑视、受侮辱和受压迫的人们！如果你们为一切人要求自由和正义，那么这一福音将重新鼓起你们的勇气，并使你们的希望绽开鲜花。

它将使忧愁苍白的面颊重新欢乐红润，并把一道绚丽的希望之光投入悲伤的眼中。

它将使沮丧软弱的心变得兴奋坚强，并把信念的力量注入怀疑者的脑海。

它将给犯罪者的额头以原谅的亲吻，并使他的牢房黑暗的四壁闪耀希望的亮光。

它将消灭财神玛门的魔术，并响亮地向穷人和罪人大军宣告成立自由的王国。

---

① 指耶稣。——译者

它将把信仰从迷误中解脱出来，照亮希望之路，并使爱和自由之火在一切罪人的心胸之中熊熊燃烧。阿门！

第一章　福音作者的心灵

一、信与知

当我们还是孩子的时候，我们就像孩子那样去信、去想、去做；当我们的信念随着年龄的增大和经验的增多而发育成熟起来，我们就像成年人那样去知、去想、去做。

一个孩子，他想从自己的老师那里学习，他就得信老师的话，直至他通过反复思索、通过自己的经验和信念有能力去检验这些话为止；否则，他就得再有一个学习时期，但这常常已为时太晚，那学习的黄金时代已被荒废掉了。但是，如果老师自己对真理没有把握，如果他们不是知而只是信，而且必然是自己不信自己所教的东西，那么，对于学生来说，他们一无所信和一无所学，当然也比不合理的有害的印象使他们的悟性和感觉走错方向更好些。在这种情况下，他们只有通过怀疑和不信才能取得知识教育。

但怀疑和不信已需要有一定程度的知识，而知识必然是他们所信赖的人传授给他们的。大人、名人、长辈和老师对孩子的影响很大，由此，他们——只要他们愿意——可以把自己的一切谬误和成见传授给孩子，甚至实质上可以顺顺当当地把这些谬误和成见当做真理一起传授给孩子；因为只要我们的理智还没有成熟到足以掌握某一真理，我们在受教育过程中，为了好好学习，就必须相信这一真理。只有受过反复的教育之后，我们的经验和信念成熟起来，我们才能把信变为知。

这就是说，每一个真理，不是那么容易领会，一经说明我们立即可以检验的。我们往往是差不多经过多年的经验之后，才能够对某一学说作出透彻的判断。若干世纪已经逝去了，才有一个人或一些人把一个难题解答出来；上千年间，出类拔萃的思想家都对同一个题目冥思苦索，从这一错误中拔身出来又陷进另一错误之中，而始终未能获得结论。但是，我们越是离认识某一真理甚远，我们就越是必须把相信和信赖置于这一真理是可以认识的这一点上。逐渐地，我们越接近于这种认识，我们就越能理解新的真理，信的状态就越能变成知的状态，正像学习状态变成教导状态一样。这个过渡时期，正像小孩发育成大人一样几乎是难以觉察的。

可见，我们只是相信某一事物，还不等于我们确信这一事物的真理性和可靠性，因为信不等于知。知某一事物的人，比只是信这一事物的人更透彻了解这一事物的真理性，因为知依据事实和证据，而信只依据猜想和推测，只依据那些书面的或口头的消息，而这些消息是否真实，尚缺乏必要的知识可资证明。

有些团体和个人，从他们与其他团体和个人相比来看，以及从他们智力的发达程度来看，依然是些孩童。对于他们来说，主要是应当信，而对于其他在科学教养方面已经成熟的团体和个人来说，信就多余而无用了，因为他们的知识已经增多，信已变为知。

由此可见，每一个人民导师，每一个对人民的教育培养产生影响的人，不能只是信自己所教的东西，而必须知自己所教的东西，必须透彻了解对象的真理性，必须能够为此提供证明，并且必须努力引起批评而不是取消批评。

人民的导师——我指的是长辈、监护人、师傅，以及每一个教育者——在完全无知无识的人当中，在智力方面仍是孩童的人们当中，为了使他们逐渐地明白事理，完全有必要取信于受教育者。因此，事情的重要性要求人民的导师这些受教育者当中享受某种信赖，这些受教育者越是无知无识，越是难以明白某一科学的原理和益处，就越有必要这样；因此，他必须凭借自己的职权和地位使他们敬服。这样的教育者，如果他得到别人的一贯支持，当然完全支配着智力的发展时期；是把受教育者压制在信的范围之内，还是通过信来培养他们达到知，并以这种方式给他们提供机会，在自己的活动中不断扩大这个知，这多半取决于他。

那些今天治理社会制度的特权者阶级利用这种情况去谋取他们的一己私利。他们根本不再信，因为他们所知甚多，他们心里明白，随着群众科学教育的发展，群众就会识破特权者阶级一直用来保证自己统治众人事务和保证群众忍耐和顺从的精心编织的罗网。为此，他们千方百计进行阻挠，使人民教育跳不出信的范围，尽可能使信不能进入知的领域。

特权者手中的权力和金钱是实现他们的这种计划的强大手段。他们依靠这些手段，使全体教育人员完全为他们所左右。

信本应是用以促知的一种手段，现在却成了目的，而知竟成了达到这个目的的手段。

人民本应是为了学习什么而信，现在却不得不为了信教育者本人也不信的东西而学习。

人们不是为了教与学去信，而是为了信去教与学，这就是说，归根到底，无论如何，学与教根本不是为了知。

在教堂中，牧师们年复一年地说着同样的话，因为他们不是自己想说什么就说什么，而只能说给他们预先规定好的一套，不能越出一步。这时，那些虔诚的庸人在讲坛下面连轻轻地喘口大气都不敢，而疲惫不堪的农民则一味鼾声大作。

一千八百年前，一个十二岁的少年可以在殿堂里向长辈解释法律，而几年以前曾试图在布拉格一个教堂里这样做的一个裁缝帮工，却被关进要塞监狱*。国家和教会沆瀣一气，教人民信，而不是教人民通过信获得知，不是把信作为达到某一更高目的的手段。

人们在维护信仰自由方面已经走得如此之远，但知识自由却被财神玛门用一条金绳牵着走，专制主义竭力把这绳子越拉越紧。

信和知，这两者将永远坚守自己的王国，但人们不要厚此薄

* 此事是一个小旅店店主在布拉格告诉我的。那位裁缝早先曾是这位店主的学徒，他孜孜不倦地攻读和批评圣经，标出圣经最重要的章节。有一次，他到他所属教派的教堂听布道时打断牧师的话，说牧师说谎，因为牧师用圣经的章节反驳了自己先前说过的话。那位店主没能给我指出是圣经哪些有关章节，也没能给我指出是用圣经哪些章节来反驳这些章节。不过这也就够了。这一意外事件引起了骚动，祈祷中断了。这个青年人当场被捕并被关进要塞监狱。大约三年之后，多亏了布拉格大主教的好奇心和可能还有同情心，他才获得了自由。这位大主教那时让人把他带到自己那里，并就上述事件盘问他，他十分机敏地引用圣经来替自己辩护，以致大主教动了心，愿意为他获得自由出力。在这以后过了若干时间，他在一位朋友的陪同下又一次到教堂听布道（他的亲人关照再不要让他独自上教堂），当他听到某一章节（可惜我不能指出是哪个章节），突然愤怒得满脸通红。他的朋友赶紧扶住他并把他从教堂里拉出来，一边问他又怎么了。他嚎啕大哭着说：“唉，这样卑鄙地诳骗我的兄弟，我听了怎能无动于衷！”

彼，为了这个而限制那个，至少不要为了不确定的、只是在某一生活时期对个别人有利的东西去限制确定的、普遍有益的东西。

知规定信的界限；信在知开始的地方终止，在知又终止的地方开始；而知是没有任何确定的界限的，因为知的界限只有在至善尽美的观念中才可设想，而这种观念人类根本无法想象。

人们无法证明自己只限于相信的东西，却可以证明自己所知的东西。

你们大家都信上帝，但你们信仰的上帝是什么呢？

你们回答说：这是至善尽美的化身，是一切我们的感情预感到而我们的理智不能领会的东西的总和。

好！这一福音的作者信仰的也是这个！

这个信仰，受尽无数苦难而又苦于无能为力的人类是不会失去的。珍惜这个信仰吧！在这浩劫茫茫的生活的狂风暴雨之中，这个信仰会是而且会永远是人类最后的希望之锚，人类即使达到了最高的尘世幸福，这个信仰也是不能缺少的。

即使知识力量坚强，有足够的精神力量对任何信仰形式甚至任何信仰不屑一顾，但有谁敢于断言，他已经研究透了人内心最深处的秘密，他的知识永远能够满足他的感情呢？

有知识的人啊！你坚强有力，完全能够骄傲自豪地以深沉的目光注视着最可怕的形式的死亡，在你背后一种空空的静寂的永恒；但是，难道你也知道你在生命的任何瞬间都不会失却这种自豪的力量？难道你的智力不会随着你的体力的毁灭而毁灭？今天你站在知识的高峰上觉得信仰十分幼稚软弱和浅薄渺小，但是，难道你在智力方面不会又回复到你起步向知识的高峰攀登时所处的幼稚状态？死亡和坟墓吓不倒你，骄傲自豪的人！但是，如果命运端给你的是它苦杯中的沉淀的苦渣，如果在这个世界上你喜爱和珍视的一切都背弃你，如果你再也得不到朋友的拥抱，如果各种情欲合力熄灭你胸中熊熊燃烧的骄傲自豪的力量之火，试问，你的知识这时能够战胜占据你心灵的绝望吗？

在这样的恐怖的时刻，你需要某种慰藉、支持和信赖，即使你现在精力充沛，也不要傲慢地把这些加以拒绝。在你宽广敏感的胸怀之中要保存着神圣的信仰火星；你要保存着它，以准备你的智力在精神上和肉体上的痛苦压迫下有彻底崩溃危险的时刻；你要保存着它！它也许将重新使你冰冷的心胸温暖，并补偿你之所失。你要珍惜软弱渺小者胸怀中的这种对上帝的信仰；你也不可能完全在自己的胸中毁灭这一信仰，因为你的经历还没有到头，你的知识只能与你的力量同在。

我们这些贫苦罪人也全都信上帝，虽然我们不常说到它，很少向它祷告。但是关于上帝，我们知道什么呢？

你们想一想这充满原子的无限的空间，它就像尽是沙子的沙漠一样，你们想一想这唯一的一个大数目下的所有这些原子，你们想一想，这个数目从亘古至今都同一相等的数目相乘而乘积又依然无增无减，你们想一想，这样得出的数目，就像人类尚有待于逐一解答的谜语的总和一样；人类一旦最终解答了这个谜语，它也就知道上帝是什么了。

正因为如此，让我们信仰吧！

二、希望

一个筋疲力尽的白发老人龙龙钟钟地拄着拐杖伫立街头，他满脸愁苦，用乞求的目光望着过往行人。他希望得到施舍，以维持他的风烛残年，因为他的脂膏已在别人的灯芯上烧成灰烬了。

但我们贫苦罪人不要这种希望。

一位老太太叹息道：我这贫苦不幸的人啊！难道我生到世上就只是为了受苦？你亲爱的上帝！我为什么该这样命苦，人一老就得被自己的独生儿子抛弃？亲爱的上帝，只有你把我召去，我的苦难才算到头。

牧师低声安慰她道：不要灰心绝望！指望上帝吧，它在倾听着孤儿寡妇的祈祷。

但我们贫苦罪人不这样指望上帝。

又有人叹息道：我又空着篮子空着肚子回来；邻居什么都不愿再借，面包师一点面包都不再赊，当铺根本不要我的破衣烂衫；三个饥饿的孩子和疾病缠身的母亲还在家里等着我，房主可能又在催要房租。亲爱的上帝，可怜可怜我们这些贫苦的人，给我们派来一个仁慈的天使，把我们从这苦难中拯救出去吧！

我们贫苦罪人不这样期望。

又一个妇人叹息道：我像头牲畜一样累死累活，还得忍受世上的一切苦痛！老母亲久病缠身；孩子们整天叫我不得安宁；一会缺这，一会缺那；凡事都得我操心，男人还卧病在床。我怎么受得了！情况不改变，我得投河自尽了！

一位好心肠的又肥又胖的邻居说道：亲爱的夫人，要坚强忍耐！亲爱的上帝在天国将为这一切给你丰厚的赏赐。

我们贫苦罪人不作这样的期待聊以自慰。

这一切都不是我们的希望。

但我们希望这样的时代到来，那时，贫苦的人不必再靠祈求和行乞艰难度日，而是像其余所有的人一样，在慷慨的自然界赐予的丰盛筵席上有自己的座位。

我们希望这样的时代到来，那时，在自己的同胞当中，再也没有人行乞讨饭，甚至乞讨而一无所获，只好提着空篮子回去见自己饥肠辘辘的家人；那时，没有人被迫向邻居借债度日；那时，不再有当铺，不再有房主来催要房租。

我们希望这样的时代到来，那时，不再有人成年累月为家庭、病人和孩子操心受累，不再有人由于不堪谋生之苦绝望自尽。

我们不希望生命永恒，不希望天国那里的赏赐。尘世这里的情况一日不改善，我们就希望立即得到变更和改善，希望生活无忧无虑、幸福美满，希望尘世之上人人享有正义。我们希望的是这些。

利己主义在尘世这里得不到充分的满足，就幻想在天国那里获得美满。我们贫苦罪人根本不想要求天国那里的什么东西，我们只要求在尘世这里可能的东西；我们希望情况得到改善，而且很快得到改善。我们也只有致力于实现尘世的希望，才能促进来世的希望；我们也只有致力于共同欢乐享受尘世现实的幸福，才能易于追求天国的幸福。

要坚韧不拔，勇敢刚强！希望这个词不久前还是难以察听的窃窃私语，宛如细草掩盖着的涓涓细流的潺潺水声，现在却变成咆哮奔腾的滚滚洪波，撞击着旧的享有特权的盗窃组织的堤岸。它不久就会轰然冲开一个决口。

正因为如此，让我们希望吧。

三、爱

人是否能够探明这种使一切生物沉浸在甜蜜享受之中的万能魅力的秘密？

人是否能够估量这种魅力感在人的心胸之中燃烧起的火焰会猛烈到何种程度？

有没有一种比我们通过这种魅力感能够预感到的更伟大的力量、更伟大的全能、更高的至善尽美？

当我们突然智穷力竭地站在认识的尽头时，一种神秘莫测的爱感把我们的猜测猛然推出认识的界线之外，去探索我们有限的感官还只能十分不完全地给我们提供的一个最高的爱的形象，一个上帝的形象。

摩西传达他上帝的话说道：让我们造出一个人，一个同我一样的形象吧。

基督说道：让我们用一个人造出一个神，一个同神一样的人吧。于是神人产生了。

于是，神人的学说把上帝和爱这一永久之谜合二而一；基督说道：上帝就是爱！

自这以后辗转过了数百年，上帝和爱依然是个谜，导师的职务成了一种特权,宗教成了盲人的火炬、迷途者眼前的伪光、前进路上的绊脚石,而基督上帝成了有人形而无人的弱点的上帝!

啊,你们盲目的法利赛人!如果这个上帝只是徒具人形地生活在我们当中,如果他本人对我们的一切弱点、缺点、情欲和缺陷没有同感,他对我们究竟能有什么好处呢?橄榄山上的苦杯、他心灵的悲哀、他悲惨地被钉在十字架上处死时的痛苦,所有这一切难道全都只是这神秘莫解的神性的内心全然感觉不到的形式和假象?

这个神人连同他的教义、他的行动、他的德行和过失,宏伟庄严地屹立在历史之中。让他本来是怎么样的就怎么样吧,但是这个人的形象提供的并不是知识总能有效地驳倒的一个违背自然的生物的不合理概念。

如果你们希望人们尊重信仰,那么你们也要尊重知识。

为了解放人类,必须毁灭宗教。这是伏尔泰等人的原则。拉梅耐和在他之前的卡尔斯塔特、托马斯·闵采尔等人则指出:一切民主观念都是由基督教产生的。

因此,不应当毁灭宗教,为了解放人类,必须利用宗教。

基督教是自由、节制和享乐的宗教,而不是奴役、挥霍和苦行的宗教。

基督是自由的先知,他的学说是自由和爱的学说,因而对我们来说,他是上帝和爱的象征。

如果我们感到需要在上帝这个观念面前倾吐自己心灵的秘密,倾吐自己感激的情怀,我们的思想是不会堕入虚空的。在这种场合,我们必然给自己造出一个上帝的形象,这个形象就是基督。

但是，这个基督，如果要我们爱他的话，他必须是我们贫苦罪人的朋友和兄弟，而不是超自然的不可思议的存在，他同我们一样具有弱点。

而他也就是我们在这一福音里将会看到的那个样子。

正因为如此，我们爱他。

第二章　耶稣及门徒其人其事

一、《圣经》是什么？

《圣经》是一部古代典籍汇编，这些古代典籍是从古代语言翻译出来，在造纸和印刷术发明之前由不同的人在不同时期写成的，大约在一千五百年前，人们又把《新约》增补进去，而《新约》又是由不同的人在不同时期写的各种典籍的新汇编。

读者不难想象，把一部这样的书抄写在羊皮或树皮上该是何等的艰难，尤其是当时具有书写本领的人简直是凤毛麟角。同样，因为时间这样长，在这期间又发生过对基督徒的迫害，很难有把握地说，有些篇章不会丢失，有些篇章不会是增补进来的。

如果经过种种艰难险阻，这些文献完整无损和一无伪造，那倒是十分离奇的事。

最有把握的是，人们写了这些文献，有人根据这些文献编成这部书。为了论证对其中包含的真理或谬误的每项检验，这也就足够了;人都会有谬误,就算诸如苏格拉底、孔夫子、基督等人教导的真理经过上千年之后仍然是真理,这也并不证明他们从未有过谬误,并不证明他们的真理永远是真理或者不需要说明,不能进一步完善。

人们写了这些文献,这就够了;基督教是根据这些文献创造出来的,没有这些文献也就没有基督教。但是,整个基督教义是不是因此已经被人们明确承认或打算承认是真理了呢?决不。同时,人民在这方面为什么会如此长久地陷于谬误之中呢?因为在新约中,各种主张并没有得到正确分类,历史的东西和原则的东西杂乱无章地充陈其中。整部新约是用与我们时代不相适合的式样剪裁成的。这样做是经过精心考虑的,为的是在一千五百年前存在过、而且早已在政治上不存在的各民族中制造改宗者。这些书的写作者一共八个人,他们是:彼得、保罗、约翰、马太、马可、路加、雅各和犹大;这至少可以从这些书的编纂情况看出。这些书冠以这八个人的名字,也就表明新约的作者是谁。其他证据在最古老的手稿中自然不会找到。这些手稿在六世纪才被发现。它们是当时写的还是以前写的?作者是谁?均不得而知。这一百篇被发现的手稿(全都是用希腊文写成的),哪一篇是真,哪一篇是伪,也不得而知,它们的内容往往互相都有些出入。事情还不止于此;把它们译成各种语言就是一件十分艰难的事,因为没有人完全通晓这一死去的语言,也不知道这些古老手稿当中哪一篇是真,哪一篇是假。每一种语言都有大量的同义词,这更增加许许多多的混乱。每个人都按自己的想法翻译,就免不了互有出入。因此,在新约中——或者在整部圣经中——在史实方面和原则方面不乏互相矛盾之处,难道人们会感到奇怪？决不！谁是新约各篇的作者呢？它们能提供什么证据确实证明它们没有丝毫谬误吗？它们的互相矛盾、它们的互相不一致和它们在时间上的不可信，确实不能说明它们可靠无误。保罗迫害耶稣的众门徒，彼得不认主，大祭司的仆人黑夜里到橄榄山上捉拿耶稣时众门徒全都弃主而逃。对于这十条健壮的汉子来说，这难道不是一种耻辱？我们当中难道会有一个人替这种怯懦辩解？现代的法利赛人可能反驳说，他们如果不逃走，他们也就被捉拿走了，基督教也就没人传播了。是呀！但凡怯懦，到头来都是这样自我解嘲的。他们拔腿逃走的时候绝没有想到要传教。他们想到的话，也就来不及逃之夭夭了。但凡碰到燃眉之急，感情必先于理智。感情首先支配着行动，碰到斗争和危险，是反抗还是害怕，必先由它确定。上面情况也是这样。如果众门徒的理智当时完全坚信自己师傅的学说正确，同时他们的整个心灵充满了对自己师傅的爱，他们会宁可被杀也不拔腿逃跑。

我们从中汲取基督教原则的那些文献是由这样的一些人写的。这是像我们一样的有缺点有弱点的人，但正因为他们自己向我们披露自己的缺点和并不讳言，向我们表明他们是襟怀坦白的人，在这方面，近代只有卢梭才能与之媲美；卢梭在自己的《忏悔录》中向我们坦白说，他曾经偷窃过一副银手镯，当人们在他的手提箱里搜出这副手镯时，他竟当着侍女的主人的面一口咬定是侍女给他的。

关于新约各个不同章节的各种不同解释，历史给我们提供了大量值得注意的例子。这方面常常引起争吵和流血战争，其结局决定了整个民族的存亡。千百万人在盲目的狂信中自己绞杀自己,而不知为什么。一千八百年消逝了,每一年都有宗教残杀的牺牲品,都有嗜血的狂热的暴君。关于基督教教义的意义一直争论不休,至今尚未明了。这一教义的信奉者至今分成不止一百个相互离异的宗派,而不同宗派的每一个信奉者,又根据自己的修养和兴趣,在信仰实践方面,各有各的特殊看法。

基督的学说从心灵中产生,并且一定要进入心灵。它是正义感情的表现,正因为如此,它给各种不同的解释提供了缘由,因为陈旧的成见使所有人的正义感情不能尽可能相同,因为一种感情是根本不能确定和计算的,因而理智也不能给正义提出任何确实可靠的标准。

基督学说的宣布者确实只能明确地说:你们和睦相处吧,这样你们就有福了!——可是,怎样才能做到,他们说的却极不明确;当然,通过感情的简单暗示是不能说得比较明确的:一句话,在基督学说中,起主要作用的是感情,理智只起次要作用。

可是在今天,人们在实行基督学说时要让理智比感情更多地起作用。我们清楚地知道,如果我们今天把所有的东西统统给了贫苦的人们,我们自己明天就得借债、行乞或偷窃。我们知道,要我们爱敌人恨父母,这在今天的社会怎么行得通,我们对此真是百思不得其解。

文献的写作者无论在教义方面还是事实方面在有些地方是互相矛盾的,在有些地方则生造些完全不可思议的词藻,整篇文献完全用他们当时的护符、用种种异能和神迹的故事装饰点缀,从而大大增加了混乱,以致那些揭示纯正的基督原则的地方,完全像真珍珠丢在假珍珠堆里一样。

现在，我姑且站在一个善意的怀疑者的立场上，来说下面这么一番话：

光阴荏苒，自这段历史以来，一千八百四十五年消逝了，如果一切的一切，直至细微末节就是如此这般，那是十分可疑的。甚至可以否定有过一个叫耶稣基督的人；可以立即肯定——正像已经有什么人肯定过的那样——，整个这段历史是不真实的，是不可信的等等。不过，对于我来说，这一切，即使得到了证实，也是完全无关紧要的。对于我来说，主要的不是某一哲学家的生平，而是他提出的学说。如果你得到一本有趣的书，当然也很想打听作者的名字，但是他的叙述、他的学说总比他的生平更有意思，他的生平只是由于他的著作才令人感兴趣。这个原则在新约中是主要的，无论在什么地方，原则都是主要的，历史事实连同其种种谬说都是次要的。

我却在基督教中发现了极好的原则，这些原则是值得检验的，如果这些原则能够普遍实现，无疑将使人类达到幸福。不管这一原则是一个叫做萨拉苏什特拉、摩西或耶稣提出的，不管这一原则是来自拉普兰还是罗马，不管这一原则已有六千年之久还是全新的，这一切同主要的东西相比，同构成内容核心的原则相比，只不过是次要的东西。

如果我现在列举出这些原则，我就要让我的理智出出主意，看看是否能够和怎样才能够实现这些原则。如果我看到了实现的可能性，这些原则对我来说就是一幅真理的绝妙图景的轮廓，同时也是我从中引出这些原则的著作的其他一切章节的试金石。

我于是这样做了，并且发现，这些原则的实现，是共产主义的至善尽美状态的前提。我透过那些为故意的或不科学的曲解提供方便的形式和词句，发现了这一学说；但是我把这些形式和词句看做是外壳，把原则看做是核心。然后我就找出这一原则的核心，并坚信这一原则是有可能实现的，根据这一原则本身把其他所有与这一原则有关的章节加以分类，指出纯真纯伪，对我来说也就不再感到困难了。

情况确实如此；我早就不再到教堂去礼拜了，我早就不再祈祷了，恐怕也不会很快再去祈祷——除非是我又把基督教的实现看做是伟大的事情。但是请不要因此误解我的意思，我的意思不是要别人也像我一样不再信教，不再祈祷，不经常上教堂；我的意思是要人们不再由于信教、祈祷和上教堂而受那些狡猾自私的伪君子和善弄权术的奸诈之徒的欺骗；我的意思是要每一个人都各自享受各自的信教、祈祷和上教堂的果实，每一个人，如果他认为信教、祈祷和上教堂对他的幸福毫无用处，就不会被迫去做这些事；我的意思是要每一个人，如果他本人对这些宗教事情已失去兴趣，就不会由于信教、祈祷和上教堂而被迫为别人作出牺牲。

如果有人怀有曲解了的宗教热忱，读了这一福音的说明之后视我为仇敌，那他不要忘记，正因为视我为仇敌，他的责任就应当是爱我，而要做到这一点——我觉得对我本人来说也一样——在目前的社会环境下谈何容易！

二、使徒、门徒和最初的基督徒的不信

信仰使人享天国的极乐，知识使人得尘世的满足。各人选各

人最合自己心意的吧。

信如果以真理为依据——当然，能够认识真理的不总是学习者，而相反是教人者——，会使学习者容易获得知；但是，如果教人者维护信，目的是存心让人去信谬误和谎言，他也就是提倡愚昧无知了。

因此，对于福音常常提到的信这个概念，我们必须弄个清楚。学习者越难弄清某一学说的概念，他们就越难确认这一学说的用处，也就越不可避免地只是信仰这一学说；凡是知以其绚丽的光芒照亮信的一片漆黑的地方，任何要把知压制在信的范围之内的努力，都是一种证据，证明教人者不是把信当做使学习者更容易发现真理的手段，而是当做把真理保存在无知和谬误之中以达其不可告人的目的的手段。毕达哥拉斯根据自己门徒的进步程度把他们分成许多等级，逐级地向他们传授越来越多的秘密。在最低的等级，他们对学说的最深奥的秘密还毫无所知，他们就必须信仰，就像耶稣教无知的人民信仰一样。

一个人，他要改变自己时代的方向，他的境况总是十分困难的。他的思想境界越高，他就越要小心谨慎，不要去讲自己大胆的思想结论，以免听众惑乱。他不能猛然一下子把他们的成见统统推翻，而必须常常利用这些成见本身去消除这些成见。

另外，他常常不得不攻击一些人的制度、法律和体制，这些人就百般追究迫害他，使他无法像必要的那样清楚明白地发表见解。在这种情况下他就越发难于被人理解。

毕达哥拉斯和耶稣都想彻底变革一切社会关系，他们并且同生活在成见和迷信中的无知民众来往，而那些论教养能掌握新学说的人们，部分是由于养尊处优，部分是由于虚荣或忌妒，却成了新学说的敌人，并且不择手段地在民众和政府当中散布对这一学说的怀疑。

毕达哥拉斯只在秘密聚会中把学说的深奥秘密传授给经过艰巨考验的学生。考验十分严格，常常要求学生们守口如瓶两年到五年。在较早的时代，人们就是这样把每一种学说裹藏在秘密之中并要求学习者信仰。

毕达哥拉斯和基督教授的是同一个原则，这一原则付诸实现就是共产主义。为了逃避迫害，他们向人民讲述这一原则时不得不使用晦涩难懂的语言，小心谨慎地蒙上种种伪装，因此，生活在一千八百年前的人民要理解这样的原则是多么困难，每一个能在智力上倒退十二年的人大概都会明白。当时，关于共产主义的实质和可能，在人民的脑子里还是一片昏暗。如果在辩论中明白说出，必定会激起大量的成见。人们会大声呵斥你，一再打断你的话，讥笑你。为什么呢？因为像共产主义这个如此深广的重要原则，那些轻浮浅薄的辞令家是不能轻易地通过悟性可以理解的，讲授一个学说，即使用最好的方法也得有一个讲授期。

但是在这以后，共产主义的著作印刷出来了，宣传容易了许多，因为写在纸上的话，智力有限的人就不是听过即忘；他可以停下来研究和检验一些章节，然后再往下读，不至于有仓促下判断的危险。

毕达哥拉斯和耶稣当时尚无印刷术之便，但是，即使有，他们也无意利用，因为他们更多的是诉诸感情，而不是诉诸理智。他们不希望全都被大家理解。因此，信仰在他们的学说中起极大的作用，因此，许多东西我们至今无法明了。

但是，如果说在当时的条件下信仰是一种无条件的必然性，那么由此不能得出结论说它今天还应当是这样；至少它在基督教中不应当再是这样，因为自一千八百年以来我们就传播和支持基督教，虽然早就有人成功地反对这种传播。既然已传授了一千八百年之久，既然由于印刷术的发明，传授手段增加了千万倍，我们认为，我们关于基督原则的知识毕竟已有长足的进步，我们只是为教育弱者和孩童才需要用信仰，对于成年人和强者已不需要了。

正因为如此，今天，哪里我们的知识被压制在信仰形式之下，哪里就会有欺骗、谬误和迷惑，哪里就会把信仰当做达到卑劣目的的手段。

如果有谁为了提倡某一学说而反对另一学说，他就必须能够证明，他的学说是以真理为根据的，而另一学说是以谬误为根据的。耶稣就是这样做的，他并且发现，他的敌人的门徒陷入迷误之中，结果一无所知，而一味全信。耶稣却不信他深受熏陶的摩西律典；至少他不遵守这一律典的个别律例。他不斋戒，也不让自己的门徒斋戒；他与异教徒和罪人——如今天所说的坏人——来往，在安息日医治病人。

既然耶稣并不全信，使徒们对他也不全信，人民对他更不全信。

拿但业听人讲到拿撒勒人耶稣，就说道：

> 拿撒勒还能出什么好的么？（约翰福音第一章第四十六节）

当耶稣教导说甚至一天七次也必须饶恕他人时，使徒们说道：

求主增强我们的信。(路加福音第十七章第五节)

门徒们很难轻易地相信耶稣复活。

他们听说耶稣活着,被马利亚看见了,却不信。(马可福音第十六章第十一节)

他们就去告诉其余的门徒,其余的门徒也不信。(同上第十三节)后来十一个门徒坐席的时候,耶稣显现了,责备他们的不信和心硬,竟不信那些在他复活后看见他的人。(同上第十四节)

他们的这些话,使徒认为是胡言乱语,就不信。(路加福音第二十四章第十一节)

彼得起来,跑到坟墓前,俯身往里看,见只有细麻布还放在那里,就回去了,心里奇怪这是怎么回事!(同上第十二节)

何况他曾屡次听说过第三日会复活的事。

他们见了耶稣就拜;但还是有人怀疑。(马太福音第二十八章第十七节)

马太福音第十六章说耶稣曾告诉众人,他将被交付审问和钉死在十字架上,第三日复活。彼得十分天真地打断他的话说:

主啊,千万珍重自己,这事决不能临到你身上。(同上第二十二节)

从这里可以明显地看出他对耶稣的爱,他简单的智力和他对复活的不相信;耶稣就严厉斥责他,好让他感到自己已有不信。

保罗也并不坚定地相信复活。

我这样走向死而复活。(腓立比书第三章第十一节)

这不是说,这我已经得着了,或者已经完全了,但我竭力

追求,或许在我得着基督之后这也得着。(同上第十二节)

弟兄们,我不是认为自己已经得着了。但我只说一点,这就是我忘记背后而努力向前。(同上第十三节)

根据歌罗西书第三章第一节到第四节,我们已经复活了。因此,一些人大概也相信提摩太后书第二章第十八节说的:复活的事已经过去。

在最初的基督徒当中,许多人不相信复活的事。

既然宣传说基督是从死里复活了,怎么你们当中又有人说没有死人复活的事呢?(哥林多前书第十五章第十二节)

既然没有死人复活的事,基督也就不曾复活过。(同上第十三节)

总之,新约里面有许多章节说最初的基督徒和其他要争取的人都不信。

众人听见从死里复活的话,有些人就讥笑说:我们想听你再多讲点这件事。(使徒行传第十七章第三十二节)

他所说的话,有信的,有不信的。(使徒行传第二十八章第二十四节)

而我们却宣传钉死在十字架的基督;犹太人以为恼,希腊人以为蠢。(哥林多前书第一章第二十三节)

首先应该知道:末日会有讥笑的人出来,他们肆意讥笑说:(彼得后书第三章第三节)

他应许的光明未来在哪里呢?因为自从列祖长眠以来,万物与初创时依然一样。(同上第四节)

谁说谎呢?就是那不承认耶稣是基督的人。不承认那父

和子的人，就是敌视基督的人。（约翰一书第二章第二十二节）

我给你们写的这些话，说的是那些引诱你们的人。（同上第二十六节）

凡是不承认耶稣是肉身而来的基督的灵，都不是从上帝那里来的。这是那敌视基督者的灵，你们听说过这种灵要来，他现在已经在世上了。（同上第四章第三节）

因为许多诱惑者来到世上，他们不承认耶稣是肉身而来的基督。这是诱惑者，敌视基督者。（约翰二书第七节）

耶稣自己怀疑人们是否信他。

人子来的时候，世上的人也信他吗？（路加福音第十八章第八节）

使徒也说：

并不是人人皆信。（帖撒罗尼迦后书第三章第二节）

耶稣在家乡发觉没有人信他。

耶稣因为他们不信，就不在那里多行异能了。（马太福音第十三章第五十八节）

路加福音第四章第二十三至二十九节也指出了这一点。

关于基督的后继者，犹太人在罗马对保罗说：

关于这个教派，我们晓得它到处遭到反对。（使徒行传第二十八章第二十二节）

值得注意的是掰饼给五千人吃饱的事及其后果。从这里可以看出，人民由于自己的物质利益是多么容易受制于某一个人或某一事物，多么容易受面包篮的支配和左右。主要的是，从这里可以看出，要人信，只是为了不让人检验异能、神迹和许诺而已，因为没有这些东西，任何先知都显不了神通。即使五官使自己坚信所行的异能、神迹和许诺是不可能的，众门徒也得非信不可。

在他复活之后，众门徒在一个山上看见了他。但有些人怀疑！可见，他显现在他们面前时容貌全非，形象全变了；否则他们怎么会怀疑呢？

这里人们不禁会问：显现的人是否就是耶稣呢？他看起来毕竟不像耶稣。

路加福音第二十四章提到步行去距离耶路撒冷约二十五里路的以马忤斯村的事。路上，耶稣碰见他的许多门徒，虽然这是在大白天，他们却认不出他，以为他是异邦人。最后，他们根据掰饼和他手上和脚上的伤痕认出了他。而第四十一节说：但他们还是不相信这就是他。这根本不会使我感到奇怪。如果他们认出他的容貌而又不相信这就是他，倒会使我感到奇怪。

就说赐餐吧。五千人吃饱并看见了神迹之后，就说：

> 这真是那要到世间来的先知。（约翰福音第六章第十四节）
>
> 耶稣发觉他们要来立他为王，就独自又退到山上去了。（同上第十五节）
>
> 到了晚上，他的门徒下海边去。（同上第十六节）
>
> 上了船，要过海往迦百农去。天已经黑了，耶稣还没有来到他们那里。（同上第十七节）

据说他是在海面上走到他们面前的。就我个人来说，我对这一说法是满意的，但我只指出一点：从下一节似乎可以得知，耶稣是在岸上等候他的门徒的。

他们愿意接他上船，船立刻到了陆地。（同上第二十一节）

到此为止，从这件事中完全可以得出结论说：先是耶稣独自离开众人，天黑时他的门徒也离开了众人，他们利用海路和天黑渡船离去，到了对岸，耶稣和他的门徒重新会合。这里，目的显然是要摆脱众人，他不总是能给众人吃饱的，因为他本人和门徒也常常没吃没喝（见马太福音第二十一章第十八和十九节，以及马太福音第十二章第一节）。

第二日，站在海那边的众人，看见那里只有耶稣的门徒坐的船而没有别的船，看见耶稣没有同他的门徒上船，是他的门徒自己坐船离去的。（同上第二十二节）

但有几只船从提比哩亚来，靠近主祝谢后掰饼给他们吃的地方。（同上第二十三节）

众人见耶稣和他的门徒都不在那里，就也上了船，往迦百农去找耶稣。（同上第二十四节）

他们在海的那边找着他，就对他说：拉比，你是什么时候到这里来的？（同上第二十五节）

耶稣回答说：我实实在在地告诉你们，你们找我，不是因为你们看见了神迹，而是因为你们要吃饼。（同上第二十六节）

不要谋取那暂时的食物，要谋取那永生的食物。（同上第二十七节）

根据第十五节，耶稣之所以逃走，是为了避免众人立他为王；

而从第二十六节却可以清楚看出，他不是怕众人立他为王，而是怕再要为此奇异地让众人吃饱。因此他用一种使他们无法希望第二次吃饱的办法，来回答他们。他直截了当地对他们说，他们只是想吃饼才找他来的，他说他们不该谋取暂时的食物，就是说，不要叫他再花力气去做给这好几千人吃饱的事了。他按这个意思继续给他们讲，并说起他在天国的父亲的食粮，说这才是真正的食粮。

> 因为这是上帝的饼，是从天上降下来，赐给世界以生命的。（同上第三十三节）

> 他们说：主啊，常常把这种饼赐给我们吧。（同上第三十四节）

可见，他们主要关心的是能得到饼，而不管它是从天上降下来的还是面包师烤出来的。他们看见他能创造一次以饼饱众的奇迹，自然必定相信他可以继续不断地创造这种奇迹。一群饥饿的人在这种情况下向他们的先知要面包，完全是人之常情，不合常情的倒是这位先知不愿再给了，何况他曾在一个地方说过：有人要饼，谁会给他石头呢？

如果我对一个人说：你找我来不是因为你看见神迹，那么，我这句话的意思就是：你对我的神迹毫无印象，你要我做，我也不想再做了。如果我对他说：你只是想吃饼才找我来的，那么别人就明白我这是不乐意给他饼；如果他安分，并且不为饥饿所迫，也许就不讨饼了。但是众人当时正饥饿，甚至要讨上帝的饼。耶稣有迫于此，就另图出路。

> 我就是生命的食粮。跟我的，不会饥饿，信我的，永远不渴。（同上第三十五节）

但众人的肚子里仍无以充饥。昨天，他们奇迹般地吃饱，现在肚子又饿了，就盼望出现同样的奇迹。上面的话根本不能充饥，众人就感到厌烦。

犹太人因为耶稣说我是从天上降下来的食粮，就私下议论他。（同上第四十一节）

他们说：这不是约瑟的儿子耶稣吗？他的父母我们不是认得的吗？他如今怎么说：我是从天上降下来的呢？（同上第四十二节）

这里，或者是把食粮造出来，或者至少是把别人的口堵住，防止他们完全有根据说他根本不能造出来，此外没有别的出路。于是他继续说：

我是从天上降下来的活着的食粮。谁吃这一食粮，他必永远活着。我要给的食粮，就是我的肉体，是我为世界的生命献出的。（同上第五十一节）

于是，犹太人彼此争论说：这个人怎么能把他的肉体给我们吃呢？（同上第五十二节）

他的门徒也觉得这样说太蹊蹊了。

他的门徒中有好些人听见了，就说：这些话很难懂，谁能听呢？（同上第六十节）

耶稣心里知道门徒在议论这些话，就对他们说：这些话就使你们生气了吗？（同上第六十一节）

这充分证明，甚至耶稣的门徒也根本不盲目相信，而耶稣则善于让他们相信。他们也反驳和议论，如同我们今天听到这样的话也会反驳和议论一样。

但事情不止于议论和反驳。

从此，他的门徒中有许多人退走，不再和他同行。（同上第六十六节）

可见，就在当时，每一刺耳的、违背整个健全理智和信念的教义，以及每一个把深刻的真理隐藏在含糊不清的荒诞词句中的人，都在有思维的那部分听众中引起怀疑、反对和不信。而没有这些，知识的发展根本不堪设想。可见，我们的怀疑和不信，甚至在福音书里也找到了根据。

三、使徒、门徒和最初的基督徒的缺点

但她的丈夫约瑟是个虔诚的人，不愿羞辱她，想暗地里把她休了。（马太福音第一章第十九节）

如果约瑟心地善良，他就不该想暗地里把自己的未婚妻休掉，并且，为了不招致舆论怀疑自己，在这种情况下他可以不暗地里把她休掉；约瑟毕竟已经同她结成了夫妻——这是一个年轻的未婚妻所期望的——，所以他的打算应当受到谴责。马太也不得不认为他们已经结成了夫妻，否则他就不会在这一句里把约瑟叫做马利亚的丈夫。

对于他们下面的缺点，我只限于指出圣经的章节：

彼得有妒忌心（约翰福音第二十一章第二十一节）。

彼得有私心（马太福音第十九章第二十七节）。

彼得不认主（马太福音第二十六章第七十节；路加福音第二十二章第三十四和五十七——六十二节；约翰福音第十八章第二十

五节）。

犹大叛卖（马太福音第二十六章第十五节；马可福音第十四章第十、四十五节；路加福音第二十二章第四十七节；约翰福音第十八章第二节）。

犹大公开谴责主（约翰福音第十二章第四、五节）。

门徒有虚荣心（马可福音第九章第三十四节和第十章第三十七节；路加福音第九章第四十六节和第二十二章第二十四节）。

门徒逃跑（马可福音第十四章第五十节）。

使徒彼得和保罗的伪善（使徒行传第十一章第三节；第十六章第三节；第二十一章第二十——二十六节；加拉太书第二章第十一——十四节）。

最初的一些基督徒懒于聚会（希伯来书第十章第二十五节）。

抱怨寡妇赡养费发得不公平（使徒行传第六章第一节）。

同未受割礼的人交往引起争吵（使徒行传第十一章第二、三、十九节）。

关于行割礼的争吵（使徒行传第十五章第一——十二节和第二十一章第二十一节）。

使徒骂人（腓立比书第三章第二节；彼得后书第二章第十四、二十二节；加拉太书第一章第八节）。

使徒遭人说坏话（哥林多后书第十章第一——三、十——十二、十四、十八节和第八章第二十、二十一节）。

约翰离弃保罗（使徒行传第十三章第十三节）。保罗因此不想再带约翰去（使徒行传第十五章第三十八节），并因此同巴拿巴争吵（使徒行传第十五章第三十九节）。

在最初的基督徒当中，有人行为不端（哥林多前书第五章第一、八节；第十一章第十七——二十一节）。

有些使徒和最初的基督徒猜疑和妒忌（加拉太第二章第四——六节；第四章第十五——十七节；腓立比书第一章第十五、十六节；约翰三书第九、十节）。

在最初的基督徒当中一般都有不和（罗马书第十六章第十七节；哥林多前书第一章第十一节和第三章第三节；哥林多后书第十二章第二十、二十一节；加拉太书第一章第七节和第五章第十五节；提摩太前书第四章第一——四节；提摩太后书第二章第十四、十六、十八节）。

保罗更加证明这一点，他说：

> 我们从前也是无知、悖逆、受迷惑，服事各种私欲和淫乐，常存阴毒和妒忌的心，互相仇恨。（提多书第三章第三节）
>
> 在罪人中我是个罪魁。（提摩太前书第一章第十五节）
>
> 我是使徒中最小的，不配称为使徒。（哥林多前书第十五章第九节）
>
> 我比众使徒中最小的还小，然而他还赐我这恩典，叫我把基督那测不透的丰富传给外邦人。（以弗所书第三章第八节）

可见，最好的人也是罪人！当时是这样，现在也是这样，将来永远是这样。这是人的永远不变的天性。我们的理智与情欲发生连绵的战争，它只有不断地战胜情欲才能存在，如果我们手里捧着一本圣经，那么我们不要忘记，我们捧的是一本人写的书，他们同我们一样也有人的天性，因而同我们一样也有七情六欲。

四、耶稣是人

> 你为什么叫我是良善的呢？除了上帝一位之外，是没有良善的。（马可福音第十章第十八节）

我想先把这个问题讨论一下。可见，耶稣自己不认为自己是良善的。因此，他根本没有冒充上帝的奢望。在各篇福音书中，我们一处也没有发现他说过自己是上帝。

如果我们设想耶稣是我们叫做上帝的形象，这是因为没有这个耶稣，我们基督徒也就根本想象不出上帝的形象了，这是因为我们所说的耶稣这个概念不是指他的形态，而是指他的教义。任何一片虔诚和一心祈祷的情感都几乎能不知不觉地给自己形象地设想出一个自己的上帝。对我们来说，耶稣是上帝的最好的概念，因为他的教义包含有最高幸福的精华。

但是，正因为如此，不必把上帝描绘成超尘世的非自然的实在，认为他完全摆脱了其他人具有的一切弱点和情欲。他同我们一样具有这些弱点和情欲，这甚至从圣经里也可以看出来。

他在当教师的初期尚未弃绝他本民族的民族成见。

> 外邦人的路，你们不要走，撒玛利亚人的城，你们不要进。（马太福音第十章第五节）

可见，这里他根据犹太人的习俗禁止门徒与外邦人交往。

又有一次，有个外邦的妇人，女儿被魔鬼附着，求他帮助。他却一言不答。他的门徒见怜妇人的苦苦喊求，就求耶稣帮了她，好打发走她，耶稣说道：

我奉差遣，不过是到以色列家迷失的羊那里去。（马太福音第十五章第二十四节）

那妇人来拜他说：主啊，帮助我。（同上第二十五节）

他却回答说：不好拿儿女的饼丢给狗吃。（同上第二十六节）

后来，耶稣抛弃了这种对外邦人的仇恨，常常到外邦人那里去。撒玛利亚人是一个好客的小民族，他们有一次却拒绝接待他住宿。如果他们不知道耶稣曾蔑视他们，如果他们当中没有人知道上面说过的事，他们是决不会不接待他的。

耶稣并不总是有力量抑制自己内心的冲动和克制自己的舌头。他在愤怒之中甚至违反他自己的戒律。

凡向弟兄动怒的，难免受审判，凡骂弟兄是拉加[①]的，难免公会的审断，凡骂弟兄是魔利[②]的，难免地狱的火。（马太福音第五章第二十二节）

他在这里是这样教导人的，而在马太福音第二十三章第十七和十九节中他自己却骂法利赛人是傻瓜和瞎子。保罗也违反上述戒律：

傻瓜！你播种的，如果不死亡就不能复生。（哥林多前书第十五章第三十六节）

第四戒告诫说应尊敬父母。但在迦拿家娶亲的筵席上，当耶稣的母亲告诉耶稣说已经没有酒的时候，耶稣说道：

① 卑鄙小人。——译者

② 傻瓜、白痴、笨蛋。——译者

妇人！我同你有什么相干？（约翰福音第二章第四节）

从同上第十节可以看出，客人已经喝足了酒，不想再喝了；耶稣却还要上十二至十八桶酒。这证明耶稣同我们一样乐于在喜庆筵席上开怀畅饮不止。他见了酒就没法背弃自己的人的天性了。他除了对人怀有普遍的爱之外，对抹大拉的马利亚、对马大、拉撒路和约翰又怀有特殊的爱（见约翰福音第十一章第五节，第十三章第二十三节，第十九章第二十六节）。抹大拉的马利亚是城里人尽皆知的罪人，即众人所鄙视的女人，没有人同她来往（见路加福音第七章第三十七、三十九节）。马大是她的姐姐，拉撒路是她的兄弟。

在耶稣身上有我们人的天性，这一点更明显地表现在他同我们一样知渴知饿、知苦知累。

他同我们一样力图逃避迫害（马太福音第十二章第十五节；马可福音第三章第七节；路加福音第五章第十六节，第九章第十节，第二十一章第三十七节；约翰福音第七章第一节和第十节，第十章第三十九节，第十一章第五十四节）。

他躲藏在橄榄山上（约翰福音第七章第五十三节[①]，第八章第一节和第二节）。

他同我们一样怕死（马太福音第二十六章第三十七、三十九节；马可福音第十四章第三十三、三十四、三十六节；路加福音第十二章第五十节，第二十二章第四十二节）。

我们不妨毫无偏袒和毫无成见地观察一下以色列人犹大对耶

① 《圣经》有些版本无这第五十三节。——译者

稣的态度。

我们在这里要根据两颗人心，来重新发现那常常在我们内心不断汹涌沸腾，不容健全理智思考片刻就驱使四肢和舌头动作的同一情欲之泉。

耶稣及其门徒同别人共有共享一切。当时，人的需要比今天少，人也不像今天这样自私，各种东西都比较充裕，旅行不需要护照，乞讨并不禁止，每个人都认为好客是神圣的，正像今天人们认为自己的财产是神圣的一样。狩猎和捕鱼是自由的，贸易也一样。人们可以在田园里摘食果实而不受处罚。人们可以替人治病，虽然像今天许多医生那样医术很不高明。人们在庙堂里也可以像僧侣一样启口；总之，在罗马的统治下，贫苦人的生活比他们今天在各自的国家的统治下要自由得多。我之所以列举这些，为的是能把下面要说的事说得尽量清楚明白。

耶稣禁止门徒随身携带任何金银等物。人们在路上送给他们的东西，犹大装在布袋里。

还有许多妇女同耶稣和使徒在各地周游，她们当中也有罪人抹大拉的马利亚（路加福音第八章第二节），以及希律的管家的妻子（同上第三节）。**从路加福音第八章第三节中可以看出，耶稣和门徒是靠这些妇女接济生活的。**

有一次，抹大拉不巧突然要把极贵的“香膏”涂在亲爱的主的头上，或者如约翰福音所说的，涂在脚上。根据马太福音第二十六章第七至十一节和马可福音第十四章第三至七节，所有的门徒见了全都发牢骚说：

“这样浪费干什么呢？这香膏可以卖三百块钱赒济穷人。”

根据耶稣的得意门徒约翰的说法，只有以色列人犹大发了这番牢骚给主听。

耶稣回答说：

> 由她吧！她是为我安葬之日保存的。（约翰福音第十二章第七节）
>
> 因为你们会常有穷人在一起，却不会常有我在一起。（同上第八节）

可见，耶稣本人也不能为这一举动辩护；他只不过是原谅了她。“她是为我安葬之日保存的”，这无异于说：这不会再发生了。

马太和马可这两位福音作者本人想必是在场见到涂香膏的，他们告诉我们：众门徒都发了牢骚，这就证明，至少他们两人也属对此不满的门徒之列，否则他们两人就不这样记述了。

无论如何，往头上涂香膏这一举动是违背原则的，或者，当着众门徒和阴险的犹大的面这样做是很不明智的。这个场面必然在众门徒的心里造成极不愉快的印象，因为这是极其触目的言行不一的表现。

约翰本人似乎感觉到这一点，所以他硬说犹大说那番话是另有原因。

> 他说这话并不是挂念穷人，而是因为他是个贼，又带着钱囊，常取里面所存的钱。（同上第六节）

约翰这样瞎猜疑，是很没有道理的。我倒是相信犹大是真正把基督的原则放在心上的，不过，并不是他对原则的热诚，而是他看到自己在耶稣的眼中低人一等而产生的怨恨，驱使他脱口说出那番话。

这样说是否有根据呢？犹大早就不为耶稣所喜爱了，这一点却是确实无疑的。

只是你们中间有些人不信。耶稣从一开始就知道谁不信他，谁要出卖他。（约翰福音第六章第六十四节）

耶稣回答他说：我不是挑选了你们十二个，而你们当中有一个是魔鬼么？（同上第七十节）

他是指着以色列人西门的儿子犹大说的，这个人是十二门徒之一，后来出卖了耶稣。（同上第七十一节）

根据马太的说法，犹大只是在涂香膏一事之后才有出卖耶稣的念头，如果是这种情况，那耶稣在山上说教时表示怀疑犹大，就是错误了。

从那时起他就找机会出卖耶稣。（马太福音第二十六章第十六节）

涂香膏一事造成的使两颗心完全分离的鸿沟，是无法填平的。试想一下，当自己所鄙视的一个学生居然似乎颇有道理地在其他人面前责备自己做的一桩违背原则的事时，耶稣一定是多么痛苦地感到内心所受的创伤啊。

一些福音作者说在同一天晚上，而另一些福音作者说是在此后一两天，他们一起吃了逾越节宰的羊羔。

根据耶稣及其门徒内部的上述关系，我们可以设想一下，他们的每一个人对于成为这个团体的一员，一定是何等的重视，因为这个团体明确地认为自己的使命是通过宣传基督的共有共享来引出极其重大的事件，同时我们可以设想一下，他们每一个人对于自己在这个团体中成为弟兄们所公认的一个有用的成员，一定是感到何等的骄傲自豪。

我们不妨设想一下，他们是怎样在一起聚餐。对于他们来说，这样的聚餐不是常有的。我们可以想象，这样的聚餐要有互相信任的谈话才能趣味盎然，如果对某个人有什么不满，在这样的聚会上也不要当面非难，不要使他每吃一口东西都如吞服毒药一般难以下咽，我们可以尽量清楚地设想这一切——而且要设身处地地替犹大设想一下，他当时坚信，他几天或几小时之前公开责备涂香膏的事，还会招致耶稣的更大的怨恨，他从耶稣在洗脚时所说的话里可以感觉到这一点。耶稣说道：

> 你们是干净的，但不都是干净的。（约翰福音第十三章第十节）

我可以想象，一个感到内疚的人听了这样的话，心里该多么沉重难受；而且我还感到，即使是对一个敌人，我也很难在他希望得到其尊重的人面前启齿说出这样尖酸刻薄的话来。可是耶稣接着又说道：

> 你们中间有一个人要出卖我了。（同上第二十一节）

可怜的犹大，他的心都碎了！可是，这样的精神上的折磨还没完。

> 我把饼蘸一下给谁，那就是谁。耶稣就把饼蘸了一下给以色列人西门的儿子犹大。（同上第二十六节）

您如果为美好的事业需要殉道者，把我钉在十字架上好了，但不要把给犹大的这种令人厌恶的饼给我；否则我也会像犹大那样控制不了驱使犹大叛卖和自杀的那种心灵痛苦。啊，耶稣，在这两个人生命攸关的时刻，你是多么残忍！即使这不幸的犹大是个卑劣的恶徒，他像人们所说的那样早已怀有叛卖的念头，但是对于已经盛满的杯子来说，这苦渣也毕竟是太多了，因此，苦水溢出了。

他吃了那块饼，撒旦就入了他的心。耶稣便对他说：你要做什么就快做吧。（同上第二十七节）

犹大吃了那块饼，就立刻走了出去。那时候是夜里了。（同上第三十节）

是啊，在外面，在天地之中，是黑夜、漆黑的夜，在里面，在背叛者的内心之中，也是黑夜、漆黑的夜！当一件完全意外的事件突然使精神生命之树的汁液丧失殆尽的时候，当一下猛烈的精神打击突然使我们认识迷惘，茫然不知自己感受什么、信什么和爱什么的时候，当我们先前精明强干的我，突然变成只能说能动而不能思想，或能想而不知想什么的一副骨架的时候，谁会有足够的力量、勇气和经验以深沉的目光去注视这恐怖空荡的荒漠？只有有这种体验的人才能知道犹大接受了那块令人厌恶的饼之后在最隐秘的心灵深处有何感受。

好吧，犹大的心也许是卑劣的心，堕落的心，但这块饼必然使这颗心堕入地狱，痛苦不堪，因为这块饼突然夺走了这颗心之所以能留恋生活的一切——荣誉、敬重、友谊、爱情、希望，这一切，对于这颗心来说，全都因那块蘸过的饼永远化为乌有了。

这时，犹大突然恨他以往所爱的东西，以往爱得越强烈，现在恨得越厉害。他的后悔和死亡理应使他得到世人的原谅，理应使他免受千百年来的唾骂。他有勇气不愿忍受自己的耻辱，而在同一时刻，那位彼得，虽然耶稣决定要把他当做建立自己的教会的基石，虽然耶稣要把天国的钥匙交给他，可是他却三次不认自己的师傅。

在涂香膏的场合，耶稣也遭受了那种伤灵不伤肉的道义上的鞭笞。犹大居然公开指责浪费香膏，必然在耶稣那颗有感觉的心上产生强烈的反响，这是容易理解的。一个懂事的朋友，本应不要在有外人、妇女和门徒在场的时候给他提意见，而应在私下里给他提。但是我们感情一冲动起来，就往往做出轻率的举动，说些轻率的话，更坏的是突然放肆地发泄私仇暗恨。如果发生这种尴尬难堪、极不自在的情况时能够自我克制，那是需要有很坚强的精神力量的。

凡是宣传的利益要求使徒们相信的，犹大都不能相信。从此，被伤害的自尊心、妒忌心和猜疑心就把自己的毒爪插进两颗有感觉的心中。两个受害者互相为对方准备死亡之杯。我们也尝过这死亡之杯，在这金钱世界里，我们还得一口一口地尝，直至把苦渣喝光为止。

一些人是为三十个银币而喝，另外一些人是为二十五个铜板而喝；但有些人连六个小钱也不出，却把毒药和苦汁掺和在杯子里让人喝。

但是我们不得不把这死亡之杯连同沉渣一起喝光。

五、耶稣是个木匠，有弟弟妹妹

从十二岁到三十岁是人生命中最重要时期的最美好的十八年，但令人奇怪的是，关于耶稣的这十八年，福音书里没有一处，没有一句话提及，一句话，根本不提。

所有的福音书的作者对于耶稣这一时期的生活都只字不提。

后来，有些福音书作者告诉我们，耶稣十二岁时在寺庙里，接着他们马上话题一转，讲他三十岁时的事，告知我们说，耶稣这时当木匠，有四个弟弟和两个妹妹。

> 这不是那木匠，马利亚的儿子吗？他不是雅各、约瑟、犹大和西门的长兄吗？他的妹妹们不也是在我们这里吗？他们就厌弃他。（马可福音第六章第三节）

所以，年青的妇女马利亚先是从圣灵怀孕生了一个儿子，然后又从耶稣的养父怀孕生了六个孩子。

关于耶稣有弟弟妹妹，还可以在下面各章节里找到进一步的证明：马太福音第十二章第四十六、四十八节，第十三章第五十五、五十六节；马可福音第六章第三节；路加福音第八章第二十、二十一节；约翰福音第七章第三、五节；使徒行传第一章第十四节；哥林多前书第九章第五节。

尽管这些章节一清二楚地、明白无误地说耶稣有弟弟妹妹，可是所有虔诚的基督教徒对此熟视无睹，他们只知读而不知道读的什么。

我认识一些勤勉的圣经读者，他们矢口否认圣经里曾说耶稣有弟弟，直至把这些章节放到他们的眼皮底下，他们才恍然大悟。

他这些弟弟妹妹是马利亚同她丈夫约瑟同房所生的孩子。

> 他没有和她同房，直至她生了头一个儿子。（马太福音第一章第二十五节）

可见，他后来和她同房了。这样，马利亚如同所有的姑娘一样，只是在第一次怀孕之前才是贞洁的处女。

第三章　教导的方法

一、耶稣作为导师出现时社会的政治状况和社会状况

希伯来人作为一个民族丧失了自己的政治自由，处于罗马统治之下。这一民族的一切阶级和党派都有心推翻这一统治。在这一点上，大祭司长、法利赛人、撒都该人、艾赛尼派、耶稣和平民百姓都是一致的。但是用什么样的统治来代替罗马的统治呢？在这个问题上，他们就不一致了。

在最晚的先知死了以后，人民逐渐地受无数的法律、规定和习惯所束缚。这时有个名叫撒都该的祭司创立了一种新的教派，除了被认为是上帝的律法之外，摈弃一切法律和人间的律令。他的门徒在他死后自称是撒都该人。其他祭司和有势力的利未人则反对这一新教派，自称是法利赛人，意思是无罪的人。他们与撒都该人不同的地方是穿着不同，十分严格、一丝不苟和规规矩矩地遵守法律。

撒都该人认为没有天使、圣灵和魔鬼，没有死人复活的事，而法利赛人则相信有这一切。

撒都该人认为没有神意天命，而法利赛人则虔信上帝的安排。

撒都该人摈弃长老的一切律例，而法利赛人则竭力维护。

法利赛人严格斋戒，随时在街头和寺庙里祈祷，好让别人看见。他们不先洗手决不吃饭，他们自己鞭打自己，打得鲜血浸透他们的衣服。他们避免同贫苦人、妓女和酒鬼接触来往。他们每次从市场上回来，都要洗手洗澡，因为也有异教徒上市场去，他们认为同异教徒接触会弄脏自己。他们在自己家里，也是洗个没完。他们的食具必须总是干干净净。他们睡窄板床、卧硬石或荆棘，并周游全国，劝人皈依。他们的最高誓言是“指着殿堂的金子起誓！”和“指着祭坛的祭品起誓！”他们认为自己在人民中是最神圣的，甚至认为自己的唾液也比别人的洁净和神圣。他们十分虚荣，穿着稀奇古怪的宽衣裳，诅咒任何一个不在他们指导下研究律法的人。他们当中的许多人认为，无知的人没有复活的福分。

法利赛人由于苦行和禁欲而在人民中享有崇高的威望，虽然我们从马太福音第二十三章第十三至三十六节可以看到，他们的苦行和禁欲只是欺骗人民的伪善举动。

除了这两个教派之外，还有第三个教派，即艾赛尼派，他们一般是秘密集会，正如共济会会员今天在那些不容许他们公开活动的国家里一样。

艾赛尼派根据自己的原则以财富共有共享为目标，因而在主要方面同基督教原则完全一致，而历史也没有告诉我们，他们在一些次要方面有什么不相一致或相互反对的事。这一点使我推测耶稣本人很可能是这一秘密同盟——酷似毕达哥拉斯的同盟——的成员。施洗的约翰对耶稣的态度增强了我的这种推测。约翰出现在耶稣之前。耶稣后来所宣扬的东西，全是约翰先前提出的主张；财富共有共享的原则，艾赛尼派在约翰之前就宣传过了。

但这位出现在耶稣之前的约翰已获得众人的踊跃信从，甚至法利赛人——他们在民众中享有崇高的威望——也不敢说他的施洗是人的施洗，希律都不敢杀死他。耶稣在民众中恐怕也没能取得这样大的影响。这位约翰可能也比耶稣更刚强。他当面责备希律娶自己兄弟的妻子是不对的，而耶稣在回答彼拉多的审问时——判决要根据他的回答而定——，不是沉默不语或间接地回答说“是你说的！”，就是企图寻找一条得救的出路，说“我的国不属于这世界！”

约翰在各个方面都是个杰出的人民导师，在约翰福音第五章第三十五节中，耶稣本人曾说约翰是点燃着的明灯。在马太福音第十一章第十一节，耶稣说约翰是妇女所生的一切人中最伟大的人。这样的一个人突然向民众宣传另一个先知，说他比自己更伟大，自己连给他解鞋带都不配，这难道不令人奇怪？

会不会是这位伟大的受人爱戴的先知约翰向民众宣传一个自己以前既没听说过，也没看见过（见约翰福音第一章第三十一、三十三节）的人是更伟大的先知呢？难道他竟会拿自己的先知声望去冒险，把一个也许既无力量和手段，也无才能担负救世主使命的陌生人冒称是救世主？

这是不会的。发疯才会这样做。一个先知只有违背自己的教义的利益，才会这样胡闹乱来。如果他们先前就互相认识，那么，从许多方面来说这倒是一种对传播教义十分有利的狡猾行动，因为：

1. 这位先知这样做，可以使自己除了原先特有的美德之外又增加了一项克己和谦逊的美德，从而增加自己在民众中的声望。

2. 他这样做，可以使觊觎和妒忌的矛头从自己身上转向耶稣身上。

3. 他推崇耶稣，可以比较容易使耶稣作为先知初次登台。——只要约翰仍然活着，尽管有他的推崇，耶稣在民众中的影响恐怕也不会大于约翰。

4. 推崇耶稣还可以有这样的目的，这就是使约翰更能转移罗马当局和犹太当局的雷电般打击。

因此，我认为很可能是耶稣和约翰都秘密加入了艾赛尼派同盟，在这种情况下，一切可以使民众惊奇的东西，一切可以使民众虔信先知及其教义的异象和神迹都是预先安排好了的。

我们这样说，当然没有任何把握，我们只知道犹太史学家约瑟夫提到过。他是唯一提醒注意艾赛尼派同盟的存在的人。

这一同盟曾经存在过，在基督时期它的活动得到发展，这是确实的。同样，约翰和耶稣公开宣传这个同盟的原则，这也是确实的。每个教派总是竭力吸收志同道合的人来壮大自己，并且首先注意那些富有才干、勤奋努力、勇敢刚毅和享有声望的人。因此，这一教派不可能不知道耶稣和约翰；即使艾赛尼派出现在他们之前，等他们出现之后，艾赛尼派也一定会寻找他们和鼓励他们。

因此，从原则来看，耶稣和约翰是艾赛尼派，艾赛尼派是耶稣的门徒；至于耶稣和约翰是否也被吸收加入同盟，使徒当中哪些人是艾赛尼派，确实的情况则不得而知，但是，从约翰公开推崇耶稣的方式来看，从原则的利益与当时的社会状况相权衡来看，则是十分可能的事。如果我们设想一下艾赛尼派在这方面的利益和合作，所有的谜语、异象和神迹对我们来说是很好懂的。约翰曾经说过：

他必然兴旺，他必然衰微。（约翰福音第三章第三十节）

从约翰这句话可以得出这样的看法：他们两人扮演的角色先前就已经分配好了，他们两人早在公开出场之前彼此之间已经就先知职务达成秘密协议了。

上面已经说过，这一切，确实的情况不得而知，但这事很可能有，否则在许多地方，我们就只看到他们的谎言或欺骗，而看不出他们的美好的目的了。我们在下面的第三节将证明：耶稣至少在民众面前是保持他的门徒的某种秘密协议的，因此，如果这一点得到明确的证实，那么，这叫做艾赛尼派的协议还是门徒的协议，则是相当无所谓的；主要的是协议本身。

当某一秘密同盟把自己成员的机敏灵活、多谋善断、学识丰富、勇敢刚毅，总之，把自己成员的一切才干和能力全都集中到某一个成员身上而民众并不发觉时，当它做到使民众把这些才干能力共同产生的效力看做是某一个人的超自然力时，当同盟成员不仅做到使民众相信，而且做到使他们强烈相信时，所有异象和神迹的效果也就一清二楚了。

二、信是行异能和神迹的条件

那没有看见就信的人有福了（约翰福音第二十章第二十九节）。

一千八百年以前，人的头脑里几乎全都充斥着对魔鬼、幽灵、异象和神迹的迷信。法律、宗教和伦理都用这种东西编织而成，似乎这是永恒的真理。学者们竭力确证和维持这些幻象，以此在民众中猎取荣誉,而法官则根据这些幻象产生的错觉司法量义。在基督教统治的中世纪,情形尤其荒谬妄诞。那些制定法律和掌管宗教和司法的人们本应明白事理,他们却由于自己的迷信,容许以"女巫"为名把无辜的人烧死。连宗教改革家路德也相信有风流鬼、鬼胎、鬼婴,主张把他们溺杀。不过,这种荒谬主张只是细枝末节,与宗教改革的原则无关,所以并没有人鄙弃宗教改革。因此,圣经里的鬼魂、圣灵、魔鬼、异能和神迹的故事只是次要的,与基督教原则无关,人们完全可以任意加以解释而无损于基督教原则。

当时在犹太人当中,谁想当民众导师,他就必须准备民众要他行异能和神迹,否则没人信他。耶稣企图以同样的武器削弱这种迷信。他心里想,我不行异能和神迹你们就不信我吗?好吧!你们不信我,我就不在你们面前行异能和神迹!谁不盲目相信,谁就成不了他的门徒,就不会有福,就不会得救。这种信不容许有任何怀疑。凡是耶稣说的,即使健全的理智和五官都感到不对,也必须认为是对的。否则他拿什么东西去比较顺利地对付那些狂信神迹的犹太人呢?

因为耶稣到处有人信,所以他到处行异能,凡是没人信他的地方,他就不行异能。

> 他在那里不能行什么异能,只不过是把手按在几个病人身上,治好他们。(马可福音第六章第五节)
>
> 他也诧异他们不信。(同上第六节)

如果你信,他什么都可以做,行异能和神迹都可以,因而总是要求人信(马太福音第八章第十三节,第九章第二十一、二十二、二十八和二十九节,第十五章第二十八节,第十七章第十九、二十节,

第二十一章第二十二节；马可福音第五章第三十四节，第九章第二十三、二十四节，第十章第五十二节，第十六章第十六——二十节；路加福音第七章第九、五十节，第八章第二十五、四十八、五十节，第十七章第十九节，第十八章第四十二节；约翰福音第十一章第四十、四十二节，第十四章第十二节；使徒行传第三章第十六节）。

谁向犹太人宣传新的教义，犹太人就要谁行异能和神迹（马可福音第一章第二十二、二十八——三十四节；约翰福音第三章第二节；使徒行传第四章第三十节，第五章第十二至十六节；哥林多前书第一章第二十二节）。

民众追随耶稣，更多的是因为异能和神迹，而不是因为教义（约翰福音第六章第二十六节，第七章第三十一节，第十一章第四十七——五十节，第十二章第十八节）。

使徒们也是如此（使徒行传第十三章第十二节）。

民众中最有威望的人当时说耶稣能赶鬼（马太福音第十二章第二十四节；马可福音第三章第二十二节；约翰福音第十章第二十、二十一节）。

别的人则说他是被鬼附着的（马可福音第三章第二十一、三十节）。

耶稣给人治病时要了各种手腕（马太福音第二十章第三十四节；马可福音第三章第五节，第七章第三十三节；约翰福音第九章第六节）。

我们从约翰福音第九章第六节再往下读，就不禁会问：为什么要和泥抹在瞎子的眼睛上呢？为什么抹了泥以后他还不能看见？为什么叫这个眼睛还瞎着的人到远处的一个池子里去洗呢？为什么他回来时不是所有的人都还认识他？最后，报信人是何许人也？

他来作证是不是想得什么好处呢？

耶稣常常躲避要求看异象神迹的民众（马太福音第十二章第三十八、三十九节，第十六章第一、四节；马可福音第一章第三十五、三十七、四十五节，第八章第十一、十二节；路加福音第十一章第二十九节）。

耶稣并不是给送来的所有的病人治病，这从马可福音第一章第三十四节，第三章第十节可以看出，那里讲的是许多的病人。

耶稣把赶鬼的权力给了自己的门徒（路加福音第十章第十七——十九节）；可是他们并不总是能够把鬼赶走（马可福音第九章第十八、二十八节）。

当门徒问他，为什么他们不能把鬼赶出去，他十分幼稚天真地说：

> 只有用祷告和禁食才能把这类魔鬼赶出去。（马可福音第九章第二十九节）。

可是，为什么他不早说呢？

其他不信的人当时也能行异能和神迹（使徒行传第六章第八节，第八章第九——十三节，第十三章第六节，第十九章第十三节；帖撒罗尼迦后书第二章第九节）。

耶稣不能或者不愿阻止这种不信的人行异能和神迹（路加福音第九章第四十九、五十节）。

反对基督教的人也能行异能和神迹（马太福音第二十四章第二十四节）。

根据圣经，在基督以前和以后，也有使死人复活的事（列王纪上第十七章第二十三节；列王纪下第四章第三十五节；使徒行传第二十章第九——十二节）。

其他章节里关于复活的故事可以向我们表明，对于显异能和神迹来说，信是何等必要。有一个人对众门徒说话，他们虽然看见他，听见他的声音，但不认识他。他对众门徒说自己是耶稣，他们不信。为了向他们证明自己确实是耶稣，他就在他们当中掰饼，同他们一起吃鱼，让他们看自己的伤痕。据说他们凭这一点才认出了他。但是，为什么他不让人们凭他的音容相貌认出他呢？那不是更好认么？很可能这完全是另一个人在向不相信的门徒冒充耶稣。

关于拉撒路复活，各种情况都使我感到奇怪。耶稣在复活节将近时前往耶路撒冷，在附近使拉撒路从死里复活，几天之后发生用香膏抹头的事，接着是进了耶路撒冷，再就是洁净圣殿。读者已经看出，这些事情是一环扣一环地互相衔接的。为了进行号召，耶稣就得有信徒；他不能先到耶路撒冷去找。因为他在那里没有多少信徒，并且容易被人抓去(约翰福音第十一章第八节)。他不得不在漂泊流浪中去物色。因此，在拉撒路身上行神迹的事一传开，那对他真是最有利不过的了(约翰福音第十二章第九、十一节)。拉撒路是抹大拉的马利亚的兄弟，这位马利亚就是用香膏抹耶稣的那个妇女，她同自己的姐姐以及其他妇女一起陪伴耶稣和十二个门徒在各地周游(路加福音第八章)。一位福音作者说，耶稣爱这三位兄弟姐妹(约翰福音第十一章第五节)。后来，耶稣在复活后最先就是向抹大拉的马利亚显现的(马可福音第十六章第九节)。现在读者不妨自行判断，同时还可参考下面一节：

> 因为你们的缘故我很高兴当时没有在那里，好叫你们相信；但我们现在往他那里去吧。(约翰福音第十一章第十五节)

如果他先在拉撒路那里，然后才把这件事告诉门徒，门徒就会不信他说什么拉撒路死了，但他耶稣可以使他复活。由此得出什么结论呢？

耶稣得知拉撒路病了，可是，他不动身，在原地方又待了两天，等拉撒路的两个姐妹来请，才答应前往(同上第六节)。他确实有把握可以使拉撒路复活；既然如此，他为什么又哭得泪水横流呢(同上第三十五节)？

够了，耶稣为了传播他的学说，需要有神奇之人的声誉。为了更容易取得这种声誉，他说，那没有看见就信的有福了，并且利用种种机会让人注意他的先知能力(路加福音第十章第十八节；约翰福音第十一章第十五节，第一章第四十八节，第十一章第四十二节，第十三章第十九节，第十四章第二十九节)。

根据上面所说的，现在可以作出这样的判断：耶稣为了达到自己的目的而使用狡猾的手段，这就是说，他所依据的原则是，为了达到目的可以不择手段！——哎，如果目的是好的，难道这个原则不是很好的吗？如果必须使用剧毒的药治病，用些温和的药就不会有任何疗效。今天，那些医生、教师、监护人、父母亲等等，他们要替他们的未谙世故、胆小怯懦或轻率毛躁的病人和学生着想时，不也常常使用这种狡猾的手段吗？周围的人越无知，在他们当中进行启蒙越难。可供选择的手段越少，在个别情况下，为了达到目的，教导者就越是不得不使用这种狡猾的手段。今天，哪家都会有类似的情况。为了达到某种美好的目的或防止某种更大的祸害，有时必须借助于我们称做过错、罪行、罪孽或情欲的种种东西。在人的一生中，常有这样的情况：不使用这种手段乃是一种怯懦。也常有这样的情况：当个人和团体遭到极大的危险，健全的理智除了使用这种手段以外，没有任何别的选择。

在古代，任何一个伟大人物，任何一个人民导师，为了宣告自己的新学说，总是或多或少地不得不故弄玄虚，使那些不理解他的听众，那些虽抱成见，但他不应害怕而应争取的听众感到神秘。

我们基督教徒能够把穆罕默德所显的神迹解释得十分清楚。我们说，与穆罕默德咬耳朵说话的聋子，是受过训练的，他的耳朵可以听见穆罕默德说的话；我们说，从地底里发出“穆罕默德是伟大的先知！”的喊声，是有人藏在暗井里喊的；穆罕默德曾差人把那个水井填平，以免骗局被揭穿。犹太人对使徒们也有过类似的议论。

> 大人，我们记得这个诱惑者还活着的时候曾经说过：三日后我要复活。（马太福音第二十七章第六十三节）
>
> 因此，请吩咐人将坟墓把守妥当，直到第三日，以免他的门徒来把他偷了去，却告诉百姓说：他从死里复活了。否则，这最后的骗局比先前的就更厉害了。（同上第六十四节）

看来，对于受骗的百姓，由于他们在根深蒂固的成见之中，在谬误和迷信的熏陶之中长大成人，不使用欺骗而使他们幸福，那恐怕是一项艰难的任务。在柏拉图的理想国中，苏格拉底就曾说过：“我们必须利用多种手段。不必服药者求治庸医便可，必须服药者则务请良医。所以，我们的治理者为了被治理者的利益必须使用各种各样的谎言和欺骗。”[①]

在基督前三百五十年，雅典人苏格拉底就持这种看法，而当时

① 参看柏拉图《理想国》，商务印书馆 1957 年版，第 22 页。——译者

的雅典，教育程度要比耶稣当时的犹太人国家更高。难道耶稣对犹太人的了解，不及苏格拉底对雅典人的了解么？

从这一节提供的证据可以看出：耶稣所行的神迹，并不比圣经里说的在他之前，与他同时和在他以后的其他人所行的更伟大、数量更多；甚至那些不信他的人也会行神迹；他甚至说过反基督教的人也有这样的权力。所以，耶稣行的异能和神迹完全失去了价值，至少是这些异能和神迹在我们看来不可能是他受人尊敬的原因。即使他当时是唯一的一个神奇之人也罢，如果他今天已无助于任何人，我们从他那里能得到什么好处呢？如果他往往只有助于某一个人，却无助于其他人，我们从他那里能得到什么好处呢？而他所教导的原则，如果能够实现，对我们却有好处。如果我们要为此检验它，就应去其糟粕，取其精华，因为一千八百年来，人们不得不用这些糟粕掩盖其精华，而精华才是用于播种普遍适用的基督教的种子。

最后，这里还有一个证据证明，即使我们不信，上帝仍是宽大仁慈的（罗马书第十一章第三十至三十二节；提摩太后书第二章第十三节；约翰福音第十二章第四十七节）。

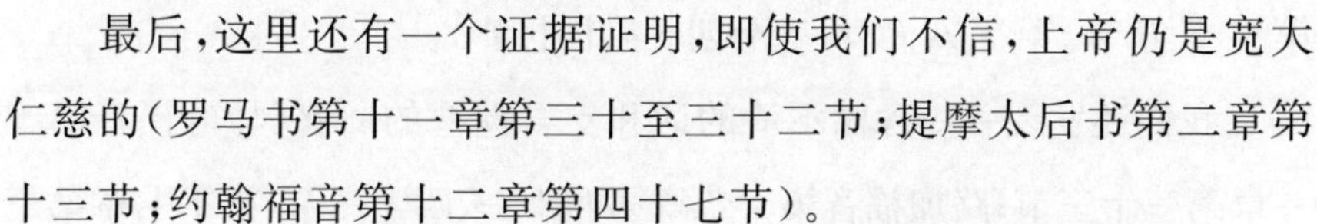
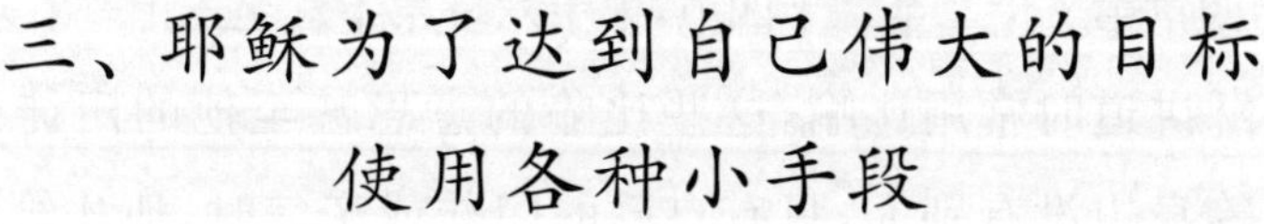

三、耶稣为了达到自己伟大的目标使用各种小手段

想要使一个谣言传播开来，只需把它作为一项秘密，并在有严守秘密保证的条件下透露给一些人。为此甚至可以选些嘴巴不严实的人传谣，这样，谣言——始终在有严守秘密保证的条件下——就一传十，十传百，像野火一样蔓延全城。

耶稣常常嘱咐不要把他所行的神迹告诉任何人(马太福音第八章第四节,第九章第三十节,第十七章第九节;马可福音第一章第四十四、四十五节,第三章第十二节,第五章第四十三节,第七章第三十六节,第八章第二十六节,第九章第九、三十节;路加福音第八章第五十六节,第九章第二十一、三十六节)。

在这件事情上马可福音第五章第十九节却有一个例外。

如果有一个被告,他在法庭上机灵地避免回答"是"和"否",那么,法官使用各种花招也摸不透他的心思,就像小孩抓不住圆滑的鳝鱼一样。同样也可以用"是你说的"这种圆滑的说法来回避回答,因为这种说法视语气而定,实际上可以等于什么也没说。耶稣常常作这样的或类似的模棱两可的回答(马太福音第二十四章第三、四节,第二十六章第二十五节,第二十七章第十一节;马可福音第十五章第二节;路加福音第二十二章第七十节;约翰福音第八章第二十五节,第十八章第三十四、三十七节)。

我们还发现一些含糊不清的话和支吾搪塞的回答(马可福音第十一章第三十三节;路加福音第十二章第四十一、四十二节,第十七章第三十七节;约翰福音第十二章第三十四——三十六节,第十三章第二十八节,第十四章第二十二至二十四节,第十六章第十八至三十一节)。

耶稣讲道时常用比喻,这些比喻的意思甚至他的门徒也不明白。他等身边没有别人,只有自己的门徒或亲信时,他才给他们解释这些比喻。

> 不用比喻,就什么也不对他们讲;等没有别人的时候,他才给自己的门徒一一解释清楚。(马可福音第四章第三十四节。又见马太福音第十三章第三十四节)

为什么他不在公开讲道时向所有听他说这些比喻的人解释呢？难道把这些比喻向无知的百姓解释明白，倒不如向他的门徒解释明白必要吗？耶稣对此有如下说明：

天国的秘密是叫你们知道的，不是叫他们知道的。（马太福音第十三章第十一节）

因为凡是有的，还要给他，叫他有余；凡是没有的，连他有的也要夺走。（同上第十二节。又见马太福音第二十五章第二十九节；马可福音第四章第二十五节；路加福音第八章第十八节）

这第十二节的意思含混不清，它是第十一节的继续，同第十一节构成一句话，所以只有把它同第十一节联起来读，意思才能清楚。既然如此，我只好直言不讳地把它译成明白坦率的德语如下："因为凡是有理智的，都会明白这些比喻，就比其他所有的人更了解我的教义的目的，其他所有的人因为没有理智，则越听反而越糊涂。"

福音作者马可在这方面说得更加清楚，他说道：

没人的时候，跟随耶稣的人和十二个门徒问他这比喻的意思。（马可福音第四章第十节）

耶稣对他们说，上帝的国的秘密只叫你们知道，如果是对外人讲，凡事只用比喻。（同上第十一节）

让他们看是看见，却不晓得，听是听见，却不明白，好让他们不会有朝一日转变过来，好让他们的罪孽得不到赦免。（同上第十二节。又见约翰福音第九章第三十九节和第十四章第二十二至二十六节）

可见，瞒哄的企图是昭然若揭、一目了然的。但为什么要用比喻去瞒哄呢？

为了弄清这一点，我们必须设身处地，置身于当时的环境之中。在听他讲比喻的民众当中，自然既有他的信徒，也有他的敌人和中立者。对于他的亲密朋友，对于他的学说的信徒，他不必隐讳，但对于敌人，他不得不那样做，因为他的敌人随时准备抓住他的每一个话柄，或者是用来在民众中贬低他的威信，或者是用作向罗马当局或犹太当局控告他的罪状。

耶稣的目的是革命的目的，这一点我们往后就会看到。他要推翻罗马和僧侣的统治，同时又要争取建立共享财富，甚至共享甘苦的社会。如果为的是一个在虚无缥缈太空中的天国，他大可不必用比喻掩盖自己学说的目的。法利赛人十分清楚耶稣的目的何在，因而力图出些难题来迫使耶稣自我暴露和腹背受敌，他则一直机智地避免陷入这种困境。

第四章　检验和结论

一、种种互相矛盾的说法

为了探究耶稣学说的真谛，还必须阐明散见于新约中的种种互相矛盾的说法，因为正是这些互相矛盾的说法给阐明基督教造成很多混乱。基督教的哲学上的敌人已经指出圣经里的种种互相矛盾的说法，而我这个基督教的辩护者却还要把这些东西增加一半以上。哲学上的无神论者和反基督教者常常只是用他们的浅薄词句来反对圣经的浅薄的词句；至于基督的原则本身，他们连想都想不到要研究一下。我发觉，他们的著作的矛盾和谬误，差不多同圣经的一样多，却没有像圣经那样的动人心弦的东西。正像一个使徒说的那样，这是“敌真道的似是而非的学问”。

我在新约的原则中发现一种力量，这种力量是夹杂在新约里的种种互相矛盾的说法所削弱不了的。当我在这里指出这些互相矛盾的说法而维护原则的时候，我同时也就是夺下那些哲学上和神学上的敌人手中生了锈的武器，迫使他们或者是不得不设法重新获得武器，或者是不得不放下武器而尊重真理。

（一）耶稣审判一切

父不审判什么人，而将审判的事全交与子。（约翰福音第五章第二十二节）

并且因为他是人子，就赐给他执行审判的权柄。（同上第二十七节）我怎么听见，就怎么审判。（同上第三十节）

我为审判到这世上来，叫不能看见的可以看见，能看见的反瞎了眼。（约翰福音第九章第三十九节）

耶稣却又不审判任何人：

因为上帝差他的儿子降世，不是要他审判世人，而是要叫世人因他得救。（约翰福音第三章第十七节）

如果有人听见我的话而不相信，我不审判他，因为我本来不是要审判世界，而是要拯救世界。（约翰福音第十二章第四十七节）

(二)耶稣同罪人一起吃饭:

这个人接待罪人,又同他们一起吃饭。(路加福音第十五章第二节)

保罗却禁止同罪人一起吃饭:

如果有人自称是弟兄,实际却是个淫乱的、或贪婪的、或崇拜偶像的、或辱骂的、或醉酒的、或勒索的人,那样的人就是同他一起吃饭都不可以。(哥林多前书第五章第十一节)

我认为这些说法是互相矛盾的,因为根据我对罪人这个词的理解,一个淫乱的、贪婪的、崇拜偶像的、辱骂的、醉酒的和勒索的人,不可能不同时又是罪人。

(三)耶稣要求帮助每一个人,即使这个人同我们信仰不同,见心地仁慈的撒玛利亚人的比喻(路加福音第十章第二十九至三十七节)。

约翰却要求不要问候和接待同我们信仰不同的人(约翰二书第十、十一节)。

而保罗又要求向每一个人行善,向信仰相同的人更应这样(加拉太书第六章第十节)。

(四)约翰说,世界上的一切,都不是来自上帝(父),而是来自世界(约翰一书第二章第十六节)。

约翰却又说,万物及万物的存在是上帝(主)创造的(启示录第四章第十一节)。

(五)保罗劝人不要诅咒:

诅咒你们的,要给他们祝福。要祝福,不要诅咒。(罗马书第十二章第十四节)

保罗却诅咒：

但无论是我们，还是天上来的使者，如果给你们传的福音与我们给你们传过的福音不同，就应当被诅咒。（加拉太书第一章第八节）

（六）耶稣要求私下指出弟兄的错误：

如果你弟兄得罪你，你就趁着只有他和你在一起的时候指出他的错来。（马太福音第十八章第十五节）

保罗却要求当众指出错误：

犯罪的人，应当在众人面前责备他，叫其余的人也惧怕。（提摩太前书第五章第二十节）

（七）约翰说：凡从上帝生的，必不犯罪（约翰一书第五章第十八节，第三章第九节）。

约翰说：我们是从上帝生的（约翰一书第五章第十九节，第四章第六节），所以我们不会犯罪。

约翰却又说：谁说自己无罪，没有犯过罪，他就没有真理，就把上帝变成说谎者（约翰一书第一章第八、十节）。

（八）彼得与外邦人和犹太人在一起而又装假（加拉太书第二章第十一——十四节；使徒行传第十一章第三节）。

保罗则谴责这样做，可是他自己也这样做（使徒行传第十六章第三节，第二十一章第二十至二十六节）。

（九）耶稣以施洗的约翰冒充以利亚（马太福音第十一章第十四节，第十七章第十一至十三节）。

施洗的约翰却说自己不是以利亚（约翰福音第一章第二十一节）。

（十）耶稣凡事皆知（约翰福音第十六章第三十、三十一节）。

耶稣不是凡事皆知（马可福音第十三章第三十二节）。

（十一）耶稣不接受人的见证（约翰福音第五章第三十四节）。

施洗的约翰却为耶稣作见证（约翰福音第一章第三十一至三十四节，第三章第二十六节）。

后来，约翰当众为耶稣作了见证之后，从监牢里打发人去问耶稣：那应降临的就是他耶稣，还是人们仍须等候的另一个人（马太福音第十一章第三节）。

这后面一句话包含的矛盾尤其突出，因为约翰先冒称耶稣是基督，后来却又从监牢里打发人去问耶稣，基督是他耶稣呢，还是人们仍须等候的另一个人。此中奥妙我是这样理解的：在监牢里的约翰希望耶稣马上举行起义，想通过这样的询问去提醒他。这仿佛是在责问为什么还毫无动静。此外，既然约翰是当众为耶稣作了见证的，那么，这一询问就只是针对门徒而发的。正如我对一些章节所作的解释那样，这种询问，更使人有理由猜测：约翰和耶稣是艾赛尼派同盟或某一特别同盟的成员，他们彼此间有秘密协议。

（十二）耶稣说：如果我自己为自己作见证，那我的见证就是真的（约翰福音第八章第十四节）。

耶稣却又说：如果我自己为自己作见证，那我的见证就不是真的（约翰福音第五章第三十一节）。

（十三）耶稣对门徒说：你们将来要寻找我，但正像我对犹太人说过的那样，我去的地方，你们去不了（约翰福音第十三章第三十三节）。

耶稣又对那些人说：我往哪里去，你们是知道的，道路你们也知道(约翰福音第十四章第四节)。

然后，耶稣又对那些人说：再过一会儿，世人就再也看不见我了。你们却看见我，因为我活着，你们也要活着(约翰福音第十四章第十九节)。

根据这后面两节，众门徒是不必寻找耶稣的。如果他们会看见他，知道他的去处，也知道去的道路，他们何必要去寻找他？何必还要打听他往哪里去？

(十四)耶稣认为：上帝试探我们(马太福音第六章第十三节)。

保罗的意见也是这样(哥林多前书第十章第十三节)。

雅各说的则相反：

> 人被试探，不可说我是被上帝试探，因为上帝不拿恶事试探人，他不试探任何人。(雅各书第一章第十三节)

(十五)关于上帝的国，保罗是这样说的：

> 血肉之体不能承受上帝的国，可朽的也不能承受不朽的。(哥林多前书第十五章第五十节)

关于上帝的国，耶稣是这样说的：

> 叫你们在我的国里吃喝，并且坐在座上，审判以色列十二个支派。(路加福音第二十二章第三十节)

路加福音第十三章第二十九节，马可福音第十四章第二十五节也是这样说的。

(十六)根据路加和保罗的说法，耶稣是肉体复活了，即肉体重新有生命(路加福音第二十四章第三十九节；使徒行传第十章第四十一节)。

彼得的意见则相反，认为耶稣就肉体来说是死了，就灵魂来说才是活了（彼得前书第三章第十八节）。

（十七）耶稣说：你们从未见过上帝的形象（约翰福音第五章第三十七节）。

保罗则说：耶稣本来就是上帝的形象（腓立比书第二章第六节）。

（十八）根据保罗的意见，基督徒不是因为行为，而是因为信成为义人：

> 我们认为，人成为义人只是因为信，不在乎遵行律法。（罗马书第三章第二十八节）

根据雅各的意见，人因为行为成为义人，而不只是因为信：

> 你们看，人因为行为成为义人，而不单是因为信。（雅各书第二章第二十四节）

（十九）根据保罗的意见，一切政权都出自上帝（罗马书第十三章第一节）。

根据彼得的意见，一切政权都是人建立的（彼得前书第二章第十三节）。

（二十）根据路加的说法，耶稣在复活后向门徒显现，伸出手脚给他们看，让他们摸，但他们认不出他，不相信他。他们为什么不相信呢？

他们是高兴得不敢相信。他们竟然是由于看见他复活而高兴得不相信是他！？

> 他们高兴得还是不相信，并且稀奇，耶稣就说：你们这里有什么吃的没有？（路加福音第二十四章第四十一节）

（二十一）耶稣说：站在这里的，有些人在没有尝到死的滋味之前，就可以在上帝的国里看见人子降临（马太福音第十六章第二十八节）。

那些人早就死光了，可是上帝的国还没有出现在那里。

（二十二）彼得说：耶稣挨骂不还口（彼得前书第二章第二十三节）。

马太说：耶稣没挨骂就骂人（马太福音第二十三章第十七、十九、三十三节）。

除了这里列举的互相矛盾的地方之外，还有许多史实上互相矛盾的地方，别的著作者已经作过介绍。正因为这是**史实上的**，而不是**原则上的**矛盾，所以这些矛盾对于检验基督教的原则来说，根本不起什么决定性的作用。可是，我们今天的教育制度——我们称之为基督教，并在其中陶冶那种为了“这尘世的子民”的利益而自己欺骗自己的理性的感情——毕竟已经由于这些**史实上的**矛盾的揭露而被根本摇撼了。这种情况是怎样发生的呢？它是这样发生的：数百年来，人的思维器官和情欲产生的迷乱编织了一层歪曲真相的外壳，把基督教原则包住，而神学家和他们的敌手却总是把基督教同这样的外壳混同起来。双方围绕着这一外壳的真实性争论不休，却对内核不予注意。**史实上的**紊乱透过千百年的云雾传到神学家那里。数百年来，神学家们用这些紊乱的史实黏合成他们的基督教外壳，或者不如说他们的浅薄的基督教，所以，反对这类货色的人们通过揭露这些**史实上的**矛盾，来把这个杂货摊整个拆毁，并不感到什么困难。这一方竭力主张破坏基督教，那一方则竭力加以维护，实际上双方

有意无意地只是在对外壳进行争论，对内核却不予注意或视而不见。神学家们当然也把这个内核揉到这种浅薄的基督教里面去，但是他们不能把这个内核拣出来，不能把它作为论据提出来，因为那样的话，他们编造的整个谎言就会破产。他们的对手也不能那样做，因为他们的对手必然不是不懂得这样做，就是害怕看到自己的知识在与基督原则交织在一起的一切崇高情感的威力面前黯然失色或自惭形秽。所有这些有神论和无神论的争论都是咬文嚼字的争论，其结果是谁都不知道自己要证明什么，而那些使人变得美好的感情却遭到伤害了。

神学家在解释基督教时制造的种种概念上的紊乱，其部分根源就在这里指出的互相矛盾的章节中。我列举出上述各项互相矛盾的章节，为的是在下一章阐述基督学说之前，先把所有次要的东西区分出来，好根据纯正的原则，而不是根据模棱两可的东西来说明一切模棱两可的东西。

通观上述各项互相矛盾的说法，我们就会发现，只有其中的五项即第二、三、六、十五、十八项，在原则上有些模棱两可。在其中的前四项中，耶稣说的同使徒们说的是互相矛盾的，但所有看了这几项矛盾的人毕竟要承认，对于在这四项中保罗和约翰说的同耶稣说的互相矛盾的东西，任何人都不能认为那是基督的学说或者是属于基督学说的东西。因此，我只需指出这些互相矛盾的地方，就一定能使所有那些受了不学无术或学识渊博的神学家们利用上述使徒的学说进行的欺骗而糊涂的人们，全都醒悟过来。我们还发现，这四项在原则方面并无真正的矛盾，因为原则出自耶稣，别人在这当中所作的歪曲，不能算到耶稣头上。第十八项是两个使徒关于正义的争论。他们不知道怎样才能达到正义，是通过信呢还是通过行为。最好是这方面两者都不缺。我们也需要信仰正义，以便我们不缺乏为达到正义而牺牲的勇气。可是，对于这两者之间的争论，我不想作出定夺，而完全让读者自行判断，而读者也许在读下一节之前就不同意保罗的意见了。

至于其他互相矛盾的说法，虽然足以用来摧毁正统的基督教的根基砥柱，但对于理解基督的原则，则完全丧失意义。

二、词句的混乱

保罗说："要躲避那敌真道的似是而非的学问"。当他这样写的时候，他竟不想一下，他自己相当擅长这种似是而非的本领。他凭三寸不烂之舌把生说成死，把死说成生，把罪孽说成正义，甚至把正义说成罪孽，一句话，他像马戏表演者耍球一样耍弄词句去蛊惑人心。福音书作者约翰也是如此。他们两人为传播基督教做了许多事情，但我认为，既然他们没有能耐至少像耶稣、施洗的约翰和雅各那样事事教人教得透彻明白，那么，他们什么也不干恐怕更好一些。施洗的约翰关于原则所说的那么几句话，是没有人会误解的，因而也不会造成这样明显对立的解释。但是，按照保罗对福音的理解，伪善的人和正直的人，不学无术的人和勤奋好学的人都得东碰西撞，等到在黑暗中碰得头破血流方才醒悟。一句本应让我们明白的话，如果赋予它以完全不同的意义，硬是让读者像猜谜语一样去猜，甚至让读者根本无法正确理解，那当然不是让人明白，而只能是让人糊涂。在圣经里，如同在许多当代哲学家的著作里一样，这类晦涩费解的东西充斥杂陈。我希望在新约里面能找到一把钥匙，来把一些词义用得很乱的词解释清楚，但我没有发现完全，哪些词的词义因为保罗和约翰的缘故，尚需解释清楚。耶稣的原则当然不必具有保罗所说的含义，我只想——因为我们对许多词已经习以为常了——试一试发现尽量多的东西同这一原则和一般健全的理智相一致，我没有取得很大的收获。以下就是我的发现：

什么是罪？

但凡不义、不德、当行善而不行、不是出于信的，称为罪（约翰一书第三章第四节，第五章第十七节；雅各书第四章第十七节；罗马书第十四章第二十三节）。

“顺服”是什么意思？

人们在圣经里发现，有些章节劝奴仆诚惶诚恐地顺从自己的主人。

> 我却发现下一个章节给人的印象与这些章节给人的印象相反：你们是重价买来的，不要做人的奴仆。（哥林多前书第七章第二十三节）

保罗用同一个道理劝奴仆怎样对待主人和劝主人怎样对待奴仆（见以弗所书第六章第九节），如果切实按此实行的话，从这里就会产生一种平等。

根据哥林多前书第十六章第十五、十六节和彼得前书第五章

第五节,“顺服”的意思只能是:和衷共济。

“有智慧的”是什么意思?

如果基督徒们拿使徒保罗和约翰就“智慧”和“有智慧的”发表的意见当准绳,那马上就不会再有人希望有智慧或者希望成为有智慧的了(歌罗西书第一章第二十一节,第二章第四、八节;以弗所书第三章第十九节;哥林多前书第二章第四节,第一章第十八至二十八节;约翰一书第二章第二十七节;提摩太前书第六章第二十节[①])。

如果马可不以耶稣的名义给智慧说了下面这样一句好话,保罗和约翰的意见势必使整个有理智的世界憎恶基督教:

> 耶稣见他回答的**有智慧**,就对他说:你离上帝的国不远了。(马可福音第十二章第三十四节)

“试探”是什么意思?

这个词在圣经里差不多处处都是引诱、诱惑的意思;可是从约翰福音第六章第六节可以清楚地看出,它的意思同**考验**的意思一样。我发现,路德翻译使徒行传第十五章第六节时,用**审察**代替**考验**。

① 这些章节主要讲:只要上帝的智慧,不要世俗的智慧;只要世人的愚信,不要世人的智慧;认为世人愚信就是智慧,智慧倒是愚拙。——译者

三、稀奇古怪和晦涩难懂的词句和概念

这样的词句和概念有一大堆。我只列举其中的一些，为的是证明圣经里有些章节说的不清不楚，它们可能造成哪些概念上的混乱。

使徒行传第二章第四十节可以理解成似乎彼得对那些来受洗的人说，使徒是些“品行不端的人”[①]。

根据彼得后书第二章第十一节，上帝的天使并不万事容忍。[②]

根据约翰福音第十一章第三十三节和三十八节，耶稣站在死了的拉撒路旁边几次“发怒”[③]。

> 如果基督在你们心里，那么，肉体虽然因罪而死，灵魂却因义而生。（罗马书第八章第十节）
>
> 我天天死。（哥林多前书第十五章第三十一节）

还有约翰的启示录，我把它的章节毫无例外地全都归入圣经的这类稀奇古怪和晦涩难懂的章节之列。其中明白易懂的不值得花力气保存，新约的其他篇章足可取代。

---

① 使徒行传第二章第四十和四十一节全文是：“彼得还用许多话作见证，劝勉他们说，你们当救自己脱离这弯曲的世代。于是领受他话的人，就受了洗。那一天，使徒约添了三千人”。“品行不端的人”（原文为 unartige Leute），可能就是“弯曲的世代”（马丁·路德的德译文为 verkehrte Geschlecht，英译文为 untoward generation）。——译者

② 魏特林在这里可能译错。在《圣经》中、英、德文本中，这一节全文是：“就是天使，虽然力量权能更大，也不用毁谤的话在主面前告他们。”——译者

③ 德文译文为“ergrimmte”，英文和中文圣经译文为“悲叹”。——译者

第五章　上帝、耶稣、使徒和我们全都一样

一、耶稣诞生的真相

人的心灵，不管它是否认识真理，都有一种用幻想自我欺骗或让人欺骗的乐趣。知识没有向它揭示的，它竭力用幻想的景象去创造；现实不能给予它的，它竭力用幻想来代替。由于幻想可以对情感产生巨大的影响，由于把幻想用于人类道德教育具有巨大的意义，所以，在一切时代，人们都认为有必要利用幻想来达到上述目的。人们甚至利用幻想来损害理智，把幻想打扮成真理的样子，把幻想的起源和后果当做不可知的真理。

人们为了使卓越的人物比常人所能达到的更加超群出众，为了增加他们的声望而给予他们比常人所能具有的更大的威力，就把社会未知的一切原因的知识和威力说成是属于他们的，并使他们成为“超自然的”存在，成为神。

琐罗亚斯德、珀耳修斯、卡斯托耳和波吕丢克斯、亚历山大大帝、罗慕路斯等等许多人据说就有某种超自然的本源。

耶稣出现了，当时，由于罗马和希腊的教育占统治地位，整个思维、政治、历史、宗教、祖国、家庭生活、精神享受和物质的享受，总之对于人来说是重要的一切，全都用五光十色的神和超自然的

事变装饰渲染。因此，可以理解，为什么耶稣也必须具有某种超自然的本源。

耶稣是在天使报知之后出生的，圣经里其他大人物也是这样出生的，例如参孙（见士师记第十三章），施洗者约翰（见路加福音第一章第八、十三节）。撒母耳是母亲祈祷后怀孕所生（见撒母耳记上第一章）。

耶稣被说成是一个童贞女所生的，而中国皇帝乾隆也认为自己的祖宗是一个童贞女所生。

耶稣被看做是基督教圣三位一体的第二位；而毗瑟拿也是印度教三位一体的神的第二位①，是一个童女所生，并在当地完成类似的救世工作。

耶稣领受了拯救世人的使命，便于 12 月底由一个童贞女生在牛和驴当中。

奥尔穆兹德②把拯救世人的工作委托给自己的长子米特拉，米特拉便于 12 月底由一个童贞女生在牛和驴当中。

从这里可以明显地看出，基督教是用异教的史前时代的传说装饰起来的。

圣经说耶稣是上帝的儿子，又说他是童女所生，受圣灵荫庇；但同时又按他的人类属性把他说成是大卫的一个子孙。在这种情况下，耶稣肉体上的家谱是从大卫往下数到马利亚，而不是数到约

① 婆罗门教和印度教的主神之一，即守护神、善神。婆罗门教和印度教传说世界从梵天生，而梵天又从毗瑟拿脐中生。——译者

② 琐罗亚斯德教（中国称祆教、拜火教或波斯教）的善神，光明神胡腊玛达（希腊文作奥尔穆兹德）。——译者

瑟，恐怕更好。如果开始说他是这个人的后裔，说到后来又说他是另一个人的后裔，这就会使人觉得，似乎为了确证耶稣的家谱，约瑟的后裔也必须是大卫的后裔。

罗马书第一章第三节说："论到他儿子，按肉体说是从大卫后裔生的。"

每一个按所写的字去理解这一节的人，必然认为约瑟是耶稣的自然的父亲。

其他不愿按所写的字去理解这一节的人，就只能从中作出故意的、荒谬的歪曲。

神学家通常求助于其他无法理解的章节来反对这样清楚明白的章节。

我找到的一节大概是可以为他们效劳的：

> 肉身所生的儿女，不是上帝的儿女，那应许的儿女才算是后裔。（罗马书第九章第八节）

这样的胡言乱语，其目的难道不是要搅乱人们的头脑？如果向我们证明，我们是这个或那个幻想之物的子孙，这究竟有何意义？这在一千八百年前对犹太人和异教徒来说可能是感兴趣的事，我们怎么会感兴趣呢？

说约瑟是大卫的子孙，这更是极其可疑的，因为马太和马可所记的家谱互相矛盾。关于约瑟的父亲、祖父和曾祖父，他们各说不一。[①]

---

① 马太福音说"马但生雅各，雅各生约瑟"，而马可福音说："约瑟是希里的儿子，希里是玛塔的儿子"。——译者

耶稣自己给我们说明，我们应该怎样看待那些使我们对他的来源感到神秘的神迹。耶稣对尼哥底母说：人若不重生，就不能进上帝的国。尼哥底母不明白这句话的意思，耶稣就对他解释说：人若不是从水和灵生的，就不能进上帝的国（约翰福音第三章）。

> 从肉身生的，就是肉身，从灵生的，就是灵。（约翰福音第三章第六节）

因此，任何一个人，他不是先从肉身生的，就不能从灵而生。从灵而生是一句空话，这句话要说的无非是人有悟性、理性和智慧。

二、使徒们是怎样解释耶稣和上帝之间的关系的

> 我们是属于基督的，而基督是属于上帝的。（哥林多前书第三章第二十三节）
>
> 基督是我们的头，而上帝是基督的头。（同上第十一章第三节）
>
> 感谢我主耶稣基督的上帝和父。（以弗所书第一章第三节）
>
> 我主耶稣的上帝。（同上第十七节）
>
> 我们通过他而信上帝。（彼得前书第一章第二十一节）
>
> 他为那造出他的尽忠。（希伯来书第三章第二至四节）
>
> 他为我们显现在上帝面前。（同上第九章第二十四节）

因此，上帝和基督有所不同。上帝是基督的头、基督的父和基督的上帝，因此，是上帝造出基督，而基督为我们显现在上帝面前，因此，基督不是上帝，而是像我们一样隶属于上帝：

> 既然万物都要服从他，子自己也要服从那叫万物服从他的，好让上帝做万物中的万物。（哥林多前书第十五章第二十八节）

因此，根据使徒的意见，耶稣也不是完全的。

> 他自甘卑微，变得顺服，因此他也变得高尚。（腓立比书第二章第八、九节）
>
> 他变得超过天使。（希伯来书第一章第四节）
>
> 他虽然是儿子，却因所受的苦难学会了顺从，他既得完全，就成了我们得救的根源。（同上第五章第八、九节）
>
> 因为对于那万物因之存在的，要领许多儿子进入荣耀的来说，使救他们的元帅通过受苦而得完全，本是适宜的。（同上第二章第六至十节）
>
> 上帝挑选那愚拙的。（哥林多前书第一章第二十七、二十八节）
>
> 基督为了罪的缘故而在肉体中给罪判了罪。（罗马书第八章第三节）

可见，耶稣先前是不完全的、不顺服的、愚拙的。以赛亚那些涉及耶稣的预言，完全证实这一看法。

> 因为在这孩子还不晓得弃恶择善之先，你所憎恶之地，必

被其二王见弃。[①]（以赛亚书第七章第十六节）

常言道，上帝是无所不能、无所不知、无所不晓、大慈大悲、至仁至义的存在。果真如此，则耶稣一生都不是上帝。

他不是无所不能的，因为他把赶鬼的权力给了众门徒，而众门徒却不能把鬼赶走（路加福音第九章第四十节）。他被法利赛人问得哑口无言，就是说，他不能回答他们的问题（路加福音第十一章第五十三节）。

他不是无所不知的，否则他就懂得一些关于哥白尼的世界体系的知识，而不会说什么太阳、月亮和星星要从天上坠落了；否则他也就知道那世界末日的时辰了（马可福音第十三章第三十二节），等等。

他不是无所不晓的，否则他就不至于诅咒那无花果树了，因为不是收无花果的时候，无花果树上不会有无花果（马可福音第十一章第十三、十四节）。

他不是大慈大悲的，否则他就不会呵斥自己的母亲说：妇人，我与你有什么相干？（约翰福音第二章第四节）否则他就会让那个曾被鬼附着的人同他一起走，因为他从那人身上把鬼赶进猪里去之后，那人曾恳求跟他一起走（路加福音第八章第三十八节）；否则他就不会那样斥责彼得（马太福音第十六章第二十三节）和法利赛人，等等。

他不是至仁至义的，否则他就不会禁止众门徒同外邦人和撒

① 魏特林可能是译错了，中、英、德文圣经均译做："你所憎恶的那二王之地必致见弃"。——译者

玛利亚人来往(马太福音第十章第五、六节)。

在圣经里,耶稣被称做上帝只三次,称做人子约四十次,基督耶稣被称做人四次(马太福音第九章第八节;罗马书第五章第十五节;提摩太前书第二章第十五节;哥林多前书第十五章第二十一节)。

三、耶稣是怎样解释他和上帝之间的关系的

> 父是比我大的。(约翰福音第十四章第二十八节)
>
> 除了上帝一位之外,再没有良善的。(马可福音第十章第十八节)
>
> 这教训不是我的,而是差我来者的。实行它,就会明白它是上帝的还是我的。(约翰福音第七章第十六、十七节)
>
> 我靠自己不能做什么。我怎么听见,就怎么审判,而我的审判是公平的,因为我不求自己的意思,而只求父的意思,那差我来者的意思。(约翰福音第五章第三十节)

这里说的人人清楚明白,无需赘述。

四、我们也可以是无罪的

> 由于基督在我们还做罪人的时候为我们而死,因此上帝以此显露他对我们的爱。(罗马书第五章第八节)
>
> 所以你们也要认为自己是向罪而死了。(罗马书第六章第十一节)

凡从上帝生的必不犯罪。(约翰一书第五章第十八节)

凡从上帝生的,不会犯罪。(约翰一书第三章第九节)

五、我们也可以是上帝的孩子

凡被上帝的灵引导的,都是上帝的孩子。(罗马书第八章第十四节)

我们因为信耶稣,都是上帝的孩子。(加拉太书第三章第二十六节)

在基督之前,犹太人已称上帝是自己的父(约翰福音第八章第四十一节,以赛亚书第六十三章第十六节)。

在新约中我们被称做上帝的孩子(马太福音第五章第十六、四十八节,第六章第十四、十五节,第十八章第十四节;约翰福音第一章第十二、十三节;罗马书第八章第十六、二十一节;彼得前书第一章第十四节;约翰一书第三章第一节)。

既然把我们称做上帝的孩子,那也就可以把我们称做上帝的儿子和女儿,每个人就可以自称是上帝的一个儿子。虽然这一用词同"上帝的孩子"说的完全是同一个意思,但这样说总不是那么好。同充满偏见和情欲的人来往时就得审慎。对他们什么都可以讲,问题只在于怎样讲。

耶稣对犹太人说:

我与父原为一。(约翰福音第十章第三十节)

这种说法引起了极大的争吵。人们说这是把他自己变成了上帝。耶稣向他们解释道:

你们的律法上岂不是写着:我曾说你们是神?(同上第三十四节)

那些能领受上帝的话的人,他尚且称之为神。(同上第三十五节)

为什么你们因为我说我是上帝的儿子就大惊小怪呢?(同上第三十六节)

的确,如果把“神”的称号给予所有的犹太人,每一个犹太人也就都可以自称是上帝;同样,如果我们全都是上帝的孩子,我们也就全都是上帝的儿子;可是我们没有发现耶稣自称是上帝。

六、我们也可以成为上帝和基督

我们从上面的论述中可以看出,在圣经里,获得上帝称号的根本不只是某一个实在。在古代,人们把一些人变成神,正像人们今天把一些人变成王和王一类的人一样。在使徒时代,这种习俗最为盛行(使徒行传第十二章第十二节,第十四章第十一、十二节,第二十八章第六节,帖撒罗尼迦后书第二章第四节)。

使徒行传第十七章第二十八、二十九节把人称做神的后代。我们同样完全可以成为基督(罗马书第八章第十七、三十、三十二节;约翰一书第三章第二节;哥林多前书第六章第十七节)。

对此耶稣曾说:

你赐给我的荣耀,我已赐给他们,使他们为一,正如我们为一一样。(约翰福音第十七章第二十二节)

所以你们要完全,像你们的天父是完全的一样。(马太福

音第五章第四十八节）

如果你愿意做完全人，就应去变卖你的东西，分给穷人，你在天上就必有财宝，你还要来跟从我。（马太福音第十九章第二十一节）

第六章　纯正的耶稣教义

一、基督教的共有共享原则

（一）　福音是向穷人宣传的

忏悔吧，修善的，联合吧，所应许的弥赛亚降临了！天国近了！地上最好的王国近了！社会最幸福的状态近了！穷人和被压迫者的胜利，富人和压迫者的失败近了！

这就是耶稣和约翰用以唤起民众赞成新教义所作的最初的讲道的意旨。

主的灵在我身上，因为他用香膏抹我，差遣我给穷人传福音，医治有病的心，向被俘虏的和被压迫的宣传自由。（路加福音第四章第十八节）

你们贫穷的人有福了，因为上帝的国是你们的。（路加福音第六章第二十节）

你们饥饿的人有福了，因为你们将要饱足。你们哀哭的

人有福了，因为你们将要喜笑。（同上第二十一节）

但你们富足的人有祸了，因为你们有过你们的安慰。（同上第二十四节）

雅各书第二章第五至七节：上帝岂不是挑选了贫穷的人，去继承他应许给爱他的人的国么？你们反倒羞辱贫穷的人。那富足的人岂不是欺压你们，拉你们到公堂去么？他们岂不是诋毁人们用以称呼你们的美名么？同上第五章第一至七节：哎，你们这些富足的人呀，你们为你们将要遭受的苦难哭泣号啕吧！你们的财物腐烂了，你们的衣服被虫子蛀了，你们的金银长了锈，这些锈要证明你们的不是，并像火一样吞噬你们的肉体。你们只知聚敛钱财，克扣工人给你们的田地收割庄稼应得的工钱，但听吧，这些工钱正在喊叫，那些收割的人的冤声已经进入了主的耳朵了。你们在地上骄奢淫逸，尽情享乐；你们像在屠宰日一样，让你们的心纵情取乐。你们给义人判罪，把他杀害，而他并不抵抗你们。但是，要忍耐，直到主降临。

（二） 基督教的自由和平等

你们中间谁为大，谁就要做你们的用人。因为凡自高的必降为卑，自卑的必升为高（马太福音第二十三章第十一、十二节，又见路加福音第十四章第十一节）。

你们中间最小的，他便为大。（路加福音第九章第四十八节）

凡妇人所生的，没有一个先知大过施洗者约翰，但上帝的国里最小的比他还大。（路加福音第七章第二十八节）

耶稣在最后这一节里暗示说：在上帝的国里，任何人的威望都同别人的威望一样高，在上帝的国里，谁想比别人享有更高的威望，靠傲慢、妒忌、野心等等是做不到的，要比别人站得低才能做到。一个人，他虽然站得低，却最容易避免怀有野心的人的妒忌和怨恨，并且因谦虚而博得大家的爱戴和尊敬，威望反而增高。这一点在下面的章节说得更加清楚：

> 你被人请去赴婚姻的筵席，不要坐在上座，免得有比你尊贵的客人被请来，那请你的人前来对你说，给这一位让让座吧，你就得羞惭地退到下座去。你被请去的时候，就去坐在下座，好叫那请你的人来对你说：朋友，请坐上座。那时你在同席的人面前，就有光彩了。（路加福音第十四章第八至十节）

因此，在上帝的国里，最尊贵的人是那些最能服侍别人、最为顺从别人，总之是最遵循爱他人和爱仇敌的原则的人。但是，尽管如此，在上帝的国里仍然是兄弟姊妹彼此平等，没有高低之分。

> 你们知道，世上的君王和大臣操权统治。（马太福音第二十章第二十五节）
>
> 你们中间不可这样，谁想为大，就必做你们的用人。（同上第二十六节）
>
> 谁想为首，就必做你们的仆人。（同上第二十七节）
>
> 你们不要让人称呼你们为师傅。基督是你们的师傅，你们则都是兄弟。（马太福音第二十三章第八节。又见马可福音第十章第四十二至四十四节；路加福音第二十二章第二十四至二十七节）
>
> 主人来了，看见仆人醒着，那仆人就有福了。我实在告诉

你们，主人必叫他们入席就餐，并撩起衣襟，束上腰带，上前伺候他们。（路加福音第十二章第三十七节）

（人们把这一节同路加福音第十七章第七至第九节对立起来，其实那是想指出不平等制度的，路加福音第二十二章第二十七节也是这样）[①]

雅各书第一章第九节：卑微的弟兄要为自己的升高而自豪。第十节：富足的要为自己的降卑而骄傲。加拉太书第五章第十三节：弟兄们，你们蒙召是要去得到自由。只是要注意不可用自由去放纵肉欲，而要用爱互相服事。哥林多前书第八章第九节：你们要注意，你们的自由不要成为弱者的绊脚石。雅各书第一章第二十五节：谁透彻弄清那完备的自由律法并坚持遵守，谁不只是听过即忘，而是身体力行，谁就在实行中有福了。歌罗西书第四章第一节：对仆人，要以正义和平等相待。哥林多前书第七章第二十一节：你如果能够得到自由，还是要这个自由为好。加拉太书第三章第二十八节：无论是犹太人还是希利尼人，是奴仆还是自由人，是男还是女，在基督这里全都是一（又见歌罗西书第三章第十一节）。

你们是重价买来的，不要做人的奴仆。（哥林多前书第七章第二十三节）

① 路加福音第十七章第七至九节：“你们中间有谁见仆人耕地或是放羊从田里回来，就对他说你快来坐下吃饭，却不是对他说你给我预备晚饭，束上带子伺候我，等我吃喝完了你才可以吃喝的呢？”第二十二章第二十七节：“是谁为大？是入席的呢还是伺候的呢？难道不是入席的大么？然而我在你们中间如像那伺候的一样。”——译者

（三） 要进上帝的国，不只是需要信，主要是需要行动

并非所有对我说主啊主啊的人都能进入天国，只有遵行我天父旨意的人才能进去。（马太福音第七章第二十一节；又见马可福音第十章第二十至二十五节）

雅各书第二章第十四至十七节：弟兄们，如果一个人只信而无行动，这有什么益处呢？信能救他么？如果弟兄或是姐妹赤身露体，又缺日常的饮食，有人对他们说：愿上帝帮助你们，让你们吃得饱穿得暖！却什么也不给他们，这有什么用处呢？所以，只信而无行动，信就是无。

（四） 责任和义务平等

你们愿意人怎样待你们，你们也要怎样待人。（马太福音第七章第十二节）

是谁为大？是入席的呢还是伺候的呢？难道不是入席的大么？但我在你们中间像那伺候的一样。（路加福音第二十二章第二十七节）

彼得对他说：你永远不可给我洗脚！耶稣回答他说：我如果不给你洗，你对我就无职分了。（约翰福音第十三章第八节）

要互相挑重担，这是基督的戒律。（加拉太书第六章第二节）

（五） 废除财产和实行财富共有共享

废除财产，这是实现耶稣学说的必不可少的措施，但这在当时

恰恰极大地加重了公开解释和传播这一学说的困难。罗马人和犹太人、教士、利未人和撒都该人拥有许多财产，他们自以为把财富共有共享的学说扼杀在萌芽之中符合他们的利益。

当时，各国还没有孱弱到要让别人来维护它们的利益的地步。它们实行闻所未闻的暴政来维护财产。主张财富共有共享的马士达克早在基督之前约四百年[①]，就曾在波斯争取到国王来实现他的原则。但王储发动谋叛，用血腥屠杀把新学说的创始人及其信徒从波斯的土地上清洗殆尽。在意大利，毕达哥拉斯的信徒也有同样的遭遇。

我们今天在社会中一直还有同一原因，并且，那些牧师们仍像一千年前一样喋喋不休地咀嚼同一荒谬的东西。他们给所有不合心意的章节作出完全不同的毫无意义的解释，使我们最终仍是一塌糊涂。关于废除财产，许多章节说得清清楚楚，难道还有谁说得更清楚明白吗？如果说废除财产这一目的是不存在的，那么，大量的章节岂不纯属荒谬！不妨自己判断一下下面的章节：

> 不撇下拥有的一切，就不能做我的门徒。（路加福音第十四章第三十三节）
>
> 为了上帝的国，撇下房屋或父母、妻子和儿女的人。（同上第十八章第二十九节）
>
> 没有在今世不得百倍，在来世不得永生的。（同上第三十

① 马士达克和马士达克起义实际上出现在基督之后五百和六百年间。公元491—529年波斯人民举行反封建起义，领导者为袄教僧侣马士达克（Mazdak），起义采取宗教形式，反对贫富不均，主张人人平等并恢复原始公社制度，波及全国。国王假作同情。529年，王储率大军镇压，马士达克被害，死难者达八万人。——译者

节）

让我们好好记住这后面一节，这一节十分重要。它不容许有任何模棱两可的解释。耶稣在这里既讲到今世，也讲到来世，并且说得很明确：人若抛弃一切，今世会得到百倍的补偿。

但是，只有在共同劳动和共享财富的社会中，在这样的社会共同经营的经济中，才能把普遍富裕提高到这种地步：每一个人根据共有共享制度享有的自由和乐趣，比在这一社会之前靠自己的房屋、金钱和财富享有的更多，免受的劳苦更少。

一个从小遵守全部戒律的富人问耶稣，他应当做什么，耶稣对他说道：

> 你还缺少一件。变卖你拥有的一切，并分给穷人。（路加福音第十八章第二十二节）
>
> 但他听见这话，就忧愁起来，因为他很富足。（同上第二十三节）
>
> 耶稣见他忧愁起来就说：富人进上帝的国是何等的难啊。（同上第二十四节）
>
> 骆驼穿过针眼，比财主进上帝的国还容易呢。（同上第二十五节）

这方面的章节还有马太福音第十九章第十六至三十节；马可福音第六章第八至十节；马太福音第六章第二十五、三十三、三十四节；马可福音第十章第十七至三十节，第十二章第二十八至三十四节；路加福音第十章第七、八、二十五至三十七节，第十四章第七至十五节；约翰福音第十五章第十二节。

> 正如我们一个身子上有好些肢体，肢体也不都是一样的

用处，我们这许多人在基督里成为一身，互为肢体。（罗马书第十二章第四、五节）

无论任何人，不要为自己谋益处，而要为别人谋益处。（哥林多前书第十章第二十四节）

我们在下列章节发现，最初的基督徒的一举一动也确实以此为己任：

信的人都住在一处，凡物公用。（使徒行传第二章第四十四节）

他们变卖了自己的财物产业，按各人的需要分给各人。（同上第四十五节）

许多信的人都是一心一意的，没有一人说他的东西有一样是自己的，都是大家公用。（同上第四章第三十二节）

他们当中没有一个缺乏什么，因为他们一样是有田产和房屋的，他们把田产和房屋卖了，把卖得的钱拿来了。（同上第三十四节）

如果有人把这样来的钱留下一点，他在这个集体里就会被人看做窃贼。

有一个人名叫亚拿尼亚，同自己的妻子撒非喇，卖了自己的田产，把价银私自留下几分，他的妻子也知道，只把一部分带来，放在使徒脚前。但彼得说：亚拿尼亚，为什么撒旦充满了你的心，叫你欺骗圣灵，把田地的价银私自留下几分呢？（同上第五章第一至三节）

可见，一个基督徒，凡是把财物私自留下而不交公，那就是盗窃公共财物。

下面一节更加有力地证明这一基本原则：

> 你们要爱仇敌，要善待他们，借贷要不指望偿还，这样你们得到的报偿就大了。（路加福音第六章第三十五节）

正像从这里可以看到的那样，基督教徒是不能拿利息的，既然这样，财产占有也就是不可能的事了。没有利息，占有者就得自己劳动。否则即使有财产也得饿死。在四世纪，一些有心计的高利贷者要利息时不要金钱，而要货物。但圣安布罗修斯[①]对他们说：你们什么都不该拿；你们是拿金钱还是拿货物反正都一样，总是个高利贷者。

财产占有者啊！你今天住在你家的四壁之内，恰似斯洛伐克人穿着渍满脂肪的汗衫一般，这斯洛伐克人穿着这件汗衫，根本不洗也不换，任其在自己身上发霉腐烂。你死抱着财产占有的概念，情况也是如此。像斯洛伐克人不懂得衣服洁净的乐趣一样，你不懂得良心纯洁的乐趣。很好，健全的理智和基督的原则使你问心有愧了，何况问心无愧是不会害怕你反抗的。没有基督教，没有启蒙教育，你会认为自己的权利遭到损害而拼命反对废除财产，就像从前母亲们反对种牛痘一样。

财产占有者啊，你今天已经知道你主的旨意，你是否还敢再一次问他，主啊，我该做什么才能承受上帝的国？如果他对你说：把你的财产分给穷人吧！你会不会又像当时那位财主一样愁眉不展呢？

今天的社会好比遇难船上的乘客连同他们的财产概念，他们

① 安布罗修斯（公元约340—397年）——米兰主教。——译者

当中的每个人,当他在漩涡之中抓到了一根横木,特别是当他看见自己的邻人们怎样绝望地在可怕的洪涛巨浪之中挣扎的时候,还感到洋洋得意。但是,正因为这样,他的邻人们就会不让他同自己一起登上赶来搭救大家的那只船。

富人进上帝的国是何等困难啊！我们的牧师们十分清楚,为什么他们要把小针眼弄成谷仓大门;那骆驼走到这些牧师们制造的大门跟前,稍微曲躬,就可同上帝的坐骑一起奔驰而过。

(六)　废除继承

但众人当中有一个人对耶稣说:师傅！请你吩咐我的兄弟和我分遗产吧。(路加福音第十二章第十三节)

耶稣却对他说:你这个人哪！谁立我做你们断事的官或管你们分遗产的呢?(同上第十四节)

我们从这里可以看出:众人对基督学说的原则的理解是何等错误。他们竟然指望这个宣传财富共有共享的人去管兄弟间分遗产的事,去替他们评理。

你们要谨慎自守,免去一切的贪心,因为人的生命,不在乎家道丰富。(同上第十五节)

这句话今天也还有许多人不懂,人们被那钱袋捉弄得完全迷住心窍了。试问,人能不靠自己的金钱,不靠自己的财产生活吗?哎,人当然能靠这些生活,而且能靠这些生活得很美好而又不必劳动。这句话是何等的古怪啊！金钱和财产是死的东西,是不能劳动的;人没有制造出来的物品就不能生活。而这些物品只能是由人制造出来的;因此,没有人不劳动或不骗取别人的劳动果实而单靠自己的金钱和财产就能生活。如果有人说他能，那他不是无知蠢材便是骗子。如果他认识不到金钱无非是在交换中窃取穷人的一部分能力、并使他们毫不察觉地为别人劳动的一种工具，那他就是个蠢材。如果他认识到这些，却仍然让贫苦大众盲目地辛苦劳累，好让他更舒畅更稳妥地在悠闲懒散或百无聊赖的烦恼空忙之中挥霍浪费劳动果实，那他就是个骗子。所以，没有人能不靠别人的劳动而单靠自己的财产生活。

拥有许多金钱财产，就是拥有许多工具来通过强力、谎言和诡计让别人为他劳动，好让他比别人更少劳动或根本不劳动，而又比别人生活得更好。金钱财产是我们贫苦罪人要替其负担费用的游手好闲和挥霍享受的人的特权。人们竟把这种讨厌的、不道德的、违背基督教的恶习的父子相传称为继承！好，我们就让这种继承寿终正寝，但我们也不剥夺任何人的继承权，我们是要使我们的后代共有共享地继承整个美好的地球连同一切建筑物和蕴藏，那时，专靠行骗过活的遗产仲裁人就不再需要了，他们倒可以更好地利用自己的时间，去帮忙妻子洗濯烹饪。

（七） 废除金钱

贫苦的罪人，你顺手拿出一个钱币，考虑一下你可以用它换件什么不同的东西；如果你打听一下每一件这样的东西花费多少劳动时间，那你就会发现，一个钱币在某一生产部门代表一个月的劳动时间，而在另一生产部门常常连一小时的劳动时间几乎都不值。

你会发现，你没钱就休想得到生活必需品。你没钱就得死。你想得几个钱，就得顺从有钱的人规定的条件。靠劳动为生的人，都得让付劳动报酬的人规定条件，虽然那些人多半是游手好闲的人，他们根本不懂劳动，他们只拿劳动者进行投机，以便以金钱为手段骗取和盗窃这些劳动者的一部分能力。有了金钱制度，一切交换就逐渐变成了许可的欺骗和偷窃。事情发展到了这种地步：谁都不会想到自己竟是利用金钱，采取所谓完全两相情愿的办法去欺骗别人或被别人欺骗。只有废除金钱和实行新的交换制度，使偷窃和欺骗在交换中不可能发生，才能消除这种情况。金钱只有在这样的基督教公社中才是无害的，在那里，人们生活在共有共享之中，不互相欺骗和盗窃，既不需要警察，也不需要法官。凡是在社会尚未达到美满幸福和富有教养的程度的地方，金钱必须废除，或者必须以一种与这一确定目标相适应的方式发行。

耶稣虽然没有肯定地说过金钱必须废除，但是他说过：他们不应积攒金钱，不应随身携带金钱，不应给一无所有的人金钱。

> 你们的腰带里不要带金银铜钱。（马太福音第十章第九节）
>
> 不要为自己积攒财宝在地上，地上有虫子蛀，会锈坏，也有贼挖窟窿来偷。（马太福音第六章第十九节）
>
> 一人不能侍奉二主。你们不能既侍奉上帝又侍奉财神玛门。（马太福音第六章第二十四节）

但是，即使在今天的社会里有少数人遵循这一嘱咐，对穷人和对富人来说，事情也不会因此而有任何改变，因为穷人每天需要钱过活而不能遵循这一嘱咐，富人则不愿意遵循这一嘱咐。就连门徒也根本不能句句照办。他们当中就有人要为大家携带通过募集和捐赠得来的钱，用以维持共同生活。

他是个贼，带着钱囊，常取里面存的钱。（约翰福音第十二章第六节）

因此，只要存在金钱制度，我们必然在或大或小程度上成为奴隶。但是，不管命运注定一个人成为金钱的奴隶或是主人，只要他尽心像这尘世的子民一样聪明地按照基督教原则行事，他就有福了。

（八） 家庭

人人共有共享的概念在耶稣那里获得的应用范围极广，以致家庭概念在其中完全消失了。他弃绝家庭，并要求自己的门徒弃绝家庭。有个人想跟随耶稣，但要先回去辞别父母，耶稣阻止他这样做；另外一个人要先回去埋葬父亲，耶稣就对他说：让死人埋葬他们的死人吧。

有一次耶稣坐在一个人的家里讲道，有人告诉他，他母亲和兄弟在外边找他。耶稣对他们说：

谁是我的母亲，谁是我的兄弟呢？（马可福音第三章第三十三节）

就环视着围绕他坐着的门徒说道：看吧，这些就是我的母亲和我的兄弟！（同上第三十四节）

凡遵行上帝旨意的人，就是我的兄弟、我的姐妹和我的母亲。（同上第三十五节）

他也这样教导自己的门徒：

你们不要称任何人为父，因为只有一位是你们的父，那就是在天上的父。（马太福音第二十三章第九节）

这种强烈否定家庭的态度，大概在耶稣本人的家庭情况方面有其缘由。耶稣是贫苦少女马利亚的一个非婚生子，在当时的偏见下，是被自己的同胞鄙视的。木匠约瑟同马利亚结了婚，也未能消除耶稣额上的污点，愚蠢的民众总是傲慢地死死盯住这一污点。可想而知，耶稣在自己的生活中会听到许多尖酸刻薄的讥讽嘲笑；因此，耶稣这个无父的孤儿宁愿当上帝的儿子而不做约瑟的儿子，是毫不足怪的，因为由于这种父子关系，人们的偏见使他蒙受了种种耻辱。

耶稣为了普遍原则甚至牺牲了家庭纽带！他的感情连同他的经验成熟到这般地步之前，他可能经历过什么样的事情！他达到这一地步之前，他的内心可能饱尝过什么样的悲欢与爱恨的甜酸苦辣！那是一定的！可惜，耶稣风华正茂的十八年的不平常经历，对于后代来说已是失而不可寻了！

耶稣反对家庭，我们也要反对家庭，但只反对通过利益、继承、营私和逐利结合起来的家庭，这是社会道德败坏的渊薮，一切偏见都在这里筑巢造穴、生儿育女，以便一代代地繁殖下去；这是道德败坏的渊薮，利己主义和个人利益在这里用财产和继承的污泥把势不两立的人们黏合在一起。爱情和友谊的获得并不需要这样的家庭；爱情和友谊构成的是真正的自然的家庭，而真正的自然的家庭不是建立在贪图钱财、谋取遗产和利益的基础上的。

让我们来建立这样的家庭；让我们爱我们所属的家庭胜于爱我们自己，但这是个大家庭，这个大家庭就是人类，对于我来说，它比所有单个的家庭更为重要。

随着财产的废除，婚姻关系和家庭关系也将改善。妻子将是自由的。现在，丈夫的责任只是关心家务和自己家庭的未来，妻子在一定程度上也还被看做是丈夫的财产。妻子可能爱他或不爱他，由于财产的关系，她有义务留在他那里，如果她甚至无力抚养自己的孩子的话。如果她留在他那里，丈夫就要她忠实，而丈夫则认为自己的义务只是关心他的孩子。财产废除了，这种情况也随之终止。是一对夫妇有十个孩子还是一个孩子也没有，是一个妻子有二十个丈夫还是一个丈夫，这在孩子的赡养方面都是一样的。社会一视同仁地关心全体儿童的教养而并不取消双亲的权利。没有人因为利益的缘故有义务仍然同他不再爱的配偶结合。利益再也不能维持婚姻状态，只有爱情和友谊才能维持。在婚姻中发现在精神上和肉体上不和谐相配的人们，不必互相争吵、说谎和欺骗，甚至毒药匕首相见。现在差不多所有的婚姻都是由利益造成的，往后将不再是这样。现在人们在祭坛上虚伪地互相海誓山盟，往后却不再发誓，因为耶稣在讲到婚姻时说道：

> 只是我告诉你们，你们根本不要起誓。（马太福音第五章第三十四节）
>
> 你们说话，是就说是，不是就说不是！（同上第三十七节）

如果只是爱情和友谊而不是利益把两颗心相连起来，如果今后妻子像丈夫一样享有完全的自由，她和她的孩子的生活也同样有保障，如果再没有任何东西能逼迫她同她所不爱的男人同居，没有任何东西能妨碍她同她所爱的男人同居，那就不再有什么非婚生子；所有的孩子都是婚生子，即使母亲只承认孩子的父亲是上帝或圣灵也罢。妻子将为初次怀孕而骄傲自豪，没有人要为此感到羞愧。丈夫将乐意从她嘴里听到她承认他是孩子的父亲，而现在，这对于他来说却常常是一声霹雳。人们将不会像现在那样试图用违反自然的方式来满足自己的情欲，而现在，根据著名医生的证实，用这种违反自然的方式来满足自己的情欲几乎是普遍的现象，尤其是在女性当中，至少是在那些已发育成熟却同男人没有交往的女性当中。人类将不像在目前的婚姻关系状况下那样，它将有更多的享受，不那么神经衰弱。如果爱情的结合在世人眼中是可鄙的，那这在现在多半是财产概念以及由之产生的法律造成的。但毫无偏见的基督徒对此并不予以考虑。他也就不能不给耶稣的母亲和耶稣的家族抹了点黑。马太在耶稣的族谱中列举了四个妇女：引诱自己亡夫的父亲的他玛、妓女喇合、夜里躺进一个近亲叔伯被窝里赢得他的欢心的路得，以及乌利亚的妻子奸妇拔示巴。

关于婚姻关系，耶稣发表了相当肯定的意见。在马可福音第十章第十一、十二节和路加福音第十六章第十八节里我们读到：耶稣说休妻另娶或弃夫另嫁就是犯奸淫，甚至娶被休之妻也是犯奸淫。根据马太福音第十九章第九节，因妻淫乱而休妻另娶是情有可原的；而根据马太福音第五章第二十七、二十八节，他说见了妇女就动淫念，这已经是犯奸淫了。据此，如果闪过一下淫念就已经是犯奸淫，那么，凡结婚就有一对犯奸淫的，结果离婚就有理由了。众门徒说道：

> 既是这样，倒不如不娶。（马太福音第十九章第十节）
>
> 耶稣说，这话不是人人都能领受的，唯独赐给谁，谁才能领受。（同上第十一节）

这清楚地说明，在耶稣看来，连众门徒的理解力也没有成熟到能理解他关于婚姻的看法。这时他宁可让众门徒（据马太福音第八章第十四节，他们有的人是有妻室的）不理解，也不去冒激起他们极其顽固的偏见的危险。

对此我们估计，从耶稣这种对待奸妇的态度来判断，耶稣根本不愿处罚淫乱，也不处罚其他任何过错，他本人和许多使徒没有娶妻，但他毕竟同异性友好相处（约翰福音第十一章第五节），这样，耶稣学说的这一模糊不清的部分就同整体和谐一致了。但是，一个原则的应用在这一原则的宣传时期、在过渡时期和制度完善时期是各不相同的。因此，如果为了实现某一原则，不从根本上把它的各个部分一一阐述清楚，就往往出现混乱。保罗在哥林多前书第七章中就详尽地发表了关于婚姻的意见。我们在那里可以读到：

> 男不近女倒好。但为了避免淫乱的事，男子当各有自己的妻子。（哥林多前书第七章第一节）

这一章充满正确和矛盾，可以引起众说纷纭，莫衷一是。由此出现了这样的情况：在公元最初的几个世纪中，各不相同的基督教教派完全取消结婚，一切的一切都共有共享，甚至肉欲。这些教派是西门派、尼哥拉派、卡波克雷提斯派、巴息利迪斯派、马西安派以及其他由于在知识方面取得的进步被称做诺斯替派的人。

共妻和妇女自由这两个概念总是被人混淆。

在共妻这个概念中，妇女被看做是每个男人都对她们拥有权利的家室。而男人拥有肉欲特权这一状态，和妇女同男人在因能力和需要产生的一切权利方面平等这一状态，两者应当严加区别。

（九）　友爱的聚餐

现在，这当然是不会再有了！但是，贫苦的罪人，耐心等待，这必然又会有的。必然又会有丰盛的筵席，上满烤肉、好酒、好饼。我们要在劳动之余同妻子儿女共同享受。任何友爱的聚餐都不可有拉撒路那样的乞丐，他们饥肠辘辘地在富人的饭桌上捡拾散落的面包屑。

啊！你们现在的基督徒，当你们在自己家里津津有味地品尝美酒佳肴的时候，你们只掰给我们面包和薄饼，却不让我们同你们一起享受那盘中热气腾腾的烤肉，不让我们品尝那香醇的美酒，或者，什么吃的喝的全不给我们。好一副姿态，把基督教的共有共享当戏演，装出同贫苦基督教兄弟友爱聚餐的样子，却不是真正同他们友爱地聚餐。

埃及科普特人和阿比西尼亚人，这些是原始基督教民族，是早期的基督教徒。像你们一样，这些民族的人民晚上不聚餐就不吃饼。他们的晚餐是在教堂里聚餐，一起吃面包，用勺喝酒，望弥撒、抽烟和谈天。

如果说这最初的聚餐虽然不是筹办得很好，那也不是像我们今天的这个样子。当时，使徒们集合在一起就想吃喝，因为他们又饥又渴，并且耶稣死了，人们聚集在一起，就想通过宴会的形式寄托哀思。因此，早期基督教徒聚餐时也出现社交宴会上常有的那种混乱，因为这些教徒不习惯于礼仪。保罗想弥补这种弊病，办法是在聚会的时候，未等大家到齐就不得先吃先喝，以免有人吃饱喝足，有人又饥又渴。如果有人等不了那么久，他可以在家里先吃喝了再来。

> 因为聚餐的时候，各自先吃，有的吃不着挨饿，有的喝得酩酊大醉。你们要吃喝，难道不可以在家么？还是想藐视教会，叫那没有的羞愧呢？我可不能因此称赞你们。所以你们聚会吃的时候，要彼此等待。如果有人肚子饿了，可以在家先吃。（哥林多前书第十一章第二十一、二十二、三十三和三十四节）

“藐视教会和叫那没有的羞愧”这句话的意思是：嘲笑和捉弄那些晚来的人，把饼吃光，把酒喝光，不留给他们。

保罗给聚餐规定的规则，无非就是我们今天也会劝那些不懂规矩的饕餮和酗酒之徒出席宴会时应遵守的规则。必要时我们今天在聚餐时还可以利用这些规则，但根本不必由此制定一些繁文缛节，使穷人想起聚餐的最初起源和把周围的景象同自己的饥肚空肠作比较而感到受嘲弄。

这种情况也还得改变。友爱的聚餐必须重新像以前那样举行。我们不愿意再拱着手、低着头和屈着膝去品尝，而要在复活节盛大的筵席上大家共同兴高采烈地吃羔羊、喝酒吃饼、喝奶吃土豆、吃鱼吃肉。

贫苦的罪人，你说这怎么样？这难道不是精彩美妙的复活节！但是，那些受苦受难的人必须先从诡诈、欺骗和谎言的黑暗坟墓中复活。喂！从你们阴暗的小屋出来吧！友爱的聚餐已经准备好，盛大的筵席已经摆设好。揭开，复活之晨临近了！

黑夜曾经骇人、寒心、恐怖和沉重地笼罩在我们的心灵之上，但是现在，另一边天色已经灰白，为什么还要凝视那正在逝去的黑夜的余暗呢！

我们湿润的睫毛上堆积着的含满不幸泪花的乌云，经过长久痛苦的暴风雨之后，终于镶上一圈玫瑰色的欢乐希望之光。昏睡的人们，醒来吧！雄鸡已啼过三遍，难道你们还要像往常那样放弃你们的幸福康乐吗？

二、爱敌人

如果我们同甘共苦，如果一切财物又重新成为公共财产，不再有人所不喜不欲的东西，不再有妨碍人施展才能和娱乐身心的东西，那么，消失泯灭的只能是现在利益、金钱和财产造成的一切罪行。如果我们通过实行好的交换手段消除诈骗和盗窃，如果我们通过实行能力选举遏制议会里的清谈诡辩和议会里把人民分裂成政治党派的唇枪舌剑之争，那么，我们人类的情感中的仇恨、愤怒和放荡淫乱的爱就只有一部分能留下来，而如果我们假定财产、金钱和现今社会的一切紊乱不复存在，这一部分情感造成的后果是微乎其微的。

那该怎么对付呢？建监狱吗？立法律吗？保存警察、宪兵和法官以及如此这般从一个祸害造出十个祸害，从一种负担造出十种负担吗？决不！——那好，为了使社会在这方面不至于毫无补救办法，该怎么办才好呢？

社会教育必须能够使人人都把有缺点的人只看做是必须医治的病人。我们的风俗习惯现在还反对普遍这么看，虽然这是最纯正的真理的表现。同时，我们并不认为：一个醉汉，一个狂怒的人，一个失却理智或神经系统极其软弱和性情暴躁的人，对于自己在逆境之中做出违反理性的事情可以不负责任。但是在情绪激动之中发生的每一件事情，虽然事后悔恨不已，甚至羞愧得无地自容，却都是违反理性的。碰到这种情况，我们的虚荣心事后也总是竭力压抑我们的理智，但是，虽然如此，我们仍有办法迫使这种虚荣心让步。如果我们的敌人遭到我们的侮辱和错误对待，仍然悄悄地给我们做好事，那么，除了我们自己以外，是没有人能证明我们的羞愧的。这就是爱敌人的基督教原则；如果我们把一切过错和罪行看做是疾病并这样地去善加对待，那么，普遍应用这一原则就是可能的。如果我们对过错和罪行采取公开鄙视、羞辱和惩罚的态度和做法，我们就直接违背了这一基督教原则。

爱他人这一训诫，从这个词最广泛的意义来说，也已经包括爱敌人了，但是耶稣除了提出爱他人之外，之所以又特别提出爱敌人，为的是爱他人的时候不要为恶欲所限制。

你们听见过有人说：要爱你的邻舍，恨你的仇敌。（马太福音第五章第四十三节）

但我告诉你们，要爱你们的仇敌，咒诅你们的要为他祝福，恨你们的要待他好，凌辱和迫害你们的要为他祷告。（同上第四十四节。又见路加福音第六章第二十七至三十五节）

论爱的准则一般又见：马太福音第六章第二节，第二十二章第三十六至四十节；路加福音第七章第四十一、四十二节，第十一章第四节；哥林多前书第十三章第一至十节，第十六章第十四节；歌罗西书第三章第十四节。

在犹太人当中，一些身有各种缺陷和身患慢性疾病的人，都被看做罪人。就是今天，我们基督教无知的芸芸众生也还这样看。就是今天，在天主教和新教各国也还听到有人说"人是上帝造的！这是上帝给的一种惩罚！"这种偏见当时和今天一样把病人看做是罪人，但理智把罪人看做病人，以免为患。

一千八百年来人们徒劳无益地说话、书写和印刷；基督教的真理成千上万次被人们以各种方式去领会和剖析，而其中最好的东西却随着一个个世纪的流逝而总是一再被人忘却。当我说一切罪过都是疾病时，我确实并没有说出什么新东西。耶稣说得一清二楚，他说道：

> 康健的人用不着医生，有病的人才用得着。（马可福音第二章第十七节）

可见，他把罪人同病人相提并论，并要人们爱他们。如果不把罪人看做是病人，不容忍不同情他们的境况，那是决不会这样做的。如果基督不是把一切过错都看做疾病，他怎能解释下面的章节：

> 有人打你的右脸，就连左脸也转过来由他打。有人强迫你走一里路，你就同他走二里。（马太福音第五章第三十九、四十一节）

如果罪是病，赦罪也就是一种医治。如果病和罪是同一种东西，要痊愈就离不开赦罪（马太福音第九章第二节；马可福音第二章第五节；约翰福音第五章第十四节）。

> 你们要彼此认罪，互相为别人祈祷可以医好。（雅各书第五章第十六节）

保罗肯定说，情欲是以下面的方式在人里面起作用的：

> 我就肉体来说，是已经卖给罪的。（罗马书第七章第十四节）

这就是说："因为我做的，我自己不知道。我愿意的，我并不做。我憎恶的，我倒去做。其实这不是我做的，而是住在我里头的罪做的。我知道，在我的肉体之中，没有良善。因为立志行善由得我，只是行出来由不得我。我愿意的善，我反不做；我不愿意的恶，我倒去做。如果我去做我不愿意做的，那就不是我做的，而是住在我里头的罪做的。我发现，我愿意行善的时候，便有恶与我同在。按我内心的意思，我喜欢上帝的律法。但我觉得肢体中另有个律法，它同我心中的律法交战，把我俘虏了去，叫我附从肢体里犯罪的律法。这样，我内心顺服上帝的律法，我肉体却顺服罪的律法了。"

据此，保罗也把罪看做是病。而一旦把罪当做病来对待，为惩罚罪而制定的法律也就无用而有害了。所以保罗指出，是法律促使犯罪（罗马书第三章第十九、二十一、二十五、二十六、二十八节，第五章第十三节，第七章第六节至第九章第十三节；哥林多前书第十五章第五十六节；哥林多后书第三章第七、九节）。

> 因为律法是惹人愤怒的。哪里没有律法，哪里就没有过犯。（罗马书第四章第十五节）

基督的教义是废除法律的（加拉太书第四章第一至五节，第五章第一、四、五节；以弗所书第二章第十四、十五节；歌罗西书第一章第十三、十四节，第二章第十四、十五、二十、二十一节；罗马书第十章第四节）。

基督用宽恕和赦免代替法律和惩罚（罗马书第四章第五、七、八节，第五章第二十、二十一节，第九章第三十一、三十二节；加拉太书第二章第十六、二十一节，第三章第十、十一、二十三节；希伯来书第七章第十九节）。

> 律法是我们训蒙的师傅，引我们到基督那里。但是现在，信已来到，我们从此就不在法律之下了。（加拉太书第三章第二十四、二十五节）

如果一些行为是罪孽、过错和罪行，我们的理智摆脱了情欲的支配之后，认为这些行为不利于我们和别人达到幸福康乐，那么，我们即使抱有这一看法，也不要去论断别人、谴责别人和宣扬别人的缺点（路加福音第六章第三十七、四十一、四十二节；雅各书第四章第十二节；罗马书第十四章第十、十三节）。

否则，施之于人的必回施于己（马太福音第七章第一至五节，第二十六章第五十二节；启示录第十三章第十节）。

基督徒应该这样对待误入歧途的弟兄：

> 如果你的弟兄得罪你，你就趁着只有他和你在一起的时候，指出他的错来。如果他听你，你就在他身上得了一个朋友。如果他不听，你就另外带一两个人去，让他们证明你一片好意。如果他不听他们，就告诉教会。如果他连教会也不听，就把他当做外邦人和税吏（即要避免同他往来）。（马太福音第十八章第十五——十七节）

> 主啊，我弟兄得罪我，我应当饶恕他几次呢？七次可以了么？（同上第二十一节）

> 我对你说，不是七次，而是要七十个七次。（同上第二十二节）

有人得罪你们，就应当饶恕他，像你们在天上的父也饶恕你们的过错一样。（马可福音第十一章第二十五节）

如果你们不饶恕人，你们在天上的父也不饶恕你们的过错。（同上第二十六节）

所以我们不可再彼此论断，而要下定决心不给弟兄放下绊脚跌人之物。（罗马书第十四章第十三节）

弟兄们，如果有人偶然失足，就应当用温柔的心，把他挽救过来。（加拉太书第六章第一节）

你们要互相担当责任，这样你们就履行了基督的律法。（同上第二节）

如果这人与那人有嫌隙，总要彼此包容，彼此饶恕，主怎样饶恕了你们，你们也要怎样饶恕人。（歌罗西书第三章第十三节）

上帝通过耶稣基督把劝人和解修好的职务赐给了我们。（哥林多后书第五章第十八节）

这方面还可见哥林多前书第六章第一至第八节；路加福音第十七章第三、四节。

基督教徒不应该互相惩罚；不改过的要退出基督教团体。

如果他不听教会，就把他当做是外邦人和税吏。（马太福音第十八章第十七节）

你们应当把那恶人从你们中间赶出去。（哥林多前书第五章第十三节）

如果有人不听从我们这信上的话，要记下他，不和他交往。（帖撒罗尼迦后书第三章第十四节）

请看马太福音第二十五章第三十二、三十三节。[1]

新约里威胁要作的全部惩罚就是应许的末日的审判；但不是在今世。

据此，除了基督之外，基督教徒没有别的审判者（使徒行传第十章第四十二节；哥林多后书第五章第十节）。

审判和惩罚我们的是基督，但这个基督要等到世界末日才驾云降临（马太福音第二十六章第六十四节；马可福音第八章第三十八节，第十三章第二十六、二十七节；路加福音第二十一章第二十七节）。

基督一旦这样降临，我们就要受审判（马太福音第十六章第二十七节，第二十四章第三十节，第二十五章第三十一至四十六节；帖撒罗尼迦后书第一章第七、九节）。

基督一旦这样降临，我们就要在他面前自供（马太福音第十二章第三十六、四十一、四十二节；路加福音第十一章第三十一、三十二节；马太福音第六章第十五节）。

基督这样降临并审判时，恶人要受可怕的惩罚（马太福音第三章第十二节，第五章第二十二节，第十章第十五节，第十一章第二十二至二十四节；马可福音第六章第十一节；路加福音第三章第十七节，第十章第十二至十五节，第十二章第五节；彼得后书第二章第九节）。

那时，他们的肉体和灵魂都要受苦（马太福音第五章第三十

① 这两节讲到末日的审判，人子要像牧羊人分别绵羊山羊一样分别好人坏人。——译者

节，第十章第二十八节；马可福音第九章第四十五、四十六节）。

最初的基督徒生前就在等待着这种末日的审判：

> 站在这里的，有人在没尝死的滋味以前，必要看见上帝的国磅礴降临。（马可福音第九章第一节）

约翰福音的作者对末日的审判一字没提。他关于惩罚和审判所说的话，同末日审判的说法完全不同。

> 上帝差他的儿子降世，不是要定世人的罪，而是要叫世人因他得救。（约翰福音第三章第十七节）

> 信他的人，不被定罪，不信的人，罪已经定了。（同上第十八节）

> 定他们的罪就在于：光明来到了世间，而这些人却不爱光明爱黑暗。（同上第十九节）

> 我将真情告诉你们。我去是对你们有益的。我不去，保惠师就不到你们这里来。我去，就差他来。（约翰福音第十六章第七节）

> 他如果来了，他就要因罪、因义、因审判而惩罚世人。（同上第八节）

按约翰的说法，是圣灵要来进行末日的审判。他把这圣灵叫做“光明”和“保惠师”。

约翰在这件事情上的看法，正如我们在这里有机会看到的那样，同我们现在的见解是相一致的。这同我们似乎承认我们的良心或健全理智是审判者完全一样。

不管审判我们的是圣灵、耶稣基督、上帝、理智、我们的良心，还是其他东西，这对基督的原则毫无改变。主要之点是：基督教徒不应互相审判和惩罚，不应承认自己当中有任何审判者，不应承认互相之间的任何审判。基督教徒除了服从基督的这一法律之外，不应服从任何其他法律，不应服从任何其他审判官。在这方面，上面引述的所有章节都是一致的。

在现今的社会，法律和刑罚不仅敌视那些敌视社会的人，而且敌视那些社会所敌视的人。因此，我们现在公开地敌视社会的敌人，可是，我们作为基督教徒按规定是要爱敌人，因而不应惩罚他们，而是要使他们变好，医治他们，给他们行善，并消除那些激起他们内心敌视现存制度的欲念的原因。——这就是我们应当做的。

现在我们说：你不反对任何人，你也就不会受任何人惩罚；而基督教导说：你不给人定罪，人也不给你定罪。

在路加福音第十五章浪子回头的比喻中，在约翰福音第八章对待淫妇的场面中，处处闪耀着这一和解修好原则。实行谅解相让，就一定能够实现和解修好：人们根本不要审判和惩罚。最大的过错，其后果无非是被人向教会指控，而最严厉的惩罚就是把不可救药的人看做是外邦人和税吏，就是说同他断绝一切来往。而后面这一条，耶稣本人也并不严格执行，因为大家知道，耶稣常和税吏、外邦人和罪人来往。

三、灵的学说

我还有好些事要告诉你们，但你们现在领会不了。（约翰福音第十六章第十二节）

只要等真理的圣灵来了，他要引导你们明白一切的真理。

因为他不是凭自己说的,而是把他所听见的都说出来,并要把将来的事告诉你们。(同上第十三节)

他要荣耀我,因为他要把从我这里接受的告诉你们。(同上第十四节)

由此可见,耶稣的教导,众门徒不是全都明白,或者是耶稣故意不教明白,所以他们还不明白。其次,由此可见,耶稣相信,应说的伟大真理迟早会大白于天下而众所共知。

正像耶稣在这里说众门徒那样,约翰福音也这样说我们,他在他的福音书的结尾说道:

耶稣做过的事还有许多,如果一一地都写出来,我想,那样的书,世人都明白不了。(约翰福音第二十一章第二十五节)

他没有这样的经历,就说不出这样的话,所以,他写的东西,例如他的启示录,有一部分人就明白不了。在四篇福音里面,就有许多不易明白的词。我们看到了这种情况,并且还不断看到这种情况造成的混乱,那就是:使徒之间说的互相矛盾。

这些不易明白的词之一就是“灵”。读者不要见怪我把这个如此普通的词叫做不易明白的词。一件事情,只有当大家都说它能这样发生,只有当它是我们的感官可以感知的时候,它才是可以明白的。许多人说灵是有生命有思想的无踪无影的实在,当躯体活着之时寓于躯体之中,躯体没有之后仍继续在永恒之中生存和思维。就算事情可能就是那样,但我的理智明白不了;我不能向任何人教这种东西,因为我不能证明它。

地球把万物向地心吸引,人们把这叫做引力,磁力使针指向两极。如果我们设想我们的地球是紧缩的星云，由星云物质混合而成，如果我们设想它被粉碎或烧成粉末，那么，地球之内存在的磁力是否中止或失去功用呢？这我不知道。构成我们的生命力，构成我们内心的我的神秘力量，它的未来恰恰处于朦胧之中。这些力量是我们所知的不同功用的未知原因。当然，力量也是一个词，但它适用于称呼许多事情，所以人们就用另外的词来称呼“我们生命力的未知原因”，诸如思维能力、灵、魂。这三个词全都只不过是某种未知原因的已知功用的称呼。根据某种已知的分类，属于这类已知功用的有：理智、理性、记忆、自由意志和良心。因此当我说灵、魂或思维能力的时候，我指的就是这种已命名和未命名的功用，这种功用也许今后可以证明这些称呼是合适的。总而言之，当我说灵或魂时，我为的是不必逐个地把这五个词说全，或者说为的是不必把这些词的总概念述说一番。这样，当我说灵或魂时，灵或魂的意思我明白，别人通过我也明白。可是这两个词当中的一个我觉得仍属多余；我用了灵，就不用魂，反之亦然。我不知道灵和魂之间有何区别。

圣经上有些章节可以使人推测，保罗设想的“灵”是与躯体可以分离或已经分离的存在（使徒行传第十六章第六、七节，第十八章第五节，第二十章第二十二、二十三、二十八节，第二十一章第四、十一节，第一章第二节）。正像我们上面说过的，这对我们来说是不易明白的。

在下面的章节中，耶稣说是有这么一个存在：

> 人把你们拉去交官的时候，不要预先思虑说什么。到时候，赐给你们什么话，你们就说什么，因为说话的不是你们，而

是圣灵。(马可福音第十三章第十一节)

无论如何,不用说,除了这种功用外,谁也不会根据自己的幻想把别的智力功用看做是一个灵,谁也不会把别的证据看做是“灵”的概念的真实性的证据。

圣经里有许多章节,像下述章节一样,直接证明我的这种看法,而所有其他上面已经引述的和下面将要列举的章节也很容易地说明这一点。

力量有许许多多,但这却是一位上帝,他在众人里面行出一切的事。(哥林多前书第十二章第六节)

圣灵所赋的才能显在各人身上,是为大家得益处。(同上第七节)

这个人蒙这位圣灵赐他智慧的言语。那个人则蒙这位圣灵赐他知识的言语。(同上第八节)

又有一人蒙这位圣灵赐他内心以信。还有一人蒙这位圣灵赐他治病的才能。(同上第九节)

又叫一人能行异能。又叫一人能做先知,又叫一人能辨别诸灵,又叫一人能说方言,又叫一人能译方言。(同上第十节)

这一切都是这位圣灵所运行,并随己意分给各人的。(同上第十一节)

我要祈求,父另外赐给你们一位保惠师,叫他永远与你们同在。(约翰福音第十四章第十六节)

这就是真理的灵,他是世人所不能接待的。因为世人见不到他,也不认识他。而你们却认识他,因为他与你们同在,

并且要在你们里面。(同上第十七节)

下面的章节也清楚地说明这一点:马可福音第一章第八节;路加福音第四章第一、十四节,第九章第三十五节,第十二章第十一、十二节;约翰福音第三章第一节至第八章第三十四节,第十五章第二十六节,第十六章第七、八、十二至十五节;使徒行传第十章第四十四、四十七节,第十一章第十五、十七节,第十五章第八、二十八节;罗马书第八章第二十六节,第十五章第十三节;哥林多前书第二章第十至十二节;以弗所书第五章第九节。

所有这里列举的圣灵所赐才能,即所有使徒们称之为智慧、知识、异能、语言、医术等等的理智、理性、记忆力、自由意志和良心的功用,既可以用来造福我们人类,也可以用来损害我们人类,特别是如果冷酷的理智——在这一场合我同时也是指理性和记忆力——仅仅为个人利益的自由意志去盘算,并违抗与我们良心的呼声共鸣的内在感情,就会用来损害我们人类。

这种内在感情的核心、胚胎、精髓就是爱的神秘莫测的魅力,而爱在人的胸中保存着一种也许是行善的欲火,也许就是使一切生物和谐地相互交往的力量。爱的欢乐就是个人之间的亲近与结合,就是他们的力量为了共同目标的统一与和谐。爱既影响事物,也影响状态,影响仪态、举止和情绪。它影响这些,又通过它们影响其他。根据它的不同表现,我们把它称之为友谊、忠实、诚挚、慈善、善良、温柔、高尚等等。

我上面称之为理智的东西会超越全体的幸福要求给个人划定的界限,同样,通常称做爱的感情的东西,如果它的欢乐只图个人的利益,也会超越这样的界限。正因为如此,经验告诉人们应遵循这样的规矩：这种感情应通过理智得到平衡，而理智应通过爱得到平衡，换句话说，脑和心应互相平衡。理智必须充满爱，而爱必须充满理智。这怎样才能做到呢？要做到这一点，就需要我们坚持这样的原则：我们的一举一动都应当是在全社会的幸福中，而决不是在别人的不幸中去寻求我们个人的幸福。

理智扼杀爱，比爱迷惑理智，会造成更多的不幸，因此，基督的学说更多地适应于爱而不是理智。保罗也充满这种信念。他给我们列举了圣灵赐予的才能之后，就这样谈论爱：

> 如果我能说万人的方言，能说天使的语言，却没有爱，我就只是鸣锣响钹。（哥林多前书第十三章第一节）
>
> 如果我有先知的才能，也明白一切秘密、一切知识，而且有一切信心，因而我能够移山，却没有爱，我就什么也不是。（同上第二节）
>
> 如果我把所有的财产赒济穷人，又舍得让人焚烧我的肉体，却没有爱，这仍然于我无益。（同上第三节）

在马太福音第十九章中，耶稣向富人介绍说，做一个完全的人的条件是把财产分给穷人，但保罗认为这只是次要的事，主要的是要做到爱敌人。他继续写道：

> 爱是忍让友善的，爱不愤激忌妒，不任意妄为，不夸张自负。（同上第四节）
>
> 爱不做不光彩的事，不去谋私，不会发怒，不去损人。（同上第五节）
>
> 爱不喜欢不义，只喜欢真理。（同上第六节）
>
> 爱凡事包涵，凡事相信，凡事盼望，凡事忍耐。（同上第七

节）

爱是永无终止的，而先知才能，终化乌有。言语能力，终会中止，知识也终归无有。（同上第八节）

我们所知有限，先知也有限。（同上第九节）

等那完全的来到，这有限也就终止了。（同上第十节）

可见，爱应该阻止我们利用灵赐予的各种才能去谋取自私目的，应该阻止我们把这些才能变成我们情欲的奴仆，它应让我们习惯于不是在近期指望发生的事变中谋取我们的幸福，而是在理智并不总是愿意承认在其中有人类幸福的最广阔的范围内寻求我们的幸福。因此，灵赐予的一切才能都应该用于谋取普遍的福利。

根据这里提供的说明，"圣灵"应理解为追求人类幸福的全部真理的总称。耶稣把这些真理叫做保惠师，他必将到来，把我们尚待知道的一切教给我们。耶稣告诉我们，这个真理的灵高于他自己，他说道：

人的一切罪孽和亵渎行为都可以得到赦免。唯独亵渎圣灵不能得到赦免。（马太福音第十二章第三十一节）

说话冒犯人子，还可以得到赦免。唯独说话冒犯圣灵，今世来世都不能得到赦免。（同上第三十二节）

基督徒应该为亲人行善，为之舍弃一切；他应该爱敌人，不处罚任何人，宽恕一切人；但是他不应该宽恕亵渎圣灵的罪。据此，这无可争辩的是整个基督教教义的最重要的一点。所有使徒在这方面是意见一致的，所有的福音作者都提到上述这些章节（马可福音第三章第二十八、二十九节；路加福音第十二章第十节；约翰一书第五章第十六节），至于什么是冒犯圣灵的罪，耶稣和他的门徒让我们根据他的学说去辨认。我们经过这一番检验之后，是不难于辨认的。

灵是什么，我们只能通过它的功用，通过使徒称做圣灵所赐的才能去得知。谁也不能说灵和它所赐的才能是分离的，谁也不能说这个不就是那个；因此，我们可以肯定，我们常常把我们平时所说的功用和灵赋才能称之为灵。

我们应该为了共同的利益去利用这些灵赐才能。用什么方法呢？那就是我们利用这些灵赐才能时，要有难同当，有福同享，宽恕我们的同胞，爱我们的敌人。

我们越是怀着我们心中的衷心诚挚的爱去追求这一目的，我们的德行就越高；我们越是在这方面疏忽大意，我们的罪孽就越重。如果我们利用这些灵赐才能去危害共同的利益，如果我们用阴谋诡计、背信弃义、权势暴力和尔虞我诈去阻碍别人利用这些才能谋求普遍的利益，如果我们为此目的而故意散布谎言和谬误来冒充真理，总而言之，如果我们利用这些才能时把爱丧失殆尽，亵渎圣灵，那么，我们就不能得到赦免，因为谁都不会再信任我们，那么，我们无论是在今天的社会中还是在未来共有共享的社会中都不能得到赦免。今天我们就会受到鄙视和惩罚，明天会为社会所唾弃。

因此，亵渎圣灵之罪，就是抱着保存现存社会不公正不平等状态的目的所做的一切。

每一个以爱他人为目的的真理，就是一种基督教真理，从而就是一种圣灵的功用。这个真理的灵不断完善它赐予我们的才能，因而基督的学说决不会停止其为一种学说，因为知识决不会停止追求完善，因而基督徒应当根据基督教爱的准则，不断使所有有益的新思想新发明适应新的社会组织，并在这新的社会组织中不断使脑和心保持在适当的位置上，保持着适当的平衡。

总之，基督的学说有一个永恒的目的，这就是把不断更新扩大的理智生产保持在基督教的爱的旧界限之内，以免它跳出这个范围，投入利己主义的怀抱之中。

四、耶稣为宣传自己的学说不得不作的牺牲

有人为耶稣的学说所鼓舞，请求允许跟从耶稣一起走的时候，耶稣说：

> 狐狸有洞，天空的飞鸟有窝，只是人子没有枕头的地方。（路加福音第九章第五十八节）
>
> 耶稣又对一个人说：跟从我吧！但那人说：主，请容许我先回去埋葬我的父亲。（同上第五十九节）
>
> 耶稣对他说：让死人埋葬他们的死人吧，你只管去传扬上帝国的道好了。（同上第六十节）
>
> 又有一人说：主，我要跟从你，但请容许我先去辞别我家里的人。（同上第六十一节）
>
> 耶稣对他说：手扶着犁向后看的，不配进上帝的国。（同上第六十一节）

可见，耶稣认为只有出于对原则的爱已经同家人、同家中富裕生活和旧习惯断绝了一切联系的人，才适合于传播新学说。他要这方面合格的人遵守下述生活准则：

> 不要带钱囊，不要带口袋，不要带鞋，在路上也不要向任何人问安。（路加福音第十章第四节）

尽管他们在众人当中募捐，传播学说时要有钱维持生计，他们个人随身根本不带钱囊或者至少是不该带，募捐来的钱全都由犹大带着，他是这个到处周游的团体的出纳员。

现在我们当中力图像当时耶稣及其门徒在巴勒斯坦那样地生活的人，当局和财主们把他们叫做行乞度日的流浪汉。可是这在当时并不是那么坏的事；当时的人同财产的联系并不像现在那么紧密，他们的需求较少，尽殷勤好客的义务习以为常。耶稣根本不认为这种生活是流浪汉的生活，根本不认为叫人款待是乞讨，下面章节就是明证：

> 你们要住在那家，他们有什么吃喝的就吃喝他们的。因为工人得工作，是应当的。不要从这家搬到那家。（路加福音第十章第七节）

耶稣告诉那些一无所有的人要遵守这些规则，他并不要他们低三下四地去乞求他们所需要的东西。另一方面他又劝那些办下面种种事情的人说：

> 你摆设午饭或晚饭，不要请你富足的朋友、弟兄和熟人，免得他们也请你，让你得了报答。（路加福音第十四章第十二节）

> 你摆设筵席，倒要请那贫穷的、残废的、瘸腿的、瞎眼的。（同上第十三节）

自然，我们的富人们会谢绝有瘸腿的、残废的和瞎眼的人出席的筵席，特别是谢绝供养他们。他们甚至不高兴叫比较合心的穷人赴宴，虽然这样做并无其他想入非非的打算，并不能满足其他的什么贪欲。但正因为如此，只要他们拒绝这样做，他们就不是什么基督教徒，而是以自己的品行亵渎圣灵的基督教徒之敌：

> 人到我这里来，如果不憎恨自己的父母、妻子、儿女、兄弟、姐妹和自己的性命，就不能做我的门徒。（路加福音第十四章第二十六节）
>
> 凡不背着自己的十字架跟从我的，也不能做我的门徒。（同上第二十七节）
>
> 你们哪一个要盖一座楼，不先坐下算计花费，就能盖成呢？（同上第二十八节）
>
> 免得打了基地，不能成功，看见的人都笑话他。（同上第二十九节）

这就是说，但凡在这盖楼的巨大劳动面前畏葸不前，都会自己对自己说："我再不打算盖了"，或者说："这需要那么多的工人和材料，没法筹集！"其实主要是他对盖这个楼不感兴趣了，他感兴趣的是这尘世全部个人的享受、财产和欢乐。这样的人应站到一边去，免得挡住别的工人的道。

在一项这样重大的工作当中当然会有许多人感到厌倦，会有许多人气馁，有些人不理解建筑计划，指责所安排的工作，说建筑者别有用心，这样，工作也就荒废了。但所有这些都吓不倒那些竭力要把它整个盖成的人，因为这是他们所追求的幸福，他们此外别无所求。

> 你被请的时候，就去坐在下座上，好叫那请你的人来对你说：朋友，请坐上座。那时你在同席的人面前，就有光彩了。

（路加福音第十四章第十节）

现在有千百万人坐在下座，望眼欲穿地等待着有个救世主来对他们说：朋友，请坐上座。一些狂热者则不时地张口大喊：自由！自由！他们也说：朋友，请坐上座！但那只是在他们同有钱人一起占了上座之后。伟大的救世主到底什么时候降临，带领人民赴共同的宴会，并对所有的穷人说：朋友，请坐上座呢？他们牢牢地坐在下座，再没有勇气靠自己的力量坐到上座去。他们精神上生理上所受的训练都是为了自己的压迫者要达到的目的。他们已经再也不能自己救自己；因此，我们必须抓紧工作，把对社会祸害的认识，把对摆脱这一祸害的方法的认识，从长久的桎梏中解救出来。

我们首先必须教导那些不幸的人们重新感觉到自己的价值。他们在许多国家里变得太温良恭顺、卑躬屈节和俯首听命了。

如果您在大街上看见这些衣着简单的穷人，一见富人戴着华丽的毡帽，就脱下自己的破旧帽子行礼致敬，难道您的血液不涌上心头？如果您看见总是穷人首先脱帽行礼，而别人连手势都不还一个，难道您眼睛里不闪动着愤怒？

友好地互致问候，如果眼里露出诚意，那是表明一种好意，但是，对穷人一副面孔，对富人又一副面孔，那就令人厌恶。愚蠢的穷人看人衣着华丽，猜是富人，就鞠躬行礼，这是乞丐式的谄媚恭维。

这种行礼往往只是对衣着行礼；你衣着越简单，人家就越是只稍微动一下帽子；你要是背着一卷行李，就没有一个人想到要给你脱帽致意了。

退尔在戴着天鹅羽绒毛帽子的盖斯勒面前并不弯腰低头，但是今天在瑞士，许许多多卑贱的人们见了华丽的布片和巴黎的燕尾服都要挥动自己的帽子，虽然他们这种摇尾乞怜得到的只是不屑一顾。

这当然是很不应该的，至少在瑞士是很不应该的。如果有谁自傲不凡，不屑于同我们握手，我们也就不该向他脱帽致意。

在法国，自从第一次革命以来，人们已经不兴这一套了。在那里，穿漂亮燕尾服的再不会受到穿粗布工作服的鞠躬逢迎了，而地球上没有一个国家的人民在社交礼貌方面超过法国甚至是最为贫穷的阶级。

礼貌是清池澄海里的金鱼，谄媚是污泥浊水里的猪彘。

因此，我们要利用一切机会，通过事实中的例子把那些完全坐在下座的人们拉到我们上座来坐。如果我们在物质上不能改善什么，我们在道义上则尽力而为；但我们不要忘记，尽管我们这样做，补益只能微乎其微。

谁准备为传播基督教做的事越多，谁所受的委托也越多。每个人都要为宣传而贡献自己的知识和力量，可以是写的说的，也可以是金钱财产。

> 主啊，我把我的一半财产给穷人。我如果骗了谁，就还他四倍的。（路加福音第十九章第八节）

这是有个税吏做的事。你们富人也这样做的话，我们对你们也是感到高兴的，正像耶稣对这位自愿献出自己财产的税吏感到高兴一样。为了宣传我们的基督教，我们会好好地利用你们的影响和你们的一部分金钱；为了实行我们的基督教，我们利用你们拥有的一切，因为你们作为基督徒无权拥有你们作为凡人有权拥有的东西。你们的东西是属于我们的;我们已经做了这件事;如果你们不愿做个游手好闲的懒汉,我们的东西也属于你们。

这些真理,你们听起来逆耳,福音书虽然并没有省却不写,你们在教堂里却是听不到的。戴着金银首饰,穿着绫罗绸缎,又有车夫仆役前呼后拥,那是进不了天国的。这与牺牲毫不相干。

通往永生的门是窄的,路是小的,找到门路的人也少。(马太福音第七章第十四节)

要想收割,就得花力气劳动。花了力气劳动,却可以比那些把时光消磨在逍遥懒散无所事事之中的人得到更大的安宁和享受。同样,我们在为履行我们所承担的义务而作出巨大的牺牲之后,定会得到基督教。

请再看看下述章节:马太福音第五章第十一至十四节,第十六节,第七章第十三、十四节,第八章第十九、二十节,第九章第三十六节,第十章第十九、二十八、四十、四十二节;马可福音第八章第三十四节,第十二章第四十一至四十四节;路加福音第十四章第十六节至二十四节,第九章第二十三节,第二十一章第一至四节。

为了使宣传能够顺利进展,尤其完全有必要使每一个能干的使徒避免一切可能削弱他用于宣传的力量和手段的事。除其他外,这方面应该尽可能摆脱那些尘世的操心忧虑。

不要为生命忧虑吃什么,也不要为身体忧虑穿什么。(路加福音第十二章第二十二节)

因为生命胜于饮食,身体胜于衣裳。(同上第二十三节)

看那些乌鸦,不播种,也不收割,没有仓,又没有库,上帝尚且养活它们。你们不是比这飞鸟好得多么?(同上第二十

四节）

你们不要追求吃什么、喝什么，也不要挂心。（同上第二十九节）

你们只追求上帝的国，这些东西就会全归你们。（同上第三十一节）

这些章节包含如下教导：现在，一些人不懂得操心和忧虑最必要的生活需要，因为他们只知道凭财产、遗产和金钱狡猾地把我们的劳动果实据为己有，为自己和自己的家属囤积起来，使我们备受生活上的操心和忧虑牵累；现在，这种操心和忧虑严重地妨碍着我们去传播我们的学说；我们唯有尽可能地把这些操心和忧虑及其后果从我们的肩上卸下，压在我们的压迫者的双肩上，而不是压在我们的朋友的双肩上，以免我们丧失进行宣传的力量。

如果我们这样做，如果我们不去操心我们吃什么喝什么，我们也就不必去祈祷："今天赐给我们每天所需的面包吧。"如果我们有勇气和力量去拿取我们每天所需的面包、肉和酒等等，我们也就不必为此祈求了。只有当我们由于软弱无力而感到需要这种祈祷时，我们才会为此祈祷。但在共产主义制度下，我们即使软弱无力也不会感到这种需要，因为每一个人的需要都可以得到满足，因而我们也就不必去祈祷："今天赐给我们每天所需的面包吧。"

因此，你们不要为发财致富操心，让你们的这种市侩庸人之忧全都见鬼去吧。你们靠那小本经营成不了富翁。你们不要操心你们明天将在谁那里劳动和为谁劳动，只要你们自己不愿意挨饿，你们就不会饿死。你们不要为经营什么事业操心，我们经营的事业就是实现财产共有共享。我们不想独自经营，我们想大家共同经营。我们不要为婚娶操心；如果我们在这方面能够等待，我们就可以省却那些婚娶费用，不必接受任何违背我们心意的结合。

你们不要为未来操心忧虑，不要为你们的晚年操心忧虑，而要趁未生华发之时，打定主意每十四天至少争取到一个同胞在他未生华发之时信奉共有共享的原则，这是我们为我们年老体弱之日所能建立的最好的储蓄，这样做我们就能以最快的速度达到目的。我们不要为杂七杂八的琐事操心忧虑，而要：

我们只追求上帝的国，这些东西就会全归我们。

这是何等明白清楚、了如指掌！因此，讲到上帝的国的时候，我们不要总是仰望蓝天；在这地球大地之上也可以建立一个上帝的国。如果我们没有勇气为建立这个上帝的国去做随时有机会可以做的事，我们在天上也不会为它做出什么来，因为不管人们想怎样理解上帝的国，基督教徒只有履行了基督的诫命才能到达上帝的国度。

鼓起勇气来吧，被剥夺继承权的罪人们！你们得到的是一个美好的国。请看你们的四周：田野麦浪起伏；树木果实累累；街道建筑美丽如画；江河湖海百舸如梭，公路铁路纵横交织，使各种气候的物产得以闪电般迅速交流；牧场上牲畜成群，数不胜数；仓库里的货物堆积如山；飞鸟翱翔天空，游鱼水中遨游；阿尔卑斯山草木繁茂，地下蕴藏矿藏！所有这一切的一切，由于上帝和正义，是我们大家的共同财富。我们向那些受诱惑者索回这一切，他们给自己、给我们和我们的后代穿上个人财产疯人院里的继承权紧身衣；我们向那些精神错乱的疯人守护者索回这一切，我们不能再长久地让他们愚弄了。这些受骗的骗子们没有牺牲的勇气。他们赚得伪币,又花这些伪币,一些人是有意的,一些人是无意的。

我们一天没有勇气去要求属于我们的东西,他们就一天不会把他们和他们的祖先据为己有的东西交给我们。因此,我们贫苦罪人应该行动起来。

如果我们不怕牺牲,巧用牺牲,使用我们献出的一切时意见一致,那时,上帝的国就临近了:乌拉!为了上帝的国!

弟兄们!宴会早已安排就绪!慷慨的自然界为我们大家预备了丰盛的菜肴。

主(真理和感情的力量)已经派来了他的仆人(纯正的基督教的传播者)。许多人得到了邀请,但最早来到的应邀者一看宣传客厅没有很快坐满客人就失去了勇气,另外的人则害怕付出宣传所必需的牺牲和辛劳。他们立即想到的是个人的利益,而不是应通过宣传获得的共同利益。"我得给自己做件衣服。我得把自己的债还清。我得开个商店。我因为结婚或生养孩子跑了不少的路,花了不少的金钱。"许多人嘴里这么说着说着,半路上就落在后面,把活撂给别人去干了。他们得到应得的报酬:全然不知坚持到底的人所得到的精神上无形的自我报酬为何物。这种报酬就是他们不能享受的聚餐。

人们为了美好的事业曾对他们寄予很大期望的那些人已经态度冷漠,人们确实不能信赖这些表面上优秀超群的人。因此,让我们号召全体无一例外地成群结队到宣传客厅去,把整个客厅坐满,参加即将降临的共同宴会吧。

同志们!老战友们!当我以深沉的目光回顾付出的全部牺

牲，回顾作出的全部艰苦奋斗的时候，我的心将十分充实和沉重，我的双眼将看着那赞叹、友爱和欢乐而泪水盈眶。

当你们的宣传生涯的种种史实有朝一日得到记录，那些吝啬怯懦的世人看了会难于相信。但是在你们内心之中为此得到的报酬，就是用整整一个王国也不能从你们那里买走。所有那些没有坚持到底的人，将享受不到这种报酬。

五、革命宣传

（一） 耶稣不尊重财产

这是容易理解的。一个人，他为贫苦大众谋福利，他认为这一福利只能是实行一切财产公有，废除个人财产，废除继承权，废除法律和刑罚，他明确说自己来到世上是要向贫苦的人们宣传福音，这样的一个人当然不能对财产有任何尊重，因为这一财产概念恰恰极其严重地妨碍他的学说的实现，恰恰使他到世上来搭救的人们日益贫苦。以穷人反对富人形式表现出来的反对财产的任何行动，理所当然地至少得到他的宽恕，而不会遭到他的谴责，之所以不会，并不是因为耶稣表示过反对一切尘世的审判和惩罚。

我们不妨听听耶稣关于盗窃的意见：

> 有人想同你争你的上衣，你连大衣也由他拿去。（马太福音第五章第四十节）

你们这些信基督教的财主，你们这些信基督教的法学家和法学的基督教徒，你们怎么说这一章节呢？还有你们，贫苦的罪人，你们又怎么说呢？你们在成为共产主义者之前，读了这一章节和其他类似的章节，是否往往感到糊里糊涂、迷惑不解呢？这些章节只有那些深入研究过如何解决社会问题的人才能理解，在别的人那里只会引起哄笑或怀疑。

我想还要更明确地声明：如果我们设想，在未来的社会中，现存的金钱制度已被废除，代之以实行一种在交换中没有人能够行骗和盗窃的交换制度，用以交换的一切物品的价值精确地以生产它们所必需的劳动时间来体现；如果我们设想，在这种制度中，没有人能够逃避根据义务要完成的劳动时间，没有人能够获得或遗传财产；每一个人完成劳动时间后都能够轻而易举地获得别人能获得的东西；就是说，如果我们十分鲜明具体地设想这种制度下的情况，那么我们就会发现，在这种制度下根本不再有什么可盗窃的，在这种制度下盗窃是根本不可能有的事，在这种制度下只会有欢笑而绝无怨恨、烦恼或吃亏。在这种制度下，如果我的上衣和皮靴从我的房间里被人偷走，我该怎么办呢？如果家里没多的，那我就写个报告，到管理处的仓库再领就是了。如果大家全都为共同的福利劳动，今天的那种吝啬就灭绝了，而现在，对于一个自报被盗的士兵无疑也得进行长久的审问，并要他为这一盗窃担当责任。在共产主义制度下，有谁窃走我的上衣、皮靴一类东西，这只能是想叫我寻找，或者是开个玩笑，因为我有的，别的人也全都有，所以，盗窃大家都有的变不了金钱的东西是愚蠢的事。如果那样，小偷在自己的房间里就不是有两双或三双皮鞋，而是更多，因为就财产概念而论，行为的后果就会如此。但在共产主义制度下是否也有人成打成打地大

量盗窃衣服？这对他有什么益处？他这样做一无益处，而只占箱子，也无损于他人，并且，为了满足自己的需求，依然得像所有其他人一样劳动。

一旦每一个人有别人有的，有所有其他人有的，盗窃就不可能有了。

但是，只要可能有盗窃，就证明社会组织得不完善。因此，盗窃是检验社会组织的屡试不爽的试金石。因此，在一个好的组织中，盗窃是可以容许的。对盗窃应负责任的只能是那些独占并非人人都有的东西而引起别人盗窃欲望的人，是那不能采取明智措施去预防盗窃的社会。

谁致力于实现财产共有共享原则，他自然会设想：财产是人民痛苦不幸的原因，只要人民还对财产表示尊重，他们勤勤恳恳和辛辛苦苦劳动得来的果实就有可能不知不觉地被别人窃走；只要这种对财产的尊重还存在，情况就只能是这样。

耶稣当然不会对穷人说："去偷吧！"因为他清楚地知道：这些人恰恰常常进行不义的盗窃，正像那些盗窃他们和常常以仁爱和爱国为理由盗窃和必然盗窃人民大众的人一样。耶稣并不对穷人那样说，而仿佛是对有产者这样说：穷人偷你们的东西，你们不要声张，因为他没有必要偷是不会偷的。如果你们的东西不比他的多，他们不会来偷你的。看看下面一个章节就清楚了：

> 有人夺去你的东西，不要再要回来。（路加福音第六章第三十节）

因此，基督教徒没有权利处罚盗窃者，因为只要还有盗窃者，基督教就还没有在我们当中实现。基督教徒没有权利强行索回被偷走的东西，也没有权利强行索回借出的东西，但是基督教徒却可以向比自己有更多东西的人索回不管用什么方法窃走的东西：因为我们现在还不是生活在上帝的国里，而是生活在个人利益冲突的战场上。只有当基督的原则使穷人变得更聪明，使有产者变得更通情达理，我们才能走出这个迷宫。

现在很少人的眼光能超出个人利益的垃圾堆；每一个家庭，不管贫富，全都死死地盯住攒积起来的那一堆财物，而预见不到把这一堆堆财物联合起来，他们的生活会高尚得多、幸福得多和安宁得多。

他们像那老托拜阿斯[①]一样盲目。这里需要一个很苦的鱼胆，攒积财物必须难而又难，对财产的崇拜必须清除干净。

只要劳动者羡慕白吃白喝的人而不感到劳动之可贵，只要他在贫困之中卑躬屈节、低声下气地向雇主或雇主的雇主哀求乞讨，他就依然是幸运的贪欲者的心甘情愿的工具。在这里，滔滔不绝的说教无济于事，因为他没有时间听，我们也没有机会给他说。可是还得做点什么事情。因此我们利用差不多家家户户都有的福音书来替穷人说话和反对穷人的敌人。我们这样来开始重新学习，因为基督原则的真正实质仍普遍感到模糊不清。我们宣告，贫困必将消除，但这不是通过施舍，而是通过废除财产才能达到。我们要使劳动而贫苦的人们坚信，他们是社会的有益的部分，比他们要毕恭毕敬奉承的那些人高贵得多。我们要激励他们，虽身在贫困

① 旧约中的一个人物。——译者

之中，万事可为而决不乞讨。

人为了生存就必有所需，但不可祈求，而要拿取。

> 因为凡祈求的就拿取，寻找的就寻见。（路加福音第十一章第十节，又见约翰福音第十六章第二十四节）

在这一章中耶稣打了个比喻，说有个人半夜到朋友那里去，要借三个饼。耶稣说，如果他恳求不止，情词迫切，那位朋友即使不愿意，也得起床把饼给他。

> 我告诉你们，虽不因他是朋友而起来给他，但因他情词迫切，就必起来给他。（同上第八节）

耶稣又打了个不义的管家的比喻，这个管家受到公正的怀疑，说他浪费主人的财产。主人要求他交代明白。他眼看自己的骗局要被揭穿，职务和面包也会随之丧失，就设法确保自己的生计，决定只要还当着管家，就用窃得的主人的钱财结交朋友，等被辞退之后这些朋友能接待他。耶稣讲完这个比喻之后对自己的门徒说道：

> 我又告诉你们，要用那不义的钱财结交朋友。等你们贫困时，他们可以接你们到永存的帐幕里去。（路加福音第十六章第九节）

根据这里所说的，一些现在称做不义的行为可以是正义的。正像耶稣对这一比喻所作的说明那样，为了增进共同的福利而追求金钱和财产，这在任何情况下都是好的。

> 如果你们在不义的钱财上不忠实，谁还把那真实的钱财托付你们呢？（同上第十一节）

> 如果你们在别人的东西上不忠实，谁还把你们自己的东

西给你们呢？（同上第十二节）

根据基督的原则来判断，对于一个人来说，他有义务生产而没去生产的一切东西，或者说他没有参与生产的一切东西，都是别人的东西。如果这样的一个人却把这样的产品攫为己有，圣经里就说这些是不义的钱财。

> 法利赛人贪爱钱财，他们听了这一番话，就嗤笑耶稣。（同上第十四节）

这一切他们也会看到读到，而他们说：用圣经可以随心所欲地制造一切。好呀，先生们！你们证明了：这本是自由、平等和仁爱的福音，你们却用它制造了一部暴政、奴性和欺骗的福音。如果你们错了，那是由于你们要谋私利，如果我错了，那是由于我要为大家谋利益。我没有掩盖我的观点，我的观点开诚布公地公布于此。我所引证的章节已逐一注明。读者可以随意检验和相信。信与不信，悉听尊便。

（二）　耶稣宣传战争

> 我的国如果属于这个世界，我的臣仆必为之而战，但如今我的国不属于这个世界。（约翰福音第十八章第三十六节）

当彼拉多问耶稣是不是犹太人的王时，耶稣这样回答他。正教依据这些话，骗人地把基督教的目的从这尘世领域引向来世理想领域，并在这尘世领域里为我们制造一套适应政治制度和社会制度的形式，让我们遵循这一套形式，长久耐心地忍受贫穷与困苦，指望升入天堂以自慰，而让一些人压抑和限制自己符合自然的欲望，以利于另一些人放纵自己违反自然的欲望。

许多章节证明，人们常常向耶稣提些棘手难办的问题，企图从回答中找出可以指控耶稣的理由，而耶稣是多么善于小心谨慎地回避这些问题，表现出多么聪明机智啊。上面引的是耶稣正在受审时的回答；怎样回答向他提出的问题，关系到他的生死存亡，因此他作了那种支吾搪塞的回答。有人可能反驳说耶稣已经准备殉难。对的，但这并不妨碍在对宣传毫无损失反而极为有利的条件下尽可能推迟殉难时间。如果他只是为了死才去耶路撒冷，那他就没有必要一到夜里就离开这个城市，同门徒一起躲到一个花园里。“我的国不属于这个世界”这句话只不过是一种用来掩盖自己的意思的必要伪装，“因为”他补充说“否则我的臣仆必为之而战，但如今我的国不属于这个世界。”“如今”这个词在这里很重要。但如今（因为他们没有来为之而战）我的国不属于这个世界。

耶稣深知他给自己提出的任务，光靠教育和宣传是不可能完成的。他深知在他的原则的理论和实践之间有刀有剑，绕是绕不过去的；但他在这刀剑面前毫不畏惧。

> 耶稣又对他们说，我以往差你们出去的时候，没有钱囊，没有口袋，没有鞋，你们缺少什么没有？他们说，没有。（路加福音第二十二章第三十五节）
>
> 耶稣说，但如今有钱囊的可以带着，有口袋的也可以带着。**没有的要卖衣服买刀**。（同上第三十六节）

从这些话来看，可以说任何反对社会混乱，反对财产、继承权和金钱制度的行动都是正当的。以前耶稣要求使徒随身不要带任何东西，但他在这里却撤销了这种要求，因为情况已经改变了。他建议他们带上这类东西；没有带这类东西的，要卖掉自己的衣服，用卖得的钱买一把刀。买刀干什么？无非就是拿它去抢钱囊、口袋和鞋；因为假如不是这样，他也就无法确定谁是“没有的”了。他本来也可以命令用卖得的钱购置衣服、钱囊、口袋和鞋，但这就可笑了，尤其是因为这里所说的钱囊应当是现钱，是装满了金钱的囊。

此时此地，耶稣眼见自己的死期已经临近，对自己的种种迫害已经临头，眼见人们要把宣传他的学说的活动压制下去，他想，这盖起的房子一旦倒塌，那小小的一伙人就得散伙，各奔东西，所以现在他要针锋相对地干，以求事业能获一线希望。因此，凡是有口袋有钱囊的，就是说有财产的，就把这些东西保存着，凡是能获得这些东西的，就把这些东西拿到手，凡是没有的，就把最后仅有的东西卖掉，孤注一掷，买回一把刀剑。凡是从现在起没有钱囊和口袋来确保生计的，就不要因此忍耐贫困匮乏，而要把忍耐扔到一边，为满足自己的生活需求进行战斗。

耶稣讲到那些不听从和不接待使徒的人时说：

> 在那末日审判的日子，所多玛和蛾摩拉的国度所忍受的，比这样的城忍受的还容易忍受。（马太福音第十章第十五节）

这些城市遭受了十分严重的厄运，它们遭受了烈火的焚烧和地震的毁坏，几乎片瓦不留，荡然无存。

> 我来是要在地上放一把火；如果火已经燃烧起来，不正是我所愿意的吗！（路加福音第十二章第四十九节）

> 你们以为我来，是叫地上太平的吗？我告诉你们，不是，而是叫人纷争。（同上第五十一节）

> 你们不要想我来，是叫地上太平。我来，并不是叫地上太

平，而是叫地上动刀兵。（马太福音第十章第三十四节）

在这些章节中，这位革命者耶稣十分明确地说出了自己的观点。他并不是愚蠢到任何时候都向贫苦大众宣传恭顺和禁欲，也并不是狡猾到叫贫苦大众甘心情愿地忍受贫困而祈求来世某种靠不住的报酬，好骗取他们的尘世幸福。他深知单靠言词不能说服和战胜特权者。他的理智和心灵不会盲目到连这都看不见。他看到他的学说会引起战争，并事先提醒注意。未有妨碍和平的企图，他就主张和平；战争已不可避免，他就主张战争；同时，当战争被用来削弱原则的力量，压制言论的自由时，他也不放弃学说的宣传。

六、耶稣的原则的一些真理

这是这样的一些东西，直至最遥远的未来这些东西对于全人类的幸福都是不可缺少的。这些东西是：唤起同情心、牺牲精神、爱敌人的情感。这些情感引起的行动会因情况不同而迥然相异。因此，为一切人规定如何履行这些义务感的一切方案并不是永恒的真理，因为这些方案必然要不断地适应社会由于知识领域不断产生的新发现和新发明所处的新情况。因此，施舍并不是永恒的真理，因为在一个基督教共产主义国家里，施舍将是不可能的。因此，为祖国牺牲、保卫祖国的义务、民族精神并不是永恒的真理，因为在共产主义制度下一切民族将会融合为一，同操一种世界通用语言，甚至取消一切流行语言都是可能的。因此，一切宗教形式（牧师的俸给、服饰、法律、礼仪、信条和规章）并不是永恒的真理。仅仅因为它们互相矛盾，不断一部分一部分地改变，仅仅因为保持这一切形式对社会福利来说并非不可或缺，它们就不是永恒的真理。

在耶稣之前，耶稣原则的这些永恒真理就已经生效。摩西说：

> 不可心里恨你的弟兄。（利未记第十九章第十七节）
>
> 不可报仇，也不可埋怨你本国的子民，却要爱人如爱己。（同上第十八节）

这后一节里的话在新约里是完全一样的。所罗门王也教导我们爱敌人。

> 你的仇敌饿了，你要给他饭吃。他渴了，你要给他水喝。（箴言第二十五章第二十一节）
>
> 你这样做，就是以德报怨使他悔悟，耶和华必赏赐你。（同上第二十二节）

在新约中我们也发现这样的话，几乎一字不差。

> 你的仇敌饿了，你要给他吃。他渴了，你要给他喝。你这样做，就是以德报怨使他悔悟。（罗马书第十二章第二十节）

耶稣有关斋戒的虚伪性说过的话，我们在以赛亚书第五十八章第三至第五节中也发现有。以赛亚恰恰在下面的话里表现出自己是基督原则的一个使徒。

> 要松开被你不公正地捆绑的，解下被你加上重轭的，让那被你欺压的获得自由，拆掉一切重轭。（以赛亚书第五十八章第六节）
>
> 要把你的饼分给饥饿的人，把飘流的穷人接到你家中，看见赤身露体的人，要给他衣服遮体，而不要回避你这些骨肉之亲。（同上第七节）

关于同情和行善的动机，以及遵守殷勤好客的礼节，荷马的

《奥德赛》第十四卷第三百八十五至三百八十九行、第十五卷第四百至四百零六行谈论过。

安东尼[①]说：你要留神，不可做出鄙视你的敌人的事。如果他恨你，他咎由自取；我对每个人都要和蔼友善。

塞涅卡[②]说：应当把敌人当做迷途的人看待，不要恨他。而要劝他从善。

施洗者约翰*在耶稣之前*开始担任导师职务，他宣布同样的一个原则：

> 众人向他说：我们该怎么办呢？（路加福音第三章第十节）
>
> 约翰回答说：有两件衣裳的，就分给那没有的，有食物的，也该这么办。（同上第十一节）

发动我们的头脑和心灵即我们的思维能力和情感去发现、检验和*认识积极和永恒的真理*的未知原因，我称之为灵，圣经称之为"圣灵"，耶稣甚至称之为真理之灵。谁说出重要的或新的真理，谁就是通过圣灵说话；谁通过暴力和诡计用谎言代替真理，力图阻碍有益的真理传播，谁就是亵渎圣灵。如果要区别圣经里的"灵"和"圣灵"，可以把灵看做是具体的概念，把圣灵看做是抽象的概念，前者表示个人的精神活动，后者表示普遍的精神活动。圣灵的作

---

① 罗马皇帝凯撒·马尔克·奥略里·安东尼·奥古斯都（公元前83—前30年）。——译者

② 鲁齐乌斯·安涅乌斯·塞涅卡（公元前4年左右—公元65年）——罗马哲学家、作家和政治家，新斯多葛学派最大代表人物，他的唯心主义伦理学学说对基督教义形成有过影响。——译者

用不是显现在个别人当中，而是显现在许多人当中：它可以显现在一切人当中，也可以或多或少地显现在一个人中。这个圣灵不是显现于一时，而是或多或少地显现于一切时代。这个圣灵在一些个人——刻卜勒、哥白尼、牛顿、培根、哥伦布、古滕堡等人[①]中以惊人的方式显示出自己造福社会的作用，但它在耶稣基督身上显示出更强的作用，因为他的学说尽管有种种歪曲，仍或多或少地赢得人类争取人类幸福的情感。而上述那些人的精神产品，当它们只是依据理智的时候，就可能被利用来维护利己主义和反对基督的原则。诚然，这些人的发现和发明迄今比基督教更多地造福于人类。但这只是因为基督教一直还没有得到实现，而这些伟大人物的思想已存在很久了。

第七章　原则的行动

一、耶稣对财产的攻击

根据马太福音第十二章第一节、马可福音第二章第二十三

① 刻卜勒（1571—1630），德国杰出的天文学家，发现了行星运动的定律；哥白尼（1473—1543），波兰伟大的天文学家，宇宙的太阳中心说创立者；牛顿（1642—1727），英国伟大的物理、天文和数学家，经典力学创始人；培根（1561—1626），英国杰出的哲学家，英国唯物主义创始人；哥伦布（1451—1506），发现美洲的杰出的航海家，在西班牙供职，热那亚人；古滕堡（1400 左右—1468），德国杰出的发明家，欧洲印刷术奠基人。——译者

节、路加福音第六章第一节，耶稣和他的门徒在麦地里掐麦穗吃。今天基督教徒把这种行为叫做盗窃庄稼，要处以体罚、监禁和罚款。

根据马太福音第八章第三十二节，路加福音第八章第三十二、三十三节和马可福音第五章第十三节，耶稣准许魔鬼进入猪群，把猪赶到海里淹死了。据马可称，猪的数目是两千头，放猪的人逃跑了，猪的主人央求耶稣离开他们的境界。

现在许多基督教徒有产者不再信鬼了，但那些还信鬼的，肯定会对于他只有得到耶稣允许才能取得财产感到不满。如果有一位先知在这里竭力履行类似委托，他们一定不是央求他离开，而是把他抓起来交法庭惩办。

根据马可福音第十一章第二至六节，耶稣告诉门徒，有个地方拴着一匹驴驹，他们看见了可以把它解开牵来给他。显然，把驴驹拴在那里是为了不让它跑掉，而驴驹的主人是因为不能留在那里看管或牵骑，才不得已把它拴在那里。如果有人问门徒，他们为什么把它解开，他们应当说："主需要用它"。事情果然如耶稣说的一样，耶稣得了匹驴子。如果现在碰到同样的情况，人们一定不会自愿把驴子交出来。其实，如果我们把这件事同两千头猪的事比较一下，我们对于耶稣得了这匹驴子就不再感到奇怪，因为既然耶稣的先知声望很高，他让鬼把猪赶到海里淹死了，人们也只能央求他离开，那么，驴的主人当然决不敢冒险拒绝或反抗。根据马太福音第二十一章，门徒们牵走驴子和驴驹，没有说驴的主人说什么话。根据路加福音第十九章，也没有说驴的主人乐意让他们把驴子牵走。

现在如果有人照此办理，骑走他的基督教弟兄的驴子，现代基督教掌管同情怜悯的机关会把他监禁、流放和处死。这符合基督教原则吗？

根据马太福音第二十一章第十二节，马可福音第十一章第十五节，路加福音第十九章第四十五节，特别是约翰福音第二章第十四至十六节，耶稣拿绳子做成鞭子，把商贩和兑换银钱的人赶出殿堂，倒出兑换银钱商人的银钱，推翻他们的桌子。难道我们不该也在这方面仿效一下耶稣？难道我们没有足够的理由这样做？难道在殿前殿后和殿里殿外进行的重利盘剥和贩卖活动还不够厉害？难道商人和重利盘剥者没有开始给自己的财神玛门营造富丽堂皇的宫殿？难道他们不是要在这殿里拿他们基督教弟兄的血汗和脂膏赌博？——我们现在习惯于认为这些是值得尊敬的，但是，难道这些不比所有其他我们认为应受法律惩罚的盗窃行为对穷人的窃夺严重千百倍？难道在这种情况下我们的道德、我们的德行和我们的良心不是不可避免地要同伪善、欺诈和哄骗混淆在一起？真是荒谬之极！这些什么时候才能结束？那就是：当我们仿效耶稣的时候。

我们在旧约里也看到，上帝的选民并不尊重私有财产。当摩西领受上帝的命令，要把犹太无产者领出埃及时，他不知道到哪里去取钱来作这样的长途跋涉，上帝便对他说（见《出埃及记》第三章第二十一和二十二节）："我要让你们当着埃及人的面蒙受恩惠，你们出走的时候，就不至于空着手走，而是每个妇女要向自己的邻居和同屋的女人索取金器、银器和衣裳，让你们的儿女穿戴上，把埃及人的财物夺走即窃走。"

但是，这些埃及人的金器、银器和衣裳，本来是属于谁的呢？难道这些东西不是上帝的儿子们的苦役劳动的产物？难道这些东西不是他们的财产？难道他们不该拿回自己的被夺走的财产？

当然，摩西也说过："你们不要盗窃！"但是他是在什么前提下说的呢？他对财产是怎样理解的呢？的确，他的小指头对财产的理解，也比我们有学问的基督教国民经济学家那昏庸的脑袋的理解清楚得多。他完全否认对土地的占有权。他说："这大地是上帝的"。土地不是我们自己的劳动产物，因此不能成为任何人的财产。只有那些靠我们**自己的**劳动从土地上获得的东西才会成为财产。我们甚至只能要求对土地的占用权等。摩西从这个原则出发建立一座社会大厦，这座社会大厦与现存社会相比，正像庙宇与强盗窝相比一样。他把上帝所许赐的土地在以色列十一支派各家当中平分，而让担当公职和神职的利未族人靠什一税为生。各家族对自己的地产的占用权是**不能转让的**。土地可以抵押，但五十年后（在五十周年节）要作为无债的产业归还各家族。关于这一社会大厦，公正的上帝写下这样的钢铁般的话：你不要盗窃，你不要觊觎你邻人的房屋、婢女、牲畜等等，要严词斥责违反者；但他只有在他给每一个上帝的子民展现了一种人的生存的可能性之后才这样做。

摩西只是一个野蛮人，具有强烈的民族旧俗意识；他对于基督教的人类博爱一无所知。他的对待外邦人的法律证明这一点。但甚至在对待外邦人方面，他也比我们现在许多信基督教的政治家更人道更正直。如果摩西消除了民族偏见，今天重新降世，眼见我们基督教以色列人的苦难，他会说些什么话呢？是呀！他会紧皱眉头说：“怎么啦，你们这些游手好闲的人，你们怎么把我的上帝律令挂在嘴上，却任人在外邦人的法律庇护下天天用脚把它们践踏！？你们不是自称上帝的儿女么？上帝的儿子对大地具有的不可转让的占用权出了什么事？难道我们又重新回到了埃及？难道我没有又看见大批的人被迫给**殷实的财富**服苦役而一无所有，完全陷于**极度的贫困**之中？你们这些伪善的人，从我这里滚开吧！”

他大概会这样讲，而且讲得有理；因为今天，人们读圣经的时候是有些太马马虎虎、太漫不经心了。这种态度看起来近似伪善。或者，难道人们真的已经丧失人的理智和一切正义感了吗？

我们今天的财产法原来是被罗马的法学家这些光天化日之下的大骗子和诡辩家捏造和歪曲了的，因而与摩西的律令风马牛不相及了。

二、与罪人交往

所有的福音书作者都一致说，耶稣总是与穷人、放荡的人、被鄙视和被抛弃的人交往。他专门为他们谋取他所宣告的新王国的福利，他认为他们适于去建立这一王国，他指靠他们的经验、他们在苦难之中磨炼出来的果敢、他们的坚毅、他们对财产和特权的仇恨来完成他的任务。

众所周知，风俗习惯是随着时间改变的。大约到十七世纪末，戏剧演员、魔术演员、舞蹈演员、走钢丝演员、苦工、行刑者等等诸如此类的人，还被看做是卑劣下贱的人。人们避免同这些人接触交往，就像现时上学的少女躲避一个街头公娼一样。在十七世纪情况还是这样，也许它还作为一种偏见残存至今：至少我还可以想起一些应属于这类偏见的意见。一千八百年前在以色列人当中税吏和外邦人也是这样被人鄙视。

所有那些我们由于其行为今天称之为卑鄙恶劣、下流无耻、轻浮放荡、道德败坏、粗俗低贱的人等，当时统统被叫做罪人。这些人皆鄙视和嫌弃的罪人和税吏，耶稣却去拜访他们，同他们一起吃喝。

> 有次耶稣在屋里坐席的时候，有好些税吏和罪人来，与耶稣和他的门徒一同坐席。（马太福音第九章第十节）
>
> 法利赛人看见，就对耶稣的门徒说，你们的师傅为什么同税吏和罪人一起吃饭呢。（同上第十一节）
>
> 耶稣听见，就对他们说，康健的人用不着医生，有病的人才用得着。（同上第十二节）
>
> 经上说：我喜爱怜悯，不喜爱祭祀。这句话的意思，你们去揣摩学习吧。**我来，不是要号召虔诚的人忏悔，而是号召罪人忏悔。**（同上第十三节）

耶稣到一个法利赛人的家里去坐席，一个女人来到他跟前，挨着他的脚坐下，给他洗脚，抹上香膏，并用自己松开的头发擦干。这个女人就是城里尽人皆知的女罪人抹大拉的马利亚。法利赛人看见这种情况，就说：

> 这个人如果是先知，就会知道摸他的是谁，是个怎样的女

人，因为她是个罪人。（路加福音第七章第三十九节）

耶稣对他说：西门，我有句话要对你说。西门说，师傅，请说。（同上第四十节）

耶稣说：一个债主，有两个人欠他的债。一个欠五十两银子，一个欠五两银子。（同上第四十一节）

因为他们无力偿还，债主就开恩免了他们两个人的债。这两个人哪一个更爱他呢？（同上第四十二节）

西门回答说：我想是那多得恩免的人。耶稣说，你断得不错。（同上第四十三节）

接着，耶稣列举了这个女人诚心诚意为他做的事，最后说道：

她许多的罪都赦免了。因为她的爱多。（同上第四十七节）

耶稣原谅性爱的情欲的爆发，并把这种情欲的软弱的受害者置于自己的保护之下，在这里是涂满香膏的抹大拉，在另一地方是被当场捉获的一个淫妇。根据摩西的律法，这个淫妇理应被打死，耶稣是在这一法律下长大的，这一法律被看做是上帝的法律，因此对于处死与否无话可说；人们则要把他迫入窘境，但是他说：

你们中间谁是没有罪的，谁就可以先拿石头打他。（约翰福音第八章第七节）

我也不定你的罪。去吧，从此不要再犯罪了。（同上第十一节）

路加福音第十九章说耶稣到一个富有的税吏长家里住宿。

> 众人看见，都私下议论说，他竟到罪人家里去住宿。（路加福音第十九章第七节）

尽管这个税吏答应把他的一半财产交给穷人，并四倍偿还骗得的东西，众人还是把他叫做罪人，因为由于他的职务他必然定期地搜刮众人，他只是因为参与搜刮才能成为富人。

> 人子来了，也吃也喝，你们说他是贪食好酒的人，是税吏和罪人的朋友。（路加福音第七章第三十四节）

可见，耶稣基督不是冥顽，不是伪善者，假善人或伪君子，他是一个有七情六欲、喜怒哀乐的人，他走在荆棘丛生的道路上，尽情采集允许他摘取的短暂生命的欢乐花朵，而并不耽误此行的目的。他不顾世人的种种偏见到罪人那里做客吃饭。越是罪人，他越原谅，结果他越爱。在迦拿娶亲的筵席上，客人已经酩酊大醉，他还把水变成酒。他在逾越节喝葡萄酒向门徒和世人告别，并向门徒提议设立这样的圣餐来纪念他。

三、耶稣带着有罪的妇女周游各地并得到她们的接济

> 过了不多日，耶稣周游各城各乡传道，宣讲上帝国的福音。和他同去的有十二个门徒。（路加福音第八章第一节）
>
> 还有恶鬼和疾病曾经缠身而今已经治好的几个妇女，内中有个叫做抹大拉的马利亚，曾有七个鬼从她身上赶出来。（同上第二节）

如一个福音书作者所述，这个抹大拉的马利亚是马大和拉

撒路的妹妹，耶稣曾使拉撒路从死里复活。我们在这一福音书里还读到，耶稣素来爱这个抹大拉的马利亚和她的兄弟（见约翰福音第十一章第五节），所以他在他们那里住过几次，受到他们的款待。

这个抹大拉就是用贵重的香膏抹耶稣的那个女人，法利赛人说她是个罪人，耶稣未加否认，她的品行更是众所周知，因为福音书说过，从她身上不是赶出一个鬼而是七个鬼。就是这个抹大拉同耶稣和他的门徒在各地周游了一个时候。

> 又有希律的管家**苦撒的妻子约亚拿**，并苏撒拿和**好些别的妇女，都是用自己的财物接济耶稣**。（路加福音第八章第三节）

据此看来，约亚拿似乎是抛弃了自己的丈夫而跟了使徒的。一定有更多的妇女跟随耶稣，并把自己的财物分给他。

下面章节也证实这一点：

> 还有所有耶稣的亲属和从加利利跟着他来的妇女们，都远远地站着看这些事。（路加福音第二十三章第四十九节）

> 还有些妇女站在远处观看。内中有抹大拉的马利亚，有小雅各和约西的母亲马利亚，还有撒罗米。（马可福音第十五章第四十节）

> 就是耶稣在加利利的时候跟随他来并服事他的那些人。（同上第四十一节）

根据马可福音，路德在这里译做服事的只能是赒济，因为耶稣不需要别的什么服事。保罗完全证实，可以带着妇女周游各地，而且实际上是带着周游了：

> 难道我们没有权柄娶信主的姊妹为妻，带着一同周游，像其余的使徒和主的弟兄并矶法一样么？（哥林多前书第九章第五节。又见使徒行传第十六章第十三至十五、四十节）

娼妓和税吏也去听施洗者约翰传道，倒成了最虔信的听众（见马太福音第二十一章第三十二节）。

这位爱别人和被人爱的耶稣真是我们在理智与情欲、启蒙与偏见的斗争中的一个榜样。——啊，妇女，你得到他多少宽恕啊！你是个淫妇，他却全然不顾他本国由怀有妒忌心和支配欲的男人制定的法律而宣布你无罪开释，而那些男人在你的情欲一旦越出他们专横地在你的感情方面划定的界限，就要判处你死刑。你是个忏悔的罪人，你用松开的头发擦他的脚，并伴陪着他和他的门徒周游。你是一个同一个男人私下同居的撒玛利亚女人，他却许给你永生之水，你喝了这水，就会永远不渴。他宽恕的多，他爱的也就多。

兄弟姊妹们！如果偏见妄自给我们的爱产生的结果打上蔑视的印记，爱会让我们昂首泰然自若。我们感情的共鸣和我们能力的和谐是我们的爱的唯一条件、唯一界限和唯一义务；只有偏见、妒忌和怨恨才会在爱的内部给我们规定另外的条件、界限和义务，只有荒淫、卖身和不幸才会在爱的外部给我们规定另外的条件、界限和义务。

春心冲动的时刻，最甜蜜的一种情欲就可能冲破嫩弱的青春发育时期和已经成熟的青年男女的继续节欲给这种情欲设置的堤防而泛滥。这时，你这热血沸腾、春情汹涌的青年要谨防冒失从事，要等自然界把它为你的精力规定的容器注满。你要摘取鲜艳的玫瑰，就要等它的蓓蕾适时开放，以免它的花瓣因过早开放而在你面前凋谢。你不要享受未成熟的果实，这种享受会给你带来痛苦和死亡；你要等它成熟，等它汁液饱满，那时，你享受它，会感到清香沁心，舒畅无比，那时，你可以用它的种子培植出一棵赏心悦目的树木。

我们大家全都在经受着与肉欲的严重斗争，但只有少数人以其充沛的精力在这一斗争中取得胜利。多数人则被那虚伪的羞耻心逼入违反自然的情欲急流之中，被卷进湍急的情欲漩涡之中，被折磨得虚弱不堪和精疲力竭，活像一具有生命的僵尸，然后又被冲到社会状况的土地上，使我们的痛苦和不幸由于他们的存在而倍增。少数节欲的果实在生命之树上达到应有的成熟，其中一些在今天混乱的社会中毁于失却养分，另外一些虽然养分充足，却在荒淫无度的利爪之中腐烂了。

那些在这一斗争中虽然筋疲力尽，却取得了胜利的人是幸福的！那些虽然丧失节欲的力量，却能抛开羞耻的偏见和对未来的顾虑而让自己的情欲有符合自然的方向的人是幸福的！

兄弟姊妹们！如果你们由于没有能力长期抗拒而采取这符合自然的情欲方向，你们就不要给情欲打开大小门户。你们在占领得的极乐园中津津有味地一口口品尝的每一个果实，必定是你们的节欲的每一次新胜利的报酬。只有在这种条件下你们才可以指望有甜蜜幸福、称心如意和忠贞诚挚的爱情。

如果你们是父母的非婚生子，你们不必为此感到羞惭。如果伪善的庸人因此辱骂和逼迫你们，如果牧师和父母拒绝为你们祝福，那就想起我们吧。我们贫苦罪人决不因此鄙视你们，至少是当我们的压迫者鄙视你们的时候。

你们当然不像他们那样用那可鄙的金钱去买一个年轻的丈夫或一个美丽的妻子。他们要买的，你们要能珍存；他们要卖的，你们要乐意赠与。

他们用金钱、职务和荣誉地位买得爱情的破碎外壳，而你们则在隐蔽的角落里品尝偷得的甜蜜果实。

他们出于利害关系不得不在祭坛上互相许下他们在爱情方面不能遵守的诺言，而你们则无忧无虑地投入诱人的爱情强健的怀抱。

你们再不要为你们爱情的果实即爱情繁殖的孩子的未来担惊受怕。一个更美好的、更忠贞地相亲相爱的社会正面临成熟。但在爱情方面虚伪、妒忌、吝啬和挥霍的世人，你们要以耶稣、马利亚和约瑟为自己行动的榜样；你们要像他们那样节欲，但也要像他们那样去爱和享受，而当软弱的男友和软弱的女友失节的时候，不要向他们扔第一块石头，这样，明天人们也不会向你扔石头。我们大家都有错误。根据圣经的比喻，即使义人也会一天犯七十次错误，而与此同时，基督徒要原谅自己的邻人七十个七次，而且还要为自己的敌人做好事。如果我们不断接近这一最高水平的道德修养，阻挡着我们通向爱情的道路的种种偏见一定会消失，轻浮的撒玛利亚女人和忏悔的抹大拉一定重新受到很好的接待，淫妇一定会得到宽恕。

四、使徒的生计

英国政府前些日子派出一个报酬甚厚的委员会到全国各

地，视察贫苦的劳动阶级的状况。当这个委员会提出报告时，报告员竟厚颜无耻地宣称，一个正在发育的人每周有两个半先令即可维持生活，而他本人吃一顿早餐的花费就比这多得多。许多人当然可以靠这点钱勉强活着而不至于饿死。神父牧师们也可以靠这点钱活着，而且要比那些穷鬼容易，因为他们不必干活而把力气费尽。只要千百万基督教徒还不得不靠这点钱生活，只要基督教徒当中的一些基督教徒还忍受着贫困匮乏，我们的牧师们按职责也本应这样生活。但他们不是这样的傻瓜。教会的财产和钱财可以使他们每年得到一千万英镑的收入。这笔收入可以使八十万人每周得到两个半先令，或者可以使比这多一倍的人在某种程度上消除一点匮乏。可是事情不是这样，那些钱却被三万个人拿去分赃了。为此他们教导人民什么呢？他们为了伪基督教徒的利益，竭力以空洞的言词和堆砌的华丽词藻阻碍实现那些他们自己没有理解的事物，压制他们自己没有共鸣的感情，阻挠感情与理智的结合。他们必然要这样干，他们必然要对财神玛门说好话，因为财神玛门让他们得到职位，让他们飞黄腾达、荣华富贵，过着舒适安逸、养尊处优的生活。你们以为他们相信他们教导你们的东西么？他们没有一个人愚蠢到如此地步；他们没有一个人敢于把他们在宗教事务方面所相信的东西教给你们。这一切是万恶的金钱造成的。从上古以来，不时地有伟大人物奋起为人类的幸福而斗争，人们委托一些人治理社会，期待他们为大家办许多好事，但是，如果允许这些教导者和领导者比所有其他人生活得更好和占有更多的东西，无论是在教导方面还是在管理方面，人类准得上当受骗。这种情况

一天不改变，我们就不可信赖这些教导者和领导者。只能把领导教育和争取大家幸福的事业委托给那些自己也感到贫困并且总是面临贫困的人，自己的未来受到贫困的威胁或至少是得不到保证的人；对他来说，只有改善大家的生活才能改善他自己的生活。

这样的例子在圣经里也并不缺乏，但是，当牧师们把利己主义和权欲变成谋私利的工具的时候，这些例子又有何用呢？我们的牧师们十分清楚这一切，但他们声称他们不知道这一切。他们十分清楚，使徒们原是靠自己的双手劳动为生的，他们也十分清楚，当使徒们后来得到接济的时候，情况就不是这样了，他们靠每周的讲道可以过优越的生活。谁想把这一事实弄清楚，可看哥林多前书第四章第十二节，第九章第一至十五节；哥林多后书第十一章第七至九节；使徒行传第二十章第三十三至三十五节；腓立比书第四章第十、十四节；帖撒罗尼迦前书第二章第九节；帖撒罗尼迦后书第三章第八至十二节（保罗是织毯工，见使徒行传第十八章第三节[①]）。

在共产主义制度中，人人都有教育自己的子女和完善自己的同等手段。智力劳动将不再为某些人所独占专有（这本来是既令人不快，又很不合理的事），而是每一个人，只要自己愿意，可以同时既从事智力劳动又从事体力劳动。现在这对大多数人来说办不到，因为十二至十四小时的劳动已使他们筋疲力尽。但是，如果劳动组织得合理，在采用机器之后，每人每天的劳动时间将总共不足

① 《圣经》中译做制造帐篷为业。——译者

五小时，在这之后，他可以有足够的时间从事写作和研究。现在有些人一口气不停地写下去，洋洋千万言，大批大批的纸张用来印刷那些无聊琐事，往往是五十公斤这样的著作还不及十克人的健全理智。对于这样的作者及其读者来说，如果作者每天从事五小时有益的劳动就好了。只有卓越的天才才应该完全根据自己的爱好利用自己的时间从事智力劳动，但不是像现在那样，现在，他们由于贫困而处于这样的一种状况：他们为社会作出的有益贡献无踪无影地消逝泯灭，因为他们不得不为了糊口而牺牲全部精力，没有剩余时间从事研究。

第八章　诠释

一、种种难题

（一）　婚姻

在摩西的法律下，正如在我们今天的法律下一样，妇女是不自由的。丈夫可以随心所欲地休妻。他这样做用不着有什么原因，只要他不喜欢她就行了（见申命记第二十四章）。他的唯一责任无非是写一份休书交给她。妻子却没有同样的权利，她在许多方面只不过是自己丈夫的奴隶。这种不公平现象是违背耶稣的原则的，但是在废除财产以前，无法彻底消除这种现象。问题并不在于要限制男人的权利，因为这样做只不过是改变地位，而并没有改善地位。更重要得多的是要使妇女也获得同样的权利。而这只有在废除财产之后才有可能，所以也就无须事先去挑起那些习惯于奴役妇女的犹太人对改变婚姻关系的偏见；否则确实是很不明智的。明智的办法是消除这些偏见，而且只是消除其他一切偏见赖以建立的那些偏见，对于其他种种偏见，只要还有可能，则要在不违背原则的情况下采取忍耐态度。法利赛人懂得这一点，因此，他们同耶稣辩论时竭力抓住这一点，向耶稣提出一些难题，使他进退两难。今天的法学家就专门利用这类难题。碰到这种情况，就必须留心既不作肯定的回答，也不作否定的回答，否则陷入圈套，腹背受敌。此外，如果提出一个原则，在回答问题时就必须注意不要违背这个原则：

> 有法利赛人来试探耶稣说，人无论什么缘故，都可以休妻吗？（马太福音第十九章第三节）

如果耶稣回答说“可以！”，那人就会怀疑他的原则，如果他回答说“不可以”，就正中那人的下怀，那人就会有理由指控他破坏法律。

耶稣在回答时利用了两处圣经（创世记第一章第二十七节和第二章第二十四节）来反对摩西的休妻法律，但他留心不说不可以随便找个什么理由就休妻，他只是说凡休妻就是犯奸淫，他就说这么多，使法利赛人拿不到任何反对他的把柄。

（二） 约翰的洗礼

过去流传着有某种神力的传说。耶稣恰恰向民众宣传这种神力。祭司长和长老来问他：

你仗着什么权柄做这些事？给你这权柄的是谁呢？（马太福音第二十一章第二十三节）

如果耶稣回答说："是上帝"，人们就会指控他亵渎上帝，如果他回答说是一个尘世之人，人们就会不信他，法利赛人就有理由说他是靠魔鬼的权力行异能神迹的。因此他回答道：

我也要问你们一句话：你们如果告诉我，我就告诉你们，我仗着什么权柄做这些事。（马太福音第二十一章第二十四节）

约翰的洗礼是从哪里来的呢？是从天上来的，还是从人间来的呢？于是他们彼此商议说，我们如果说从天上来，他一定会对我们说：那你们为什么不信他呢？（同上第二十五节）

如果说从人间来，我们又怕百姓，因为百姓都认为约翰是先知。（同上第二十六节）

于是回答耶稣说：我们不知道。耶稣就说：那我也不告诉你们我是仗着什么权柄做这些事的。（同上第二十七节；马可福音第十一章第二十七至三十三节；路加福音第二十章第一至八节也讲到这同样的事）

（三） 纳税

法利赛人于是商议，怎样在耶稣的话里找把柄陷害他。（马太福音第二十二章第十五节）

他们就打发自己的门徒和希律党的人一起去见耶稣说，师傅，我们知道你是诚实人，并且诚诚实实地传上帝的道，对什么人都不徇情面，不注重人的外貌。（同上第十六节）

请告诉我们，你的意见如何？纳税给凯撒，可以不可以？（同上第十七节）

耶稣看出他们的诡计，就说，你们这些伪善的人哪，为什么试探我？（同上第十八节）

拿一个银钱来给我看看吧。他们就拿了一个银钱来给他。（同上第十九节）

耶稣说，这头像和徽号是谁的呢？（同上第二十节）

他们说，是凯撒的。耶稣说，那么，是凯撒的给凯撒，是上帝的给上帝。（同上第二十一节）

如果耶稣说可以纳税给凯撒，老百姓就会不再同情他，因为他们对罗马统治的仇恨，恐怕就像今天爱尔兰对英国的仇恨一样强烈。如果耶稣说不可以，他就会被指控煽动或密谋反对凯撒。（又见马可福音第十二章第十三至十七节；路加福音第二十章第二十至二十二节）

（四） 淫妇

文士和法利赛人带着一个行淫时被当场捉获的妇人来，叫她站在当中。（约翰福音第八章第三节）

他们对耶稣说，师傅，这妇人是行淫时被当场捉获的。（同上第四节）

摩西在律法上吩咐我们，要把这样的妇人用石头打死。你说这该怎么办呢？（同上第五节）

他们说这番话，是要试探耶稣，好得到告他的把柄。耶稣却弯着腰用手指头在地上画字。（同上第六节）

他们还是不住地问他，耶稣就直起腰来，对他们说，你们中间谁是没有罪的，谁就可以先拿石头打她。（同上第七节）

然后又弯下腰用手指头在地上画字。（同上第八节）

他们听见这话，就从老到少一个一个地都出去了。只剩下耶稣一人，还有那妇人仍然站在当中。（同上第九节）。

耶稣直起腰来，看见除了那个妇人外没有别人，就对她说，妇人，那些控告你的人在哪里呢？没有人定你的罪么？（同上第十节）

她说，主啊，没有。耶稣说，那我也不定你的罪。去吧，从此不要再犯罪了。（同上第十一节）

为什么耶稣用指头在地上画字画那么久，人们问了他许多许多次才回答呢？显然是为了赢得思考的时间。这一次，适当的话不是很快就到了嘴边。正因为如此，他回答了之后又在地上画了起来，因为情况很可能是：不管他已经找到的回答是什么，众人还要用石头把这妇人打死，或者是未等他解释完头一个问题就又向他提出第二个问题。十分可疑的是，行淫发生之后文士就立即在场了，并且他当时就想出一个借机让耶稣入圈套的计划。可疑的是，这群乌合之众竟迟迟不用石头打死那妇女。并且怎么那么巧，当时耶稣恰好在耶路撒冷和庙宇里呢。显然，这个妇女是法利赛人雇来装扮淫妇的角色，并以此试探耶稣是否知道她的真面目。如果她真的是个淫妇，他们决不会因为听耶稣那样回答，就纷纷离开庙宇，不用石头打死她。要么是他们故意约定好让耶稣单独同那妇女留在那里；如果不是，那么大家纷纷离开而只剩下那妇女一人同耶稣留在一起恐怕就太巧了。但无论如何耶稣的回答使他们的盘算落空了，因为他们希望耶稣的回答触犯摩西律法。

在接下去的各节里，诡辩的东西多了，就不像上述各节里那样机智了。

（五） 复活

撒都该人常说没有复活的事。那天，他们来问耶稣说：（马太福音第二十二章第二十三节）

师傅，摩西说，人如果死了，没有孩子，他的兄弟应当娶他的妻，为哥哥生子立后。（同上第二十四节）

从前在我们这里有弟兄七人。第一个娶了妻，死了，没有孩子，撇下妻子给兄弟。（同上第二十五节）

第二第三直到第七个，都是这样。（同上第二十六节）

末后，妇人也死了。（同上第二十七节）

这样，当复活的时候，他是七个人中哪一个的妻子呢？因为他们都娶过她。（同上第二十八节）

耶稣回答说，你们错了，不明白圣经，也不晓得上帝的大能。（同上第二十九节）

当复活的时候，他们是不娶也不嫁的，像天上的使者一样。（同上第三十节）

这个问题是根据幻想解释的，但这什么也证明不了。因此，他继续说道：

关于死人复活，上帝在经上向你们说的，你们没有念过

么？（同上第三十一节）

他说："我是亚伯拉罕的上帝，以撒的上帝，雅各的上帝"。上帝不是死人的上帝，而是活人的上帝。（同上第三十二节）

这最后一节在《出埃及记》第三章第六节有。仔细考虑一下，"我是亚伯拉罕的上帝，以撒的上帝，雅各的上帝"这句话并没有什么重要意义，却居然拿它来证明复活。他是想用上帝不是死人的上帝这一结论来作证明，但这个结论本身不仅需要证明，而且还需要解释。

（六）　大卫的子孙

法利赛人聚集的时候，耶稣问他们问题。（马太福音第二十二章第四十一节）

耶稣问道：论到基督，你们的意思如何？他是谁的子孙呢？他们回答说：是大卫的子孙。（同上第四十二节）

耶稣对他们说：既然这样，大卫怎么又在心灵里称他为主呢？（同上第四十三节）

因为大卫说："主曾对我主说：你坐在我的右边，等我把你的仇敌放在你的脚下做脚凳。"（同上第四十四节）

大卫既然称他为主，他怎么又是大卫的子孙呢？（同上第四十五节）

他们没有一个人能回答他一句话。从那日以后，也没有人敢再问他什么。（同上第四十六节）

上面引用的大卫的一番话，出自《诗篇》第一百一十篇。人们读完这篇诗就会自己问自己，这一预言——如果果真是一个预言的话——同基督的原则是一致的吗？我不认为是这样，我也不认为引用的这一番话能证明什么。像耶稣当时提供的这类证明，根本不会为今人的理智所接受。大卫的这一番话，像整个《诗篇》一样，是这样地令人厌恶，今天人们都羞于写这类东西，因为从大卫的这番话可以看出，野蛮的犹太人对仇敌采取的这种令人憎恶的仇恨态度和残忍手段实在是太怵目惊心了。

二、比喻

（一） 撒种的比喻

有一个撒种的出去撒种。（马太福音第十三章第三节）

撒的时候，有落在路旁的，飞鸟来吃尽了。（同上第四节）

有落在石头地上的，没有深土扎根。（同上第五节）

日头出来一晒就蔫了，而且，因为没有根，就干枯了。（同上第六节）

有落在荆棘里的，荆棘长起来，把它挤了。（同上第七节）

又有落在好土里的，就结实，有一百倍的、有六十倍的、有三十倍的。（同上第八节）

耶稣是这样解释这个比喻的：

凡是听了天国的道不明白的，那恶就来到他心里，把道夺了去，这就是撒在路旁的了。（同上第十九节）

撒在石头地上的，就是人听了道，立即欢欢喜喜地接受。（同上第二十节）

> 但是，这道并没有在他心里扎根。他变化无常，一旦道遭了灾难，或是受了逼迫，他就气馁了。（同上第二十一节）
>
> 撒在荆棘里的，就是人刚接受了道，世上的思虑，钱财的迷惑就又把道挤了。（同上第二十二节）
>
> 撒在好地上的，就是人听道听明白了，后来这道结了实。（同上第二十三节）

这个比喻在马可福音第四章和路加福音第八章也可以看到。如果耶稣把所有的比喻都解释得像解释这个比喻那样明白，如果他的学说少掺杂一些神秘色彩，对基督原则所作的种种歪曲就不那么容易了。

所有关于天国的章节，都要按这个比喻的含义来理解。“天国”只能理解为“最好的国度，最好的制度”。如果它没有这后一意义，它能有什么其他合乎情理的意义呢？谁能对这个词作一个比较正确、比较明白的解释呢？

在这马太福音第十三章第二十三节以下各节总是这样开头：天国好比什么什么等等。读者不难发现，这里有些模糊不清的东西。这些比喻，只有读做：为天国宣传（工作、奋斗），这好比什么什么等等，才可理解。

（二） 杂草的比喻

> 天国好比人撒好种在田里。（马太福音第十三章第二十四节）
>
> 及至人睡觉的时候，有仇敌来，把稗子撒在麦子里，就走了。（同上第二十五节）

等到长苗吐穗的时候，稗子也长出来。（同上第二十六节）

仆人就去告诉主人说，主啊，你不是把好种撒在田里的么，从哪里来的稗子呢？（同上第二十七节）

主人说，那是仇敌干的事。仆人说，你要我们去把它拔掉么？（同上第二十八节）

主人说，不必，恐怕拔了稗子，把麦子也拔了。（同上第二十九节）

就让这两样一齐生长，等收割时再说。收割的时候，我要对收割的人说。先把稗子拔出来，捆成捆，留着烧，而把麦子收在仓里。（同上第三十节；又见马可福音第四章第二十六至二十九节）

耶稣是这样解释这个比喻的：

田地，就是世界。好种就是天国之子（学说的门徒）。稗子，就是那恶者之子。（同上第三十八节）

撒稗子的仇敌，就是魔鬼。收割的时候，就是世界的末日。收割的人，就是天使。（同上第三十九节）

这个解释与相信末日审判相联系，对于不相信末日审判的人来说，这个解释比它解释的比喻本身更晦涩难懂。

（三） 芥菜种的比喻

天国好比一粒芥菜种，有人拿去种在田里。（同上第三十一节）

这原是所有种子里最小的。等到长起来，却比各种各样

的菜都大，而且长成了树，天上的飞鸟来宿在它的枝上。（同上第三十二节；又见马可福音第四章第三十一至三十二节）

（四）　面酵的比喻

天国好比面酵，有妇人把它揉到三斗面里，等整个面团都发起来。（同上第三十三节）

这句话可以翻译成这样：天国的宣传就像是一块面酵，有妇人把它揉到三斗面里，等整个面团都发起来。同样，其他有关天国的比喻也可以翻译成这样。

这就是说，一些人接受某一真理，这一真理对于其他人来说还是新的，他们如果混杂在其他人当中，就会找到这一新学说的信徒，并且这样不断做下去，直至人人都明白这一真理。从马太福音第十六章中可以看出，这样解释面酵的比喻以及其他比喻是正确的。

你们要谨慎，防备法利赛人和撒都该人的酵。（马太福音第十六章第六节）

门徒这才晓得他说的，不是叫他们防备饼的酵，而是防备法利赛人和撒都该人的教训。（同上第十二节）

（五）　宝贝的比喻

天国好比藏在地里的一个宝贝。有个人发现了它，把它埋回地里，欢欢喜喜地回去变卖他所有的一切来买这块地。（马太福音第十三章第四十四节）

这块地就是尘世（社会），藏在地里的宝贝就是秘密学说，这一学说有强大的敌人，必须谨慎从事，机智行动，以免一露头就遭迫害而被扼杀。有个人发现了这个宝贝，这就是说有个人接受了这一学说，把它隐藏起来，即矢口不提这仍必须保守的秘密。他变卖他所有的一切，这就是说他同别人分享一切，舍弃一切。他买这块地，这就是说他争取民众，从事宣传。

（六） 买卖人的比喻

天国又好比买卖人，寻找好珠子。（马太福音第十三章第四十五节）

他遇见一颗贵重的珠子，就去变卖他所有的一切，买了这颗珠子。（同上第四十六节）

这个买卖人就是人，好珠子就是好学说。他变卖他所有的一切买了这颗珠子，这就是说他为了学说而与人共有共享。

（七） 网的比喻

天国又好比一张网，撒在海里捕捉各样水族。（马太福音第十三章第四十七节）

网满了，就把它拉上岸，坐下来挑好的收在器具里，把腐烂的扔掉。（同上第四十八节）

经过一番宣传，这一学说争取到许多人，但这些人并不全是好的。必须把不好的人撵回去，免得他们由于品质败坏，把其他人也带坏了。宣传就是网，海就是社会。如果宣传在群众当中获得丰硕的成果，那就必须更加注意宣传者的品质，而把每一个违反原则行事的人统统清除出去。

（八）　同等的报酬

因为天国好比家主，清早出去雇人，到他的葡萄园做工。（马太福音第二十章第一节）

他和工人讲定，一天工钱是一钱银子，就打发他们进葡萄园去。（同上第二节）

约在巳初出去，看见市上还有闲站的人。（同上第三节）

就对他们说，你们也进葡萄园去吧，该给的，我一定给你们。（同上第四节）

他们也进去了。约在午正和申初他又出去，也是这样做。（同上第五节）

约在酉初出去，看见还有人站在那里，就问他们说，你们为什么整天在这里闲站呢？（同上第六节）

他们说，因为没有人雇我们。他说，你们也进葡萄园去吧，该给的，我一定给你们。（同上第七节）

到了晚上，园主对管事的说，叫工人都来，给他们工钱，从后来的起，到先来的止。（同上第八节）

约在酉初雇的人来了，各人得了一钱银子。（同上第九节）

及至那先雇的来了，他们以为一定可以多得。谁知也是各得一钱。（同上第十节）

他们就埋怨家主。（同上第十一节）

他们说：我们整天劳苦受热，那后来的只干了一小时，你竟叫他们和我们一样。（同上第十二节）

家主回答其中的一人说，朋友，我并没有亏负你呀！你与我讲定的，不是一钱银子么？（同上第十三节）

拿你的走吧。我给那后来的和给你一样，这是我愿意的。（同上第十四节）

我的东西难道我不可以随意用么？因为我做好人，你就红了眼么？（同上第十五节）

这样，那在后的将要在前，在前的将要在后了。（同上第十六节）

这就是说，我们无论如何可以为实现上帝的国做些事情，但我们决不能因此期待比那些做得少些和劳苦少些的人享有更多的物质利益；即使他们是我们的敌人，也会享有同我们一样多的东西。每一个人为真正的基督教所做的，以及本着这一精神为自己的幸福所做的，同时也是为大家做的。基督教不承认任何特权。

（九） 反叛的园户的比喻

有个家主，栽了一个葡萄园，周围圈上篱笆，里面挖了一个压酒池，盖了一座楼，租给园户，就往国外去了。（马太福音第二十一章第三十三节）

收果子的时候近了，就打发仆人，到园户那里去收果子。（同上第三十四节）

园户拿住仆人，打了一个，杀了一个，用石头打死一个。（同上第三十五节）

主人又打发别的仆人去，比先前更多。园户还是照样待他们。（同上第三十六节）

后来打发他的儿子到他们那里去，意思说，他们必尊敬我的儿子。（同上第三十七节）

不料，园户看见他儿子，就彼此说，这是承受产业的。来吧，我们杀他，占他的产业。（同上第三十八节）

他们就拿住他，推出葡萄园外，杀了。（同上第三十九节）

园主来的时候，要怎样处置这些园户呢。（同上第四十节）

他们说，要下毒手除灭那些恶人，将葡萄园另租给那按时候交果子的园户。（同上第四十一节）

耶稣说，经上写着"匠人所弃的石头，已做了房角的头块石头"。这经你们没有念过么。（同上第四十二节）

所以我告诉你们，上帝的国，必从你们那里被夺走，赐给能结果子的百姓。（同上第四十三节；又见马可福音第十二章和路加福音第二十章）

家主就是上帝，葡萄园就是人类，园户就是上帝的百姓，家主的仆人就是先知，家主的儿子是暗示耶稣。即使建筑师（百姓的导师和统治者）把他抛弃了，他的学说在所有其他人当中仍然是人类幸福的根本学说。

（十） 十个童女的比喻

天国好比十个童女，拿着灯出去迎接新郎。（马太福音第二十五章第一节）

其中有五个是愚蠢的，五个是聪明的。（同上第二节）

愚蠢的拿着灯，却不预备油。（同上第三节）

聪明的拿着灯，又预备油在器皿里。（同上第四节）

新郎延迟未到的时候，她们都打盹睡着了。（同上第五节）

半夜有人喊道，新郎来了，你们出来迎接他吧。（同上第六节）

那些童女就都起来收拾灯。（同上第七节）

愚蠢的对聪明的说，请分点油给我们。因为我们的灯要灭了。（同上第八节）

聪明的回答说，恐怕不够你我用的。不如你们自己到卖油的那里去买吧。（同上第九节）

他们去买的时候，新郎到了。那预备好了的，同他进去举行婚礼，门就关了。（同上第十节）

其余的童女随后也来了。她们说：主啊，主啊，给我们开门！（同上第十一节）

他却回答说：我实在告诉你们，我不认识你们。（同上第十二节）

所以你们要警醒，因为人子什么时候来，那日子，那时辰，你们不知道。（同上第十三节）

新郎就是上帝的国，十个童女就是所有那些为上帝的国作宣传的人，灯就是宣传，油就是宣传和实现学说所必需的物质资金。半夜的呼喊声就是宣传者必须迎接的突如其来的革命。收拾灯就是为上帝的国尽力。愚蠢的宣传者就是那些不预先为突如其来的革命作好准备的人，革命一来，他们就像个糊涂透顶的人那样昏头昏脑不知如何是好；就是那些白白错过最初的机会，并为其他坚决果断的党派首领所瞒骗的人，例如1830年革命后的法国人那样的人。如果7月28日有那么几百人到众议院，向二百一十三名议员要求人权，那么他们也就获得了人权，路易·菲力浦也就当不上国王了：因为当时整个贵族的欧洲都在人民的意志面前吓得发抖。黑森选帝侯不得不让一个桶匠称呼“你”，还不得不同这个桶匠一起在宫廷广场上围绕烧毁大量公文的火堆跳舞。萨克森的王储（现在是国王）流着泪骑马到骚动的民众当中去询问民怨民苦，许诺解救他们的困难。上古的奴隶制度的桎梏已在全欧受到强烈的震撼。那些主人和奴隶监工都由于那不可预料的事件而吓得呆若木鸡。但是，当时谁都不知道该怎么办，至少是没有一个知道该怎么办的人为了大家的利益挺身而出。

没有油，这就是说没有活动所必不可少的资金。等到需要用资金的时候，常常是没法弄到，弄到时又往往太迟了，因为速度就是力量的增加，而知识又是能最好地利用力量的手段。所以，让我们来研究共产主义的本质以及实现共产主义的种种手段。

（十一） 信托的银子的比喻

天国又好比一个人要往外国去，就叫了仆人来，把他的家业分给他们。（马太福音第二十五章第十四节）

他按照各人的才干，给他们银子，一个给了五千，一个给了二千，一个给了一千，就往外国去了。（同上第十五节）

那领五千的，随即拿去做买卖，另外赚了五千。（同上第十六节）

那领二千的，也照样做，另赚了二千。（同上第十七节）

但那领一千的，去地里挖了个坑，把主人的银子埋藏起来。（同上第十八节）

过了些时候，那些仆人的主人来和他们算账。（同上第十九节）

那领五千银子的来了，还带着那另外的五千银子，他说，主啊，你交给我五千银子，请看，我用它又赚了五千。（同上第二十节）

主人说，好，你这又良善又忠心的仆人。你在不多的事上有忠心，我要把许多的事派你管理。进来享受你主人的快乐吧。（同上第二十一节）

那领二千的也来说，主啊，你交给我二千银子，请看，我用它又赚了二千。（同上第二十二节）

主人说，好，你这又良善又忠心的仆人！你在不多的事上有忠心，我要把许多的事派你管理。进来享受你主人的快乐吧。（同上第二十三节）

那领一千的也来说，主啊，我知道你是个忍心人，在没有播种的地方要收割，在没有散撒的地方要聚敛。（同上第二十四节）

所以我害怕，就去把你的一千银子埋藏在地里。请看，你的这些银子在这里。（同上第二十五节）

主人回答说，你这又恶又懒的仆人，你既然知道我在没有播种的地方要收割，在没有散撒的地方要聚敛。（同上第二十六节）

那就应当把我的银子放给兑换银钱的人，到我来的时候，可以连本带利收回给我。（同上第二十七节）

于是就从他手中夺过那一千银子，给了那有一万的。（同上第二十八节）

因为凡有的还要给他，没有的，连他有的也要夺过来。（同上第二十九节）

这个到外国去的人就是基督；他的家业就是他的学说；银子就是智力才干；领悟了学说，赚得了银子就是成倍地增长了智力才干；把银子埋藏起来就是拿他的理智去从事低下的事情，去满足肉欲的欢娱，就是荒废宣传等等。把银子埋藏起来就等于是继续把交给某人用以扩大宣传和实现上帝的国的资金弃之不用。应该把这些资金从这样的人那里夺过来，交给那些证明能善于利用这些交给他们的资金的人。同样，对于那些错误地领会和应用交给他们的学说的人们，应该保守有关这一学说的目的和方法的秘密，不让他们知道。有理智的人将借助于这一学说而使自己充实起来，没有理智的人将被这一学说把自己的理智器官搞糊涂。

（十二）　筵席的比喻

有个人摆设大筵席，请了许多客。（路加福音第十四章第十六节）

到了坐席的时候，他打发仆人去对所请的人说，请来吧，样样都齐备了。（同上第十七节）

众人一个个全都推辞。头一个说，我买了一块地，得去看看，请你准我辞了。（同上第十八节）

又有一个说，我买了五对牛，要去试试。请你准我辞了。(同上第十九节)

又有一个说，我才娶了妻，所以不能去。(同上第二十节)

那仆人回来，把这事都告诉了主人。家主就动怒，对仆人说，快出去到城里大街小巷，把那贫穷的、残废的、瘸腿的、瞎眼的领来。(同上第二十一节)

仆人说，主啊，你所吩咐的已经办了，但还有空座。(同上第二十二节)

主人对仆人说，你出去到大路上和篱笆外，硬拉些人进来，坐满我的屋子。(同上第二十三节)

但我告诉你们，先前所请的人，没有一个尝得我的筵席。(同上第二十四节)

这个人就是耶稣，学说的创始人；仆人就是他的门徒。请赴筵席就是请接受关于上帝的国的学说，为它做些事情。头一批被请的人因为去操心物质利益，来不了。耶稣认为这些人不中用，就决定一视同仁地把宣传扩大到所有的人，甚至扩大到人们不愿与之交往的那些人。这个比喻所列举的那些人来吃了筵席。先前请的人则吃不着，这就是说，在宣传上帝的国方面取得进展，上帝的国将有朝一日得到实现，但这方面的欢乐他们将尝不到，因为他们没有为它出过什么力，虽然他们是最先被邀请的。相反，他们将受良心的谴责，悔恨交加，人类的胜利欢呼将使他们羞惭得无地自容。

这十二个比喻说的全都是有关传播学说和为此必须作出牺牲的事；下面的比喻是说明和解修好和爱敌人的。

（十三）　失羊的比喻

你们中间谁有一百只羊，失去一只，不把这九十九只撇在旷野，去找那失去的羊直到找着呢。（路加福音第十五章第四节）

把羊找着了，就欢欢喜喜地扛在肩上。（同上第五节）

回到家里，就请朋友邻居来，对他们说，我失去的羊已经找着了，你们和我一同欢喜吧。（同上第六节）

所以一个罪人悔改，在天上也会这样为他欢喜，较比为九十九个不用悔改的义人，欢喜更大。（同上第七节）

（十四）　失钱的比喻

一个妇人，有十块钱，如果失落一块，岂不点上灯，打扫屋子，仔细寻找，直到找着么？（路加福音第十五章第八节）

找着了，就请朋友邻居来，对他们说，我失落的那块钱已经找着了，你们和我一同欢喜吧。（同上第九节）

所以，一个罪人悔改，也应这样为他欢喜。（同上第十节）

（十五）　浪子的比喻

一个人有两个儿子。（路加福音第十五章第十一节）

小儿子对父亲说，父亲，请你把我应得的家业分给我。他父亲就把产业分给他们。（同上第十二节）

过了不多几日，小儿子就把他一切所有的，都收拾起来，往远方去，在那里任意放荡，浪费资财。（同上第十三节）

他耗尽了所有的一切，又遇着那地方大遭饥荒，就穷苦起来。（同上第十四节）

于是去投靠那地方的一个人。那人打发他到田里去放猪。（同上第十五节）

他恨不得拿猪吃的豆荚充饥。但连这也没有人给他。（同上第十六节）

他醒悟过来，就说，我父亲有很多雇工，口粮有余，我倒要在这里饿死么。（同上第十七节）

我要起身到我父亲那里去，向他说，父亲，我得罪了天，又得罪了你。（同上第十八节）

从今以后，我不配叫做你的儿子，把我当做一个雇工吧。（同上第十九节）

于是动身往他父亲那里去。相离还远，他父亲看见，就动了慈心，跑上前抱着他的颈项，连连与他亲嘴。（同上第二十节）

儿子说，父亲，我得罪了天，又得罪了你。从今以后，我不配叫做你的儿子。（同上第二十一节）

父亲却吩咐仆人说，把那上好的袍子快拿出来给他穿，把戒指戴在他指头上，把鞋穿在他脚上。（同上第二十二节）

把那肥牛犊牵来宰了，让我们来吃喝快乐一番。（同上第二十三节）

因为我这个儿子，是死而复活，失而又得的。他们就快乐起来。（同上第二十四节）

那时，大儿子正在田里。他回来离家不远，听见唱歌跳舞

的声音。(同上第二十五节)

便叫过一个仆人来,问是什么事。(同上第二十六节)

仆人说:你兄弟来了,你父亲**为他无灾无病地回来**而高兴,把肥牛犊宰了。(同上第二十七节)

大儿子听了生气,不肯进去。他父亲就出来劝他。(同上第二十八节)

他对父亲说,我服事你这许多年,从来没有违背过你的命令,你并没有给我一只山羊羔,叫我和朋友一同欢乐。(同上第二十九节)

但你这个儿子,和娼妓吞尽了你的产业,他一来了,你倒为他宰了肥牛犊。(同上第三十节)

父亲对他说,儿啊,你常和我在一起,我所有的一切,都是你的。(同上第三十一节)

只是你这个兄弟,是死而复活,失而又得的,所以你理当欢喜快乐。(同上第三十二节)

这个浪子的比喻虽然是尽人皆知的,但我在这里还是一五一十地全都复述了一遍。之所以这样做,因为它说的意思清楚明白,并且教人注意一种道德,而今天,人们在生活的各个方面都违背这种道德,虽然并不是对基督的原则明知故犯。我之所以一五一十地再来把这个比喻讲述一遍,是希望这样做也许使读者对它更为注意。这个比喻无须说明。理智和心灵都能明白它的意思。对有过错的人、罪人、敌人,皆应宽恕原谅,这是基督的旨意;但是遵循这一旨意,身体力行,我们却觉得是懊恼的事。如果有个父亲像这个父亲那样做,大家就会背后议论说他毁了他的儿子,并且要他为儿子的一切过错毛病负道义上的责任。那大儿子的态度是不会有人指责的,许多人还会替他辩护;那小儿子的所作所为会遭到大家的非难,很少人会同情他。为什么非那样做不可呢?因为从基督教的实践来说,我们周围全是谎言,只有把一切人的利益联合在一起,才能建立起一种实用的基督教。甚至基督教的理论也已经成了一种谎言了。如果我们希望活下去的话,我们的私人利益不管好歹必须适应这个谎言堆。如果思想这般混乱与迷惘,怎么能按照基督教的精髓实质来治理社会生活机体呢?

(十六) 不怜悯人的仆人的比喻

天国好比一个王,要和他仆人算账。(马太福音第十八章第二十三节)

他才开始算,就有一个欠他十万银子的人来到面前。(同上第二十四节)

因为他没有什么可以偿还的,主人就吩咐他把妻子儿女,并所有的一切都卖了偿还。(同上第二十五节)

那仆人就跪下央求他,说,主啊,宽容我,我将来必定还清。(同上第二十六节)

那仆人的主人就动了慈心,把他释放了,并且免了他的债。(同上第二十七节)

那仆人出来,遇见欠自己十两银子的一个同伴,便揪着

他，掐住他的喉咙说：你把欠的银子还我。（同上第二十八节）

他的同伴就跪下央求他，说，宽容我吧，我将来必定还清。（同上第二十九节）

他不肯，竟去把他下在监里，等他还了所欠的债。（同上第三十节）

众同伴看见他做这种事，十分难过，就把这事都告诉了主人。（同上第三十一节）

主人就叫了他来，对他说，你这恶奴才！你央求我，我就把你欠的债都免了。（同上第三十二节）

你不该像我怜悯你那样，怜悯你的同伴吗？（同上第三十三节）

主人大怒，把他交给掌刑的，等他还清了所欠的债。（同上第三十四节）

你们各人，如果不从心里饶恕你弟兄的过错，我天父也要这样对待你们。（同上第三十五节）

这里，判官的职务也不是属于人的，而是属于上帝的，不是由人去惩罚，而是由天父去惩罚。在今天的社会中，法学躲在一个用无数诡辩和强词编结的网中，窥伺着基督教兄弟，要把他们的骨髓和膏血吸吮干净。谁撞进这个网里去都倒霉，因为主人们要活。他们拥有无穷无尽的立法手段和惩罚手段，却不惩罚这个比喻里所举的情况；他们根本不认为这种情况是不道德的。按照他们的原则，这个恶奴的所作所为是完全正当的，根本不应指责。这样的恶奴在我们当中真是够多的，但这样心地慈悲的主人却太少了。

第九章　基督教的一般道德

己所不欲人施于己者，亦人之所不欲，非为善者，勿施于人。

己之所欲人施于己者，亦人之所欲，于人无损者，当施于人。

这两句话，是给实用的基督教提出的一个准则。但我们现在还没有实用的基督教，因此，现在，至少是对我们，任何一个准则全都可以毫无例外地通行，现在不论办什么事，全都是违反基督教的。

例如，我们不希望别人用宣告破产欺骗我们，但是在现今的状况下我们却常常无力防止用宣告破产或其他类似办法欺骗别人。又例如，我们希望得到别人的什么支援，希望别人请我们参加做什么事，希望得到别人的维护以及诸如此类，但是我们却无力也这样为别人效劳，因为各种情况都妨碍我们这样做。

往往有这种情况，在两种或多种场合，即使社会状况完全相同，如果人的状况不同的话，其结果也可以各不相同。同一个建议，向一个悲伤烦恼的人提出和向一个欢乐愉快的人提出，效果往往截然不同。效果还会因各人的经历不同而迥然相异。经常受骗的人好猜疑。因讲真话而屡遭危险的人爱撒谎。再者，一句话对于某个人来说是好是坏，会因人因地而定，甚至因说法的不同而定。有个苏丹做了一个梦，便叫一个卜梦者来圆梦。卜梦者说，你将看到所有的亲人死去。苏丹听了，下令打了他一百棍。然后又叫来一个卜梦者。这个卜梦者说，赞颂真主吧！你将比所有的亲人长寿。苏丹听了，给了他一百金币。德国有个大臣对邦君说了句难听的话，被解了职。后来有个傻瓜对邦君说了句同样的话，邦君听了却产生另外的想法。结果，这个傻瓜什么事也没有，那位大臣也复了职。往往有这种情况，我们怀疑自己的邻居做了什么坏事，所有的情况，甚至细微末节都在证实这种怀疑。直至后来才发现，这一切只不过是错觉，我们不得不为此自觉羞愧。在法学家的卷宗中埋藏着无数骇人听闻的行动秘密，为了不使法学失去必要的威严，无人敢于披露。而那些甚至在卷宗中也不能披露真相，至死也得把真相隐瞒起来的情况还未计算在内。我们主动赒济一个处于贫困中的朋友一先令，比他索借时借给他更令他高兴。如果我们赒济时弄得让别人也知道，这种赒济对朋友来说会是一副毒药，就如同我们逼他还债一样。所以，基督徒要把借给人东西当做是送给人东西，此外还要尽可能避免向同道者借东西，相反，要从他们的眼神里看出他们的忧伤并给以帮助。但是，如果朋友向我索债，如果他并不想使他的援助成为秘密，如果他不援助我们，那么，可否就此肯定，这一切都是由于他心地不高尚呢？我们会不会判断错了呢？难道我们非要在我们所不知道的原因中猜那最坏的原因不可？为什么不宁可以朋友的名义设想其中必有可以原谅的理由呢？并且，即使他自己承认是错了，这是否就能证明，我们的判断在表面情况相同的所有场合似乎都正确？

人心是一个巨大的迷宫，充满令人喜悦和令人厌恶的感情，这些感情，只有在它们最初的作用已经消失时才能受到理智的控制，而且这些感情是难以控制的，因为它们流露的程度总是彼此不同，

原因和作用根本不会完全相同;至少没有任何人能够断言,它们是完全相同的。

但是,尽管如此,我们现在就必须着手根据那些旨在把社会引向实用的基督教的准则去行动。由此,我们每逢判断别人的行为时切切不可忘记,基督教要求财富共有共享,一句话,要求社会的全体成员共享自由、同甘共苦;不可忘记,凡是不愿意财富共有共享的人,就是基督教的敌人,所有善良的基督教徒必须联合起来反对他们。我们不可忘记,这些反对真正的基督教的人将千方百计给我们设置重重障碍,我们必须一一克服。我们不可忘记,这些敌人甚至不让我们作这样的选择:像爱兄弟一样爱他们;他们要我们不是像爱兄弟一样爱他们,而是要像爱主人一样爱他们。但这是违背我们的原则的。我们是否像爱敌人一样爱他们呢?是的!一旦我们战胜他们,他们享有的将同我们一样多,他们将同我们一样自由。我们既不审判他们,也不惩罚他们;但是我们现在不想忘记,他们是我们的敌人。如果我们好好地领会了这一点,我们将本着这种精神来培植如下品性。

节制以及这方面的一切品性,如贞洁、节俭等等。有句很古老的俗话说:“吝啬是万恶之源”。这不如说:“放纵是万恶之源”,因为骄傲、妒忌、放纵、不贞并不一定来源于吝啬,相反,放纵,就其广义来说,就是人的欲望和能力的和谐遭到破坏的原因。这种破坏表现在肢体的活动中,究其原因,或者是情绪和思维能力的病态所致,或者仅仅是身体各部分的病态所致。在这两种场合,病态或者仅仅局限于个人身上,或者还传染到他人身上。我把这称之为病态,并且指的就是被人们说成是罪孽、罪恶、罪行的所有东西。健康不仅是人体各部分的和谐，而且是社会各个个体的和谐。这一和谐遭到破坏，这就是生病：节制是社会和个人的法则和宪法，是这个和谐的晴雨表。

公路铺得不好总比不铺好。但是，如果我们希望有条铺得很好的公路，我们就必须破坏掉旧的路面。同样，今天的社会组织也许比中世纪的好，但是，我们必须有更好的。这样做可能会出现可怕的混乱。但是，难道我们就因此在改革面前畏葸不前和无所作为吗？

忍耐。我们尽管要经受种种不测风云，也不要偏离我们为实现基督教所选定的方向。明智的坚持最终会使统帅和外交官获得胜利。当我们还只是寥寥可数的几个人，我们憧憬的未来还在那遥远的地方时，我们不要沮丧。当朋友们一个接一个地抛弃我们的事业，甚至那剩下来的为数很少的人也心灰意冷时，我们不要气馁。我告诉你，不要气馁，你只要坚持下去，你就会看到，只要我们的事业是真理，情况不久就会完全改观。我们应当同我们的弟兄们经受住各种极其艰难的忍耐考验。因此，我们要下定决心，生气时不回答任何人的话，不给任何人写信。我们要下定决心把每一个生气的人看做是一个不能自制的病人，谈不上他有什么冒犯了我们。他不久就会暗暗为自己的所作所为感到内疚，我们也为自己的做法感到高兴，即使我们曾经受过他的鄙视和侮辱也罢。但是，对于那些由于自己的特权地位而阻挠我们实现实用的基督教的人，我们也要这样忍耐吗？是的，只要这是明智所要求的，那就只能这样。

忠实。如果讲的是履行自愿承担的责任，那对朋友对敌人都

要忠实。如果我们愿意一丝不苟地严格履行自己的诺言，世人对待我们许下的诺言，就一定会比对待国王和神父许下的诺言更加信任。我们不想避开和鄙视一个窃贼，但我们却要避开和鄙视一个存心不良的食言者。但是，我们凡事都要忠实守信吗？如果有人违反我们的意志强迫我们发誓忠实，我们就不要信守这种誓约。如果我们许下诺言，我们就要竭尽全力句句信守，但是，既然我们坚信，没有人能够担保他将来的想法和情绪如何，那么，那些可能由于无数无法确定的情况而改变的意见，我们就决心不再发誓信守。

坦率。我们彼此之间凡事都要坦率。对于基督教的敌人，我们在许多情况下不能坦率，否则，他们会把我们关进监狱或者对我们处以罚款。如果是为了使我们免受损害，那我们愿意破例，但这决不是为了损害他人。

谦虚。这朵花似乎开放在那遥远的地方，对于达到我们的目标来说无关紧要，但仔细看来却极其重要。办一件事情，最大的障碍就是成员之间互不团结，而这又总是权势人物的互相妒忌和各怀野心造成的。一个人越是不自恃己高，越是甘居人下，他就越受人尊重，如果其余的人也全都这样做，就越会团结一致。从这个意义上说，谦虚必须身体力行。在这里，它会有利于整体的团结一致。如果它会损害我们的权利，我们就不必谦虚。

善意。对于每一个我们有权力支配的人，我们要表示善意。被压迫者不能对压迫者表示善意。压迫者至少不会把这看做是善意，而只会把这称之为顺从、甘愿、忠实、顺服以及诸如此类；但我们不想提倡这类道德。

怜悯。对于不幸的人要一视同仁地怜悯。这是美好的、符合基督教义的事,但个人却再不可能做到。这个地球上毫无怜悯之心的权势人物和富人把所有的财富攫为己有,他们的千百万基督教兄弟却由于不得不替他们劳动,由于富人只供给一点点勉强能维持劳动所需的食物,而被逼处于贫困的边缘。这些不幸的丧失力量和理智的兄弟正在向我们大声呼唤,多半是呼唤我们怜悯他们。可是,我们自己差不多连最必要的东西也没有,而且有些时候,我们如果赒济了像我们一样极度贫困的人,自己也就囊空如洗了。因此,任何人要求我们赒济,我们都不再赒济了,我们只能对他说:你见到有什么就拿走什么吧。耶稣就不说:凡祈求的就领取,而说:"凡祈求的就拿取!"世上之所以有穷人,全是富人的过错,富人却很少和穷人来往,因此我们必须尽力做我们所能做的一切,使这两个极端互相接触来往。我要对每一个向我呼喊求援的穷人说:找富人去吧!我有时甚至还对他多说些,但他却愣住,显出不懂我的意思的样子。如果我们愿意作出牺牲,那是为了传播我们的原则。我们的钱袋可以用来传播我们的原则,通过这种办法帮助穷人,但不能用来填满他们的肚子。要填满他们的肚子,我们的钱袋就太小了,所以我们就打发他们找别人去。这是理智的意见。但是在这件事情上,理智很少作出决定。在这里,感情有时却更为有力。至于何者取胜能给人带来更大的欢乐则难以确定。

保密。如果撒个谎不损害任何人,却可以使自己得救,那是可以撒个谎的。除此之外,我们嘴里说出的要全都是真话,但这并不是说,所有的真话全都要从我们嘴里说出去。我们要像蛇一样机灵,又像鸽子一样温良。

一切与财产概念相联系的德行都借自摩西诫命，而摩西诫命有四条是建立在财产私有之上的。但是，在基督的原则里，一点这方面的影子也没有。在基督教得到实现的时候，一切德行不可能再同财产有任何联系，因为那时已不再有财产。现在的德行是维护财产偏见的，我们不应该实行或传播，除非这样做有利于穷人反对富人，弱者反对压迫者，勤劳的人反对懒汉，饿汉反对饱汉，有用的劳动者反对无用的人。

新约对罪作了区别，有些罪可以赦免，有些则不得赦免。不得赦免的罪叫做亵渎圣灵罪（马太福音第十二章第三十二节），还有就是死罪（约翰一书第五章第十六、十七节）。所有那些由于放纵造成的以及以之为目的的罪属于可以赦免的罪。所有那些由于欺诈造成的以及这类以之为目的的罪属于不得赦免的罪。所以，基督徒应杜绝各种各样的放纵和欺诈。他由于不规则的生活方式，由于淫乱、过分激烈的工作，由于懒惰、吝啬和挥霍，由于生气发怒等等而损害自己的健康，这就是放纵；同样，如果引诱或强迫别人染上这些恶习，这也是放纵。撒谎欺骗、造谣中伤、虚假伪善、阿谀奉承、卑躬屈节、变节叛卖、诡计多端，以此损害别人的生活、剥夺别人的生存手段、败坏别人的名誉、阻碍别人发达上进等等，所有这一切都是欺诈；如果这样做是为了走在别人面前抢先占得利益，是为了损害别人，就尤其是这样。

但是我们不要忘记：如果这样做是为了建立平等，并无邪恶的利己打算，则不在此列。如果这样做是为了实现纯正的基督教，那甚至可以成为德行。除此之外，如果想用欺诈手段损害别人的财产，那就是罪。我们主张公开攻击财产，但不主张靠虚假欺诈和阴谋诡计。我们的敌人才使用这些手段，他们多半是靠这些手段把社会的财产全都攫为己有，而把别人排斥在外。我们不想仿效他们。我们不能同情隐蔽的窃贼，更不能同情家贼，但是当我阅读一个勇敢强盗的故事，他认为无须对自己的行为感到羞耻，我的心就高兴得激动不已。

欺诈是不应宽恕原谅的。因此，犯有欺诈罪的人，一旦他的罪行被公开揭露，就必须立即从共产团体被驱逐出去。至少是现在，这对于宣传的团结一致来说是必需的。

为什么不能宽恕一个欺诈的人呢？——固然可以宽恕他，就是说不处罚他，但是，让认识他的人全都不信任他，那是更为严厉的惩罚，他不会认为这就是自己已得到人们的宽恕。他的欺诈被揭露之后，他就等于已经从全体优秀的宣传者的心目中被驱逐出去了，因为谁还会信任那可恶可恨地欺骗过自己的人呢？即使人们常常宽恕这样的人，并让他实际上留在团体里，但他因为这种事，在道义上毕竟已经同团体分道扬镳了。

总之，根据上面所述，宣传时可以规定如下规则：

1. 你生气时，不要辩护和责难，而要等到第二天早晨再说。你不能自制时，要沉默或离开。你强迫自己沉默时，可能觉得这似乎是不明智的，于己极其不利，但是，如果你仍然克制，你第二天就会感到莫大的愉快，你就不会把自己的对手变成敌人，也许还会同对手和解修好并当场得到见证者的同情。无论如何，你这样做，会比其他做法利多弊少。

2. 你尤其注意不要在愤怒时给人写信，而要等到第二天再说。并且一定要把情绪激动时写好的信在二十四小时以后慎重地再读一遍，然后才寄出去。你要想到，在愤怒之中说出的一句话，可以通过面部表情改正过来，并且很快就说过去，人家听过也就忘了；写下来的话则白纸黑字抹不掉，对于你的对手来说，它不是一副常存的毒药，就是你的弱点的一个印记。

3. 如果你要同某人辩白，你要十分冷静，平心静气，并且两人面对面谈。

4. 如果某件事情属于欺诈，并危害宣传的利益，你可以告诉你的朋友，并且用如下方式："亲爱的兄弟，由于某人的事我的心情十分激动。我请你使我平静下来，并为我们的兄弟申辩，我有如下经历"等等。

5. 如果你的一个朋友处于贫困之中，你进饭馆的时候不要忘记带他一起进去，或者，你星期日开宴会的时候不要忘记邀请他。如果你过去未能为他做过任何事情，你要牢记不忘。

6. 你借给别人什么东西，你不要盘算再要回来。

7. 别人借给你什么东西，你要常常向他提起你借了多少，好表明你没有忘记这件事。

8. 你要注意不要向你的密友或益友借许多钱。你要设法尽量把你的贫困转移到我们的敌人肩上，以免削弱我们的力量。

9. 你估计你的朋友正在愁苦的时候，你要给他帮助。

10. 越是你觉得贫穷的人，你越要以礼相待。

11. 不要阻挡逃亡者，也不要告发逃亡者。

12. 要把任何情欲看做是一种病态，把任何罪犯看做是病人，把欺诈看做是一种脑病，把放纵看做是一种性格的病态。因此，你不要鄙视犯罪的人。

刚才我再一次认真考虑一下这十二条规则，我不得不承认，无论哪一条我都还做得不够。尤其是前两条，我做得还很差。我准备把它们抄写下来，挂在房间里，如不遵守，会在朋友面前无地自容。

第十章　宣传的组织

兄弟姊妹们！我希望我在这一著作里提出的真理将使你们的理智和你们的心灵感到满意。我们的敌人为阻挠这一著作的出版要尽了种种花招，这使我猜测你们会感到满意。如果我写这本书仅仅是为了金钱，那我把手稿拿去卖一百镑，是不会找不到一个买主的。但这样的话，书就很可能出版不了。幸亏朋友们凑钱负担出版费用，使这本书可以向人民廉价推销。如果它给你们一个好印象，请不要把它弃置不用。请你们在这方面稍为费点时间费点心。请你们把这本书带给一个又一个邻居，带到一个又一个城市和乡村，听听别的人对它有些什么意见，听听别的人为我们大家的利益提出些什么建议。我在获悉你们的意见之前，暂且向你们提出如下建议：

1. 凡是领会了基督福音所主张的真理和追求的目标的人，要下定决心同其他志同道合者一起共同行动。

2. 志同道合者有义务至少每十四天一次，全体聚集在一起举行简单的晚宴或茶话会。他们应邀请所有新接纳的人出席这样的聚会。

3. 这些聚会应尽可能在家庭里举行，人数不要超过十六名，在个别地方，事业的利益另有要求除外。

4. 如果人数超过十六名，他们就要分成两片“瓣”，五至二十片“瓣”组成一个“蕾”，五至二十个“蕾”组成一朵“花”，五至二十朵“花”组成一个“果”，五至二十个“果”组成一个“核”。在每一片“瓣”里，选出一个司库和一位主席；五至二十片“瓣”（视地方情况而定，或多些或少些）的主席组成一个“蕾”。这样的“蕾”又各自选出一位主席和一名司库。五或二十个这样的“蕾”的主席，一旦他们聚会商谈事情，就组成一朵“花”，并如此继续下去，直至组成“果”。“核”则用另外的办法组成。

5. “瓣”一经建立，主席就立即写一封鼓舞人心的信，通知已在这里签署的临时委员会的一个成员，这封信随后在其余的“瓣”的集会上得到宣读。“瓣”经这样通告过之后，如果宣传还不太广，每个月都可以定期收到委员会的一封函件，如果情况许可，这一函件是印刷好的。

这头一批的“瓣”成立以后六个月，应着手选举“核”，以代替临时委员会，办法如下：

6. 每一个成员，他感到有必要，就写一个书面建议，提出为达到共同目标应采取什么最好的宣传方法。委员会的一个成员收到这些建议之后，去掉签名，去掉通信地址，把它们统统印在一起并寄给全体成员。每一个成员投票赞成其中的任何一条建议，获得多数赞成票者被选入“核”，负责领导宣传部门和掌管宣传经费。

表决的结果也将印刷公布，但不公布当选者的名字。大家始终不知道当选者是谁。之所以要这样做，因为可惜我们传染有这个我们受其教育并陷入其罗网之中的社会的种种情欲。

我们首先必须竭力把妒忌、野心、猜疑和龃龉从我们当中统统清除出去，或者，至少是不让它们造成损害。而只有使领袖们互不认识，才可以做到这一点。如果领袖们在应按谁的计划来组织宣传这个问题上发生争论，可以通过初步的选举，或者通过在核心成员之间的选举，或者通过抽签，来使他们相互之间意见一致。

如果"瓣"经常聚会，"花"等也经常在另一天聚会，那么，"果"的一个成员，如果他同时又在"核"里，他十四天之中就得参加五次不同的聚会，而参加这些聚会是没有报酬的，这样，必然要牺牲业余时间。

7. 每个成员应下决心每月至少介绍一个品行端正的人加入同盟，绝对不应缺席会议。

8. 会议开始后，主席应让各人轮流讲述他在休会期间为传播我们的原则做了什么事。如果他一件事也没做，主席应问明原因，出主意如何改进。然后宣读收到的信件，宣读主席根据上次会议决议拟好要发出的信件。为此募集少量捐款做邮费，由司库保管。然后讨论未来的社会组织，估计在讨论"核"要求"瓣"讨论这类问题时会出现什么事情。同时还交流最好的宣传方法。

在家庭小场合聚会，目的首先是不必像在酒馆饭店里那样花费很大；其次是让妇女儿童有机会受合理的道德教育；第三是防止愚昧无知或心怀恶意的外人捣乱破坏；第四是使一些人逐渐习惯于学习和讨论，因为这些人不大善于辞令，在大的集会上总是只听不说，否则他们很难领会真理；第五个好处是这样做比较容易保持团结，因为这样做可以使恶欲不致一下子传染给几百几千人，而只能传染给一小部分人，而在一小部分人中出现不和，各“瓣”之间彼此越不接触来往，就越容易消除。

集会时进行讨论，目的是让民众对过渡时期做好准备。这一办法常常是成功的，但大家总是认识不到它的好处。好处都被骗子们先后夺走和吸取。所以必须使人民群众把握各种情况，时刻准备着所期待的必然要发生的事情。如果说对什么原则最应寄予希望的话，那当然是基督教的原则。历史已经屡次向我们证明了这一点，未来也会不厌其烦地向我们证明这一点。因此，集会上所有的讨论，其目的都应当是探讨用什么方法最能实现基督教的原则，探讨为此必须做些什么。

你还没有勇气参加到这一神圣事业里来吗？你觉得通向这一目标的道路太漫长吗？是呀，如果这个目标当前就能实现，你恐怕也会支持实用的基督教，也会支持它的宣传者。听着，我还要给你说句话：付出很小的牺牲却可以迅速达到目标的办法是有的。如果你留心好好听，我这里就告诉你一个办法。

如果有人对某一学说难于领会，我去向他宣传，我大概这样讲：你起早贪黑干活，所挣无几，样样东西买不起，明天的生计尚无着落，还得操心愁肠，可是你的左邻右舍，合家养尊处优，悠闲自在地欢度时光，不必为生活操劳。这公平不公平呢？（假设有人回答说，不公平，这不公平！）如果这种情况有朝一日改变了，你高兴不高兴呢？（假设有人回答说：当然高兴，这越早越好。）你信不信其他贫苦人同你想的一样呢？（肯定是一样。）那么，一年之内既没有发生战争，也没有发生革命，这种情况会改变吗？（我相信不会。）不会吗？那你信不信每个月都能找到一个人，他对第一个问题的回答与你的回答完全相同呢？（那担保可以找到；如有时间，我想，天天都可以找到。）你只需每月找到一个，他又每月找到一个，今天光你一人开始找，十八个月我们的人数就会超过十六万，二十个月就会超过五十万。如果我们俩今天同时开始找，用不了一个月我们就会有这么多人。你如果怀疑，不妨自己算算看。你还会看到，这样的群众，用我在这一章里说的办法一定能紧密地团结在一起，至少比以往的一切联合要好，因为妒忌和野心，龃龉和诽谤没有市场了。广大群众如果团结一致，就能排除万难争得他们的幸福所必需的一切，这是毋庸置疑的。他们如果是团结一致的，就不必拿起武器，也不必担心他们的事业像其他许多民众联合那样尚未实行即遭失败。但是必须做到使每个新接纳的成员能严格履行自己的责任，不要不出席集会，要热心进行宣传。你乐意开始做吗？（很乐意。）那么，我们已经是两个人，一个月之内是四个人了。兄弟们，我们要履行我们的义务。我们应尽力而为。

我在这里提出的这些问题，同时也是向所有的读者提出的，并且在心里替所有的读者做了回答。我相信，我不会把他们的意见想错，即使我想错了，我的意见至少不会给他们造成损害。即使在政治幻术能赢得千百万人赞成的地方，我们也可以期望，基督教的真理，它一旦像在这一著作里那样被揭示于世，就必然为世人所拥护。

第十一章　共产主义是什么？

共产主义是某一社会组织的状态，在这一状态中，一切人力，即一切手、脑和心的运用，一切能力、一切智力和一切感情的运用都是为了使每一个人（按照人人平等的关系）能够尽量充分满足自己的需要、欲念和希望，换句话说，尽量充分享受自己的个人自由。

由此，每个人都具有这种道义上的动机：为了上述目的使用自己的力量、思维和感情；为了大家的利益而不是为了自己的特殊利益使用每一宗继承来的力量、思维和感情的财富。

但是这个动机并不是独一无二的，它有一个竞争对手——处处为自己谋取巨大私利的利己动机。两者在一个人的心胸之中不断争斗，但谁也杀不死谁。每个人都有某种程度的利己主义和牺牲精神。

人与人之间，无论相貌和力量、思想和感情，都不一样。拥有任何一种优势，都容易扩大自己的个人自由，容易滥用个人自由而游手好闲、挥霍浪费和追求权势，损害其他天赋较差的人。这是社会不平等的泉源，但这个泉源不能堵塞，任何英明或理智的措施都不能使它干涸，这样做对社会也并无好处，因为它同时又是人类知识进步的泉源。这一点正是社会平等和平等的个人自由不断受到威胁之所在，正因为如此，这恰恰又是共产主义原则和任何共产主义体系本身必须明确的一点。甚至一个社会组织的任何体系，不管它体现什么样的原则,如果它不是一团混乱的话,本身必须在这一点上明确。在这里,真理与谬误必须分清。人心是试金石。一个人,如果他的一颗心为最普遍的目的及其维护者而充满牺牲、爱情、勇敢、同情等一切高尚的情感,他必定是一个共产主义者;一个人,如果他的理智从内心深处维护共产主义,爱护和培植那些高尚的感情,他必定尊重共产主义的学说。

凡是这样的人,他们身处优越的生活地位,他们可能由于共产主义的实现而丧失这种地位,却仍为共产主义的实现尽些力量,我称之为共产主义者。

凡是这样的人,他们并不指望靠实现共产主义来改善自己的生活状况,他们关心千百万贫苦人生活状况的改善更重于关心自己生活状况的改善,认为只有实现共产主义才有可能改善贫苦人的生活,因而为共产主义的实现努力奋斗,我称之为共产主义者。

凡是这样的人,他们变得堕落不堪或者从来就是堕落不堪的,却有勇气公开地夺取他人过多而自己缺乏的东西,并且骄傲自豪地在法庭和众人面前为自己的行动辩护,我称之为共产主义者。

在所有这些人中,共产主义是一种心的事业,是一种激发情感的信念;但共产主义也常常表现为纯粹理智的事业,尤其是在需要证明共产主义状态的可能性的时候。常常有人问:在共产主义的状态中,每个人如何施展自己的力量,才能最好地达到规定的目标呢?他怎样知道他的活动同别人的活动得到平等使用的限度呢?这是不能听任偶然的,必须加以调节。这一关系不加调节的话,即使有最好的愿望,也还会出现混乱,有些人的利益就会遭到损害。那么,应该怎样组织劳动,怎样组织享受呢?怎样才能做到不生产不需要的东西而只生产缺乏的东西呢？怎样才能做到不浪费应节约的东西呢？

要回答这些问题以及许多类似的问题，就得阐述一个共产主义体系，否则无法回答。于是，体系就有必要了。

但我们并不因此过高估计体系的重要性。一个原则有许多体系，使它们互相区别的特点并无多大意义。我们一旦发现了某个体系，使实现某一原则的可能性的基本思想具体化，就可以根据这一基本思想制造出成千上万个体系来，它们相互之间并没有多大差别，它们都是要实现一个唯一的原则。至于其他一些无非是建立在个性原则、形而上学原则或其他乌七八糟的原则上的体系，则更容易制造，并且每天都被制造出来。每一个新的法则都在使旧的体系发生变化。与志同道合者去争论各个体系的特点的意义孰重孰轻，就会损害事业；只有当这些特点用来对抗共产主义原则的时候，这种争论才是正当的。

共产主义者最好尽量不去进行任何体系的辩论，这不是因为有些人宣布反对体系，而是因为在进行这种辩论时往往更多的是对人不对事，这会使这种辩论堕落为人身攻击，从而损害共产主义这一心的事业。

还有一些自称共产主义者的人，他们不想知道任何体系，总是以轻蔑的口吻谈论一切体系。这太狂妄了。这些人既害己又损人，因为人们会说他们别有用心，因为如果这些人自诩为共产主义者而我们又不加抗议，他们必然会给我们造成损害。确实是这样！这些人不理解，他们对体系持这般轻蔑的否定态度，那是何等欠妥失慎！他们这样做，不管愿意与否，必然招致朋友和敌人的批评，对于这些批评，如果不努力反驳，就会丢脸出丑，就是用混乱的词句和空话去搪塞，也免不了要丢脸出丑。

还有一些自称共产主义者的人，他们竭力告诉人们说，共产主义是德国哲学造就的；这真是有点太厚颜无耻了。德国哲学除了制造了德国式的概念混乱之外，并没有造就任何东西。德国哲学恰恰是德国谬论的精粹。总之，人们当做哲学从事的东西，无非是荒谬的东西，是用形而上学的把戏人为地拼凑起来的博学空谈。有一位著名的哲学家曾经亲口供认，没有哪个哲学家不是坚持和维护荒诞和谬误的。蒲鲁东读了哲学著作也说过同样的话。我对哲学虽然知之不多，但是同任何一个透彻研究过哲学的人相比，也不相上下。这些人并不懂哲学，从哲学那里没有学到任何东西，他们的情况依然同我一样。所以我不研究哲学，既没有这个兴趣，也还没有这样的机会；我见了他们的谬论就感到厌恶，虽然我并不否认，他们是在力图探索最高的真理，并且可能在一大堆形而上学的粪便中发现一些蛛丝马迹。我是说可能发现！并不是说必然发现。反正我在这里没有能够发现任何东西，也没有能够学到任何东西；但是，对于滚瓜烂熟地背会如此之多外来词语所需的耐心，对于用这些外来词语炮制出如此之多玄而又玄的谬论的本领，对于用外来词语和抽象概念玩弄如此之多骗人把戏的技巧，我往往惊叹不已。他们企图使人的一切有效的健全理智深深迷惘，现在又希望使共产主义堕入玄虚的云雾之中；一看这种情景，我就愤慨万分，坚信如果不给以有力的还击，德国哲学的这些博学的狐狸们和蠢驴们就会用他们玄虚的共产主义蒙蔽人民，使人民比他们这些已经是糊涂虫的人们更加糊涂迷惘，并且最终歪曲共产主义的

实质，就像人们歪曲了基督教和基督教的爱的实质一样。

我在别的地方曾经说过：哲学必须治理，我并且说明了我这样说是什么意思。[①] 我这里指的不是那些玄虚哲学家，尽管他们写过论述宗教、无神论、精神、上帝、理智、心灵等问题的很好的书，我指的既不是谢林也不是黑格尔。深负盛名的黑格尔对我来说也是个玄虚哲学家。我敢于这样称呼他，虽然我没有读过他的任何著作。为什么呢？因为没人能告诉我，他究竟想要什么，虽然整个德国的玄虚哲学为他大吹大擂。关于这些玄虚哲学家，弗里德里希大帝曾说过这样的一句话："如果我想惩罚我某个省份，我就任命一个哲学家当它的省长。"——这些玄虚哲学家，我指的是一切在超感觉的王国里捕捉无人能懂的抽象概念的哲学家，指的是那些哲学家，他们尽管制造出许许多多博学的词句，娓娓动听地高谈阔论，却没有说出什么新鲜玩意儿，也没有说出什么必要的东西。所有这些玄虚哲学家，人类只能把概念混乱归功于他们。工人和短工的革新则全然不同。近三十年来，他们发明了机器，这些机器仅在英国一地就干了六亿人干的活。最缺少教育的工人搞出了这些发明，这些发明又引起社会革新，虽然那些玄虚哲学无须动手。但是人民依然认为这种人聪明有用，因为他们能十分巧妙地玩弄词句。一个人如能熟练自如地拿着一个精巧的锤子舞弄、抛抓和平衡，当然会令人惊叹不已，但他因此就是一个优秀的锻造工吗？究竟是这样舞弄有益，还是锻造出一件有用的东西更有益呢？难道

① 魏特林曾说："哲学，它是领导社会秩序的掌舵者。"（魏特林《和谐与自由的保证》，1960年商务印书馆版，第172页。）——译者

这证明他用他的锤子锻造了什么东西吗？

于是我们发现，在心胸的崇高感情之中蕴藏着推动共产主义事业的力量，而**理智**则以最有益的方式驾驭着这些感情，以培养和增强这些感情为己任。

理智告诉我们，共产主义一定要以最充分的言论自由为前提。它告诉我们，总会有完全不切实际的幻想，总会有把自己的感情完全奉献给这种幻想的人。它告诉我们，在反驳敌对意见时伤害感情是不明智的，如果不能利用这些意见来为事业谋利益，最好是加以回避。

理智告诉我们，共产主义可能自己给自己招来的最大敌人是受伤害的宗教感情，宗教感情具有极其巨大的力量，可以而且必须利用它来为共产主义谋利益，因为宗教曾经是一种心的事业，而共产主义也是心的事业。共产主义没有内心热望就既没有保证，没有力量，也没有决断。在共产主义状态中，信仰宗教的人们可以保持他们现在认为好的一切宗教仪式和习惯。共产主义只向他们提出一个条件，就是不能叫不愿意的人出钱办。共产主义的行政机构不任用任何宗教导师和法律导师，它只容许学习本章开头所说的决定着共产主义事业的那种道德，容许培养一切心灵去维护这种道德，而这种道德与任何宗教学说并不矛盾。宗教活动是一种令人愉快的活动，由于劳动时间短，业余可以很好地从事。人们每天只从事四至六小时的劳动，星期日完全不劳动，又上过好学校，知书识墨，业余如果觉得需要，可以很好地上宗教课，很好地讲道，做弥撒等等。他们可以有自己的主教、教士和耶稣会会员，但这些主教、教士和耶稣会会员在身强力壮之年要像别人一样劳动，并

且，他们只能为他们的信仰者谋利益，而不能为自己谋私利。如果有人要传播谬误，他可以传播，但要有一个条件，那就是他本人拥有传播手段，而不得由别人替他劳动，同时他也不得妨碍别人传播谬误或真理。只要真理可以自由地以令人信服的力量与谬误相抗衡，谬误就没有什么可怕的。在这种斗争中，人们越是容许谬误自由发表，而且在这当中越是无个人利益可图，谬误就越软弱无力。

不必害怕宗教言论自由会导致僧侣的统治，就像1830年在卢塞恩州实行的自由主义制度，由于扩大选举自由而恰恰事与愿违地造成这种僧侣统治一样。[①] 如果不实行荒谬的民主选举原则，就不必害怕会发生这种情况。多数票的原则总是把那些同选举人抱有同样成见的大人物送进政府。但这个多数并不说明他们能够正确评价理智和天才，只有那些具有理智和天才的人方能够正确评价，只要他们进行评价时能够做到对事不对人，他们就能够作出正确的评价。如果实行能力选举，在卢塞恩就决不会导致僧侣统治；能力选举只会导致对劳动和享受的适当管理，而除了这种管理，我们不需要任何管理。一个好的管理劳动和享受的组织还会给有害的欲望指示一个有益的趋向，而这些欲望获得有益的趋向后，又给思想和感情指示一个有益的趋向。思想和感情就会怀着自由感而不是怀着现有的精神上肉体上的强迫感，朝着欲望的新

① 魏特林曾说："1830年，在卢塞恩州一个自由主义的政府代替了陈腐的僧侣贵族政府。这个新政府给了人民一种扩大的选举权和出版自由，并且给了青年们良好的学校，但是恰是这种扩大的选举自由，在十年之后重新又推翻了这个自由主义政府的种种制度和设施，并且赋予僧侣们比1830年以前更大的活动范围。"（见《和谐与自由的保证》，1979年商务印书馆版，第318页。）——译者

趋向发展。当然，多数同意这条法则也有其好的一面，我们应尽量好好利用。

我们围绕着提出的原则已经说了许多概念和情况，而且是越说越多而不是越说越少，为了避免在一大堆概念和情况面前陷入混乱，我们应该怎么办呢？为了避免在突然幸运地把社会关系彻底推翻时意想不到而毫无准备，我们应该怎么办呢？

我们应该牢牢地把握住下面的基本原理并从中得出正确的结论：

共产主义就是平等地扩展到一切人的正义，因此，任何一个有劳动能力的人，如果他比别人多享受少创造，他就违反正义，犯了不义；犯了盗窃；因此，任何一个有能力的人，如果别人比他多享受少劳动，他就可以把自己看做是被盗者；**因此，每一个人都有权夺回被盗窃去的东西**。

共产主义就是尽最大可能扩大的**共有共享**，共同使用能力，共同享受，共享自由。在这种状态中，每一个人都平等地享有他人享有的东西，因此，在这种状态下盗窃是不可能有的，**只要还可能有盗窃，社会状态就不是适合于一切人的**。所以，盗窃是社会制度的试金石。

共产主义就是依靠一切人的知识和为了每一个人的利益，即为了一切人的利益来管理一切人的消费和生产。因此，处于管理地位的那些人不能比别人获得更多的收入和更多的报酬。因此，他们在别人面前不能享有任何物质上的特权。**因此，在社会关系彻底变革以后，凡是不想把自己的生活状况同最贫困最劳苦的人的生活状况等同起来的人，都不能得到信任，因此，凡是要求厚薪，**

不愿把自己的所有财产献出来共有共享的人，都不能被选举担负管理工作。

结束语

贪爱钱财的法利赛人听见所有这些话，就嗤笑耶稣。（路加福音第十六章第十四节）

这一切他们也会读到，而他们说，用圣经可以随心所欲地制造一切。

好，先生们，你们证明了，你们用圣经制造了一部暴政、压迫和欺骗的福音，我则希望用圣经制造一部自由、平等和共有共享的福音，一部知识、希望和爱的福音，如果这样的福音还没有的话。如果你们错了，那是由于你们要谋私利；如果我错了，那是由于我爱人类。我的看法是人所共知的，我所引用的章节已逐一注明，读者可以随意阅读、检验、评价和相信。阿门。

附　录

威廉·魏特林生平年表

1808 年　10 月 5 日生于德国马格德堡新路街(现为魏特林街),是个非婚生子。父亲特里扬是法国军官,1812 年在拿破仑第一次侵俄远征中失踪或死亡。母亲克利斯提安·魏特林是个女厨。继父贝尔恩是个裁缝,约于 1823 年去世。

1822 年　小学毕业,开始学做女装裁缝。

1826 或 1827 年[*]　离家乡到当时的自由市汉堡当女装裁缝帮工。

1828 年　7 月 17 日在汉堡取得裁缝流动证书,上面把汉堡填做籍贯。

1830 年　6 月到莱比锡,在这里当裁缝,曾在报刊上发表过政治讽刺诗。

7 月法国爆发七月革命,七月革命在德国引起不可胜数的起义和骚动。魏特林在莱比锡参加了下层市民的自发骚动,后来他回忆说这是“一出滑稽的革命趣剧”。

1831 年　法国里昂织工第一次起义。

1832 年　5 月,汉巴赫大会,号召建立统一的德意志共和国。这是德国史上自由主义和激进资产阶级组织的一次意义重大的群众性示威。魏特林在《和谐与自由的保证》中认为这是“为了无用的讲论去浪费宝贵的时间”。

秋,到德累斯顿。

1833 年　法兰克福起义。

---

* 根据魏特林 1843 年 6 月 24 日受审讯时的自述。有的关于魏特林生平的著作说是 1827 年,有的说是 1828 年。

1834 年　到维也纳。

法国里昂织工第二次起义。

正义者同盟的前身——流亡者联盟在巴黎成立，这是在巴黎的德国流亡者建立的民主共和主义秘密组织。

1835 年　10 月带着"当时还不成熟的关于平等的看法"和怀着"寻求志同道合者的热望"到了巴黎，加入流亡者同盟，积极参与反对联盟内的小资产阶级共和主义者的观点的斗争，努力学习法国空想社会主义，后来曾自称："我只是到了巴黎才是真正的共产主义者。"

1836 年　正义者同盟在巴黎成立。这是从流亡者联盟中分化出来的大部分是无产阶级分子建立的、具有巴贝夫主义传统的法国工人共产主义的一个德国分支。魏特林是创建者和领导者之一。

4 月离巴黎经德国到维也纳。

1837 年　9 月从维也纳回到巴黎。

四季社成立，这是在布朗基和巴尔贝斯领导下在巴黎活动的共和派社会主义密谋组织，正义者同盟实际上是它的一个德国分支。

1838 年　受正义者同盟巴黎中央委员会委托，为同盟起草论证财产公有的纲领性文件，12 月这一文件以《现实的人类和理想的人类》为题秘密出版。

将基督教社会主义者拉梅耐的《人民书》译成德文。

1839 年　4 月底携带《现实的人类和理想的人类》回德国散发。

5 月 12 日四季社起义，正义者同盟盟员参加了起义。起义失败后同盟盟员被捕或被驱逐。魏特林当时在德国，未参加这次起义。他从德国回巴黎后把余下的盟员重新组织起来。

《现实的人类和理想的人类》匈牙利文版出版。

1840 年　夏天领导了巴黎裁缝罢工。

受同盟巴黎委员会委托，到瑞士了解进行共产主义宣传和组织工作的条件，为此在日内瓦当了几个月的裁缝，然后回巴黎。

卡贝《伊加利亚旅行记》出版。蒲鲁东《什么是财产？》出版。

1841 年　5 月移居瑞士日内瓦，在这里进行共产主义宣传和组织工作。在瑞士期间，魏特林建立了正义者同盟秘密组织以及一些公开组织：自学小组、歌咏团、合作社和共产主义食堂等。

9月在日内瓦出版《德国青年的呼吁》月刊,至12月共出版了四期。

12月从日内瓦移居伯尔尼。

1842年 1月,《德国青年的呼吁》改名为《年轻一代》出版,至1843年5月共出版了十七期,出版地点先后为伯尔尼、维维斯和朗根塔尔。

12月魏特林的代表作《和谐与自由的保证》第一版在维维斯出版。

1843年 2月,魏特林要组织二至四万好汉进行毁灭私有财物的游击战的计划遭正义者同盟领导人艾韦贝克等人的反对。

3月,《和谐与自由的保证》第二版在朗根塔尔出版。

5月,《年轻一代》杂志停刊。

5月,与俄国无政府主义者巴枯宁交往。

5月,《贫苦罪人们的福音》在洛桑写成,为了出版此书魏特林移居苏黎世,并发表该书征求预订广告,苏黎世教士拿着广告,以侮辱上帝的罪名控告魏特林。

6月4日西里西亚织工起义。

6月8—9日深夜在苏黎世被捕,住宅和正在印刷《贫苦罪人们的福音》的印刷所被搜查,手稿和印好的印张被没收。苏黎世政府组成五人调查委员会,委托反动政客法学博士布伦奇里利用没收的手稿等材料写了一份报告《瑞士的共产主义者。根据从魏特林那里发现的文件。委员会给苏黎世政府的报告全文》,并很快公开出版。13日苏黎世当局以煽动反对财产、煽动暴乱、挑拨公愤和破坏宗教罪名对魏特林提起公诉。

9月16日第一次受审,法庭以反对财产、煽动暴乱和侮辱宗教罪名判处魏特林六个月监禁,审前羁押两个月不算在内,并判决将魏特林永远驱逐出苏黎世州。魏特林提出上诉。

10—11月恩格斯著文指出魏特林是"德国共产主义创始者"。

11月27日第二次受审,被判十个月监禁,审前羁押四个月不算在内,并被判逐出瑞士五年和没收其著作和手稿。

12月29日伦敦《泰晤士报》分十二个题目摘登了《和谐与自由的保证》。

1844年 5月21日在苏黎世附近的一所监狱里服刑期满,瑞士警察把他押往边境交给巴登警察当局,6月20日被交给维尔腾堡警察当局,7月1日抵故乡马格德堡,见到了老母亲。普鲁士政府接受马格德堡市长建议，设法遣送魏特林去美洲。

7 月底马克思著文称赞《和谐与自由的保证》是德国工人“史无前例光辉灿烂的处女作”。

8 月 18—23 日在汉堡，将狱中写的二十三首诗卖给出版商康培，康培同年将这些诗以《囚诗》为题发表。在汉堡期间曾与德国伟大诗人海涅会晤。

8 月 27 日抵伦敦。正义者同盟伦敦领导人沙佩尔等组织的伦敦德意志工人共产主义教育协会、英国宪章派和法国共产主义者召开盛大欢迎集会，把魏特林看做“德国共产主义者的勇敢和天才的领袖。”

10 月 15 日费尔巴哈在一封信中赞扬魏特林。

10 月 18 日魏特林致信马克思，希望彼此以朋友身份经常通信。

1845 年　《一个贫苦罪人的福音》第一版在伯尔尼出版。该书原名为《贫苦罪人们的福音》，由于手稿和印刷好的印张在 1843 年魏特林被捕时被没收而未能出版；在魏特林坐牢期间，他的朋友们从当局手中把手稿拯救出来，于 1844 年交给伯尔尼的出版商耶尼，1845 年以《一个贫苦罪人的福音》为书名出版了第一版。

魏特林到伦敦后，1844—1845 年主要撰写关于他坐牢期间的每天经历的书《正义——五百天的研究》（1845 年春写成，1849 年手稿落入汉堡警察当局手中，1929 年出版）和撰写《思维和语言学》（又名叫《真理的体系》），并对《一个贫苦罪人的福音》作修改补充，准备出版第二版，第二版于 1845 年脱稿，1846 年在瑞士比尔斯费尔德出版。同时，1845 年《现实的人类和理想的人类》第二版在伯尔尼出版，《和谐与自由的保证》第二版在维维斯出版。

2 月至 1846 年 1 月正义者同盟领导人沙佩尔等建立的伦敦德意志工人共产主义教育协会举行热烈的关于共产主义的讨论，讨论题目在十八个以上，是由魏特林拟定的。在这场持续一年的讨论中，正义者同盟伦敦领导人沙佩尔、鲍威尔和莫尔等多数人不同意魏特林和克利盖的许多观点，开始摆脱魏特林的空想共产主义。

3 月，恩格斯在《新道德世界》上发表通讯赞扬魏特林。

8 月，马克思恩格斯到伦敦时可能与魏特林见过一面。

9 月 22 日魏特林在伦敦各国民主主义者庆祝 1792 年 9 月 22 日法兰西

共和国成立大会上发表演说,受到极其热烈的欢迎。

年底至1846年初马克思恩格斯在《德意志意识形态》中驳斥"真正的"社会主义者对魏特林的攻击。

1846年 1月7日参加伦敦工人共产主义教育协会关于共产主义的讨论,月中或月底接受马克思的邀请到布鲁塞尔。

2月,马克思恩格斯建立了布鲁塞尔共产主义通讯委员会,魏特林参加了通讯委员会的工作。

3月30日布鲁塞尔共产主义通讯委员会在马克思家里举行会议,讨论组织共产主义宣传问题。会上魏特林与马克思、恩格斯发生激烈的争议,魏特林不懂得必须用严格科学的理论指导无产阶级运动,而坚持用空想的体系和先知式的预言激发人们虚幻的希望和盲目的热情去制造革命,遭到马克思的严厉批判。

3月31日致信"真正的"社会主义者莫·赫斯,歪曲他与马克思的争论。

5月11日布鲁塞尔共产主义通讯委员会召开会议,批判"真正的"社会主义者克利盖,通过了著名的《反克利盖通告》,与会者当中唯有魏特林一人投反对票。

5月16日致信克利盖,表示他与克利盖是知己,攻击马克思和恩格斯。

5月24日离布鲁塞尔,行前致信马克思索回一切手稿。

《一个贫苦罪人的福音》挪威文版出版。

12月25日由于得到克利盖的邀请和资助从勒阿弗尔乘船赴美国纽约。

1847年 1月到达纽约,参加克利盖主编的《人民论坛报》编辑部工作。

魏特林到达纽约后,按照正义者同盟的模式在德国侨民当中建立了解放同盟。1847年在纽约出版了《一个贫苦罪人的福音》第三版及其英译本,发表了《致同胞书》和《致劳动和愁苦的人的呼吁书》。在伯尔尼出版了《现实的人类和理想的人类》第三版。

1月,正义者同盟伦敦组织邀请马克思和恩格斯加入同盟,并帮助改组同盟和起草同盟纲领。

6月,在伦敦召开了正义者同盟代表大会,把正义者同盟改组成世界第一个无产阶级政党组织——共产主义者同盟。代表大会表示抛弃魏特林主义,一致通过了把魏特林派开除出同盟的决议。

7月24日魏特林同克利盖一起出席费城德国人集会并发表长篇演说。

11月29日—12月8日共产主义者同盟在伦敦举行第二代代表大会。

1848年　2月,共产主义者同盟的纲领——《共产党宣言》在伦敦出版。法国爆发二月革命。

3月,德国爆发革命。

6月,回国参加革命途中经过巴黎,恰逢巴黎无产阶级六月起义。

7月21日出席科伦民主协会全体大会,并发表演说,主张把政治运动和社会运动分开。8月4日马克思在科伦民主协会开会讨论魏特林的演说时批评魏特林对德国革命的民主任务的无知。

8月到达柏林,10月曾与克利盖一起作为纽约团体正式代表出席柏林民主主义者代表大会。

11月底被驱逐出柏林,到达汉堡。由于警察当局不允许居留,遂到阿尔托纳居住。

1849年　春,在汉堡和阿尔托纳建立了解放同盟,又称《民主共产主义家庭联盟》,任主席,并发表《解放同盟宣传提纲》和《即将到来的社会革命的必要措施》,反对进行资产阶级民主革命和建立共和国,号召进行共产主义革命。

《和谐与自由的保证》第三版在汉堡出版,魏特林为这一版写了序言。

《一个贫苦罪人的福音》法文版在洛桑出版。

8月,由于解放同盟的活动为警察当局所注意和干涉而离开汉堡并拟再次移居美国。离开汉堡时把《思维和语言学》摘要留下,准备送亚·洪堡,摘要的标题是《宇宙的分类》。

8月底至10月,赴美途中逗留伦敦。在魏特林逗留伦敦期间,约在9月7日后不久,马克思曾主动与魏特林会晤。这是他们最后的一次会晤。这次会晤表明,魏特林坚持他的空想共产主义体系,拒绝接受科学社会主义。

11月上半月抵美国纽约。

1850年　1月15日在纽约出版《工人共和国》周报,该周报至1855年7月21日停刊。

10月在费城召开的德国工人代表大会上建议建立职工交易银行,目的是为建立移民区和公共食堂等筹集资金。

1851 年 接办依阿华共产主义移民区。

10—11 月在《工人共和国》周报上转载《共产党宣言》第一章和第二章的大部分,但没有转载第三章和第四章。

1852 年 科伦共产党人审判案。共产主义者同盟解散。维利希—沙佩尔集团首领维利希到美国与魏特林交往,《工人共和国》发表攻击马克思的文章。

1853 年 当选为依阿华共产主义移民区主席。

1854 年 1 月由于发生争执而辞退依阿华共产主义移民区主席职务。

与德国妇女卡罗琳·特德特结婚,后生五男一女。

发表《工人问答》。在纽约出版了《现实的人类和理想的人类》和《一个贫苦罪人的福音》第四版。

1855 年 依阿华共产主义移民区解散。

7 月 21 日《工人共和国》停刊。

从此完全退出工人运动,不再从事共产主义宣传和组织工作,重新当裁缝,从事语言哲学和天文学研究和机器发明(如锁扣机、绣花机和缝纫机方面的发明)。

1856 年 2 月致信欧洲各国科学机构和学者介绍他的天文学著作,德国的亚·洪堡、伦敦和法国的研究机构曾回信,但均不帮助出版。

《在宇宙电磁作用中运动着的原始物质》写成。

1858 年 为表示对法国空想共产主义者格拉古·巴贝夫的敬仰,给二儿子起名为格拉古·巴贝夫·罗伯特。

1859 年 撰写《世界体系的理论》。

1862 年 曾短期在纽约移民局任德国移民登记员。

1864 年 第一国际成立。

1867 年 10 月 15 日取得美国国籍。

1869 年 病重,销毁了一大批社会哲学、语言学和自然科学手稿。

1871 年 1 月 22 日出席了第一国际在纽约的德国、英国和法国人支部联合大会。

1 月 25 日在美国纽约逝世。

书　目

一、魏特林的著作版本

1 《现实的人类和理想的人类》,1838—1839 年巴黎德文版。Die Men-schheit,wie sie ist und wie sie sein sollte. Paris 1838/39

《现实的人类和理想的人类》,见威尔纳・科瓦尔斯基《正义者同盟的前史和产生》附录八,1962 年东柏林德文版第 210—241 页。Die Menschheit,wie sie ist und wie sie sein sollte. Anhang Nr. 8 von:KOWALSKI,WERNER,Vorgeschichte und Entstehung des Bundes der Gerechten,Berlin (Ost) 1962,S. 210—241

2 《诗十二首》,载于《人民之声。爱国诗集》1841 年巴黎德文版。Zwölf Lieder. In:Volksklänge. Eine Sammlung Patriotischer Lieder,Paris 1841

《魏特林被遗忘的政治诗十二首》,载于《国际社会史评论》,1960 年阿森英文版第 5 卷第 280—290 页(沃尔弗冈施德尔,《威・魏特林和三月革命前的德国手工业工人的政治诗歌》的附录)。Zwölf vergessene politische Lieder Weitlings. In:International Review of Social History,Bd. 5,Assen 1960(Anhang von:SCHIEDER,WOLFGANG,W. Weitling und die dt. pol. Handwerkerlyrik im Vormärz),S. 280—290

3 《德国青年的呼吁》,一些德国工人编辑和出版,1841 年在日内瓦和伯尔尼用德文出版。Der Hülferuf der deutschen Jugend,hg. und redigiert von einigen dt. Arbeitern. Genf und Bern 1841

《德国青年的呼吁》,选载于《德国工人运动史文献研究》第 5 卷第 1 册,威尔纳・科瓦尔斯基修订并作序,1967 年东柏林德文版第 125—167 页。Der Hülferuf der deutschen Jugend. Auswahl in:Archivalische Forschungen zur Geschichte der dt. Arbeiterbewegung,Bd. 5/1,bearbeitet

und eingeleitet von WERNER KOWALSKI, Berlin(Ost)1967, S. 125－167

4 《年轻一代》,一些德国工人编辑和出版,1842－1843 年在伯尔尼、维维斯、朗根塔尔用德文出版。Die junge Generation, hg. und redigiert von einigen dt. Arbeitern. Bern, Vivis und Langenthal 1842/43

《年轻一代》,选载于《德国工人运动史文献研究》第 5 卷第 1 册,威尔纳・科瓦尔斯基修订并作序,1967 年东柏林德文版第 168－316 页。Die junge Generation. Auswahl in: Archivalische Forschungen(s. o. 3. 2), S. 168－316

5 《和谐与自由的保证》,1842 年维维斯德文版。Garantien der Harmonie und Freiheit. Vivis 1842

《和谐与自由的保证》,伯恩哈特・考夫霍尔德作序作注和重新编辑,1955 年东柏林德文版(附有魏特林为 1849 年第 3 版写的序言和相应的补充和修改)。Garantien der Harmonie und Freiheit, mit einer Einleitung und Anmerkungen neu hg. von BERNHARD KAUFHOLD. Berlin (Ost)1955(enthält im Anhang die Vorrede Weitlings zur 3. Aufl. von 1849, sowie die entspr. Zusätze und Änderungen)

6 《一个贫苦罪人的福音》,1845 年伯尔尼德文版。Das Evangelium eines armen Sünders. Bern 1845

《一个贫苦罪人的福音》,载于爱德华・富赫斯编《社会科学文汇》1897 年慕尼黑德文版第 4 和 5 卷(第 2 次重印,附有第 2 版和第 3 版的序言和 1846 年第 2 版的补充)。Das Evangelium eines armen Sünders, In: Sammlung gesellschaftswissenschaftl. Aufsätze, hg. von EDUARD FUCHS, 4. und 5. Heft, München 1897(2. Neudruck, mit einem Nachtrag: Vorrede zur 2. und 3. Aufl. , sowie Zusätze der 2. Aufl. von 1846)

《一个贫苦罪人的福音》,瓦尔特劳德・宰德尔—赫普纳编并写跋,1967 年莱比锡德文版。Das Evangelium des armen Sünders, mit einem Nachwort hg. von WALTRAUD SEIDEL-HÖPPNER. Leipzig 1967

7 《囚诗》,1844 年汉堡德文版。Kerkerpoesien. Hamburg 1844

《囚诗》,载于《基督教和社会主义》,恩斯特・巴尔尼科尔编,1929 年基尔德文版第 1 卷第 149－184 页。Kerkerpoesien. In：Christentum und Sozialismus，hg. von ERNST BARNIKOL，Bd. 1，Kiel 1929，S. 149－184

8 《致劳动和愁苦的人的呼吁书》，1847 年纽约德文版。Ein Nothruf an die Männer der Arbeit und Sorge. New York 1847

9 《初选选民》，解放同盟机关报，1848 年在柏林用德文出版。Der Urwähler. Organ des Befreigungsbundes. Berlin 1848

10 《工人共和国》，工人联谊宣传中央报，1850－1855 年在纽约用德文出版。Die Republik der Arbeiter. Zentralblatt der Propaganda für die Verbrüderung der Arbeiter. New York 1850－1855

11 《工人问答》，1854 年纽约德文版。Der Katechismus der Arbeiter. New York 1854

12 《正义。五百天的研究》，1929 年基尔德文版（即恩斯特·巴尔尼科尔编《基督教和社会主义》第 2 卷）。Gerechtigkeit. Ein Studium in 500 Tagen. Kiel 1929（＝Christentum und Sozialismus，hg. von ERNST BARNIKOL，Bd. 2）

13 《宇宙的分类》（一种早期社会主义的世界观，附有魏特林 1849 年通信录，1848－1849 年在汉堡集会上演说，斗士和魏特林，魏特林和社会民主共和国），1931 年基尔德文版（即恩斯特·巴尔尼科尔编《基督教和社会主义》第 3 卷）。Klassifikation des Universums. Eine frühsozialistische Weltanschauung，nebst Anhängen（Weitlings Adressbuch 1849. Hamburger Versammlungsreden 1848/49. Campe und Weitling. Weitling und die sozial-demokratische Republik）. Kiel 1931（＝Christentum und Sozialismus，mit ausführlicher Einleitung hg. von ERNST BARNIKOL，Bd. 3）

14 《世界体系的理论》，1931 年基尔德文版（即恩斯特·巴尔尼科尔编《基督教和社会主义》第 4 卷）。Theorie des Weltsystems，Kiel 1931（＝Christentum und Sozialismus，mit ausführlicher Einleitung hg. von ERNST BARNIKOL，Bd. 4）

15 《在宇宙电磁作用中运动着的原始物质。宇宙的一种景象》，1931 年基尔德文版（即恩斯特·巴尔尼科尔篇《基督教和社会主义》第 5 卷）。

Der bewegende Urstoff in seinen kosmo-elektro-magnetische Wirkungen. Ein Bild des Weltalls. Kiel 1931(=Christentum und Sozialismus, hg. von ERNST BARNIKOL, Bd. 5)

二、当时官方发表的有关魏特林的材料

16 约翰·卡斯帕尔·布伦奇里:《在瑞士的共产主义者。根据从魏特林那里发现的文件。委员会给苏黎世政府的报告全文》,1843年苏黎世德文版。(JOHANN CASPAR BLUNTSCHLI) Die Kommunisten in der Schweiz nach den bei Weitling vorgefundenen Papieren. Wörtlicher Abdruck des Kommissionalberichtes an die H. Regierung des Standes Zürich. Zürich 1843

17 维尔穆特和施梯伯:《十九世纪共产主义者的阴谋》,1853年柏林德文版第1册(有关调查的历史叙述);1854年柏林德文版第2册(共产党人案件涉及的人的档案材料)。1969年在希尔德斯海姆出版了两册合订影印本。WERMUTH/STIEBER, Die Communisten-Verschwötungen des neunzehnten Jahrhunderts, 1. Teil (Die hist. Darstellung der betr. Untersuchungen). Berlin 1853; 2. Teil (Die Personalien der in den Communisten-Untersuchungen vorkommenden Personen). Berlin 1854 (nachdruck beider Teile in einem Band, Hildesheim 1969)

三、研究魏特林的专门著作和刊物文章

18 阿德勒,格奥尔格:《拉萨尔的一个先驱》,载于《国境信使》第43年卷第1季度,1884年莱比锡德文版第167—177和244—257页。ADLER, GEORG, Ein Vorläufer Lassalles. In: Die Grenzboten, 43. Jg., 1. Quartal, Leipzig 1884, S. 167—177 und S. 244—257

19 巴赫,伊·阿·:《魏特林著作的俄译本》,载于《近代和现代史》1963年莫斯科俄文版第158页以下。BACH, I. A., Vejtling v russkom perevode(Weitling in russischer Übersetzung). In: Novaja i novejšaja istorija, Moskau 1963, S. 158 f.

20 巴尔尼科尔,恩斯特:《囚徒魏特林和他的〈正义〉。关于一个早期社会

主义的救世主的著作和活动的批判性研究》,1929 年基尔德文版(即《基督教和社会主义》第 1 卷)。BARNIKOL,ERNST,Weitling der Gefangene und seine 〈Gerechtigkeit〉. Eine kritische Untersuchung über Werk und Wesen des frühsozialistischen Messias. Kiel 1929 (= Christentum und Sozialismus,Bd. 1)

21 布拉沃,贾恩·马里奥:《威·魏特林和 1848 年以前的德国共产主义》,1963 年都灵意大利文版(即都灵大学政治科学研究院院刊第 10 卷)。BRAVO,GIAN MARIO,W. Weitling e il communismo tedesco prima del Quarantotto. Turin 1963 (= Publicazioni dell' Istituto di Szienze Politiche dell' Universita di Torino,Bd. 10)

22 布拉沃,贾恩·马里奥:《欧洲社会主义史论丛。威·魏特林在瑞士(1841—1842 年)》,载于《社会主义史评论》第 5 年卷(1962 年)第 15—16 期合刊第 1—61 页。BRAVO,GIAN MARIO,Contributo alla storia del socialismo europeo. W. Weitling in Svizzera (1841—1842). In:Rivista storica del socialismo,5. Jg. (1962),Nr. 15/16,S. 1—61

23 布伦奈克,贝尔特:《站在未来的门口。威·魏特林生平》,1956 年东柏林德文版(即《伟大的爱国者》第 20 卷)。BRENNECKE,BERT,Am Tor der Zukunft. Eine historischbiographische Erzählung über W. Weitling. Berlin (Ost) 1956 (=Grosse Patrioten,Bd. 20)

24 布雷特施奈德,威尔纳:《魏特林和波尔恩。德国早期社会主义的预言家和组织家》,载于《历史学术和教学》1955 年斯图加特德文版第 6 卷第 568—579 页。BRETTSCHNEIDER,WERNER,Weitling und Born. Der Prophet und der Organisator des deutschen Frühsozialismus. In: Geschichte in Wissenschaft und Unterricht,Bd. 6,Stuttgart 1955,S. 568—579

25 布登济格,海尔曼:《威·魏特林的语言是他的世界观的镜子》,哲学学位论文,1923 年海德堡德文版(打字稿)。BUDDENSIEG,HERMANN,W. Weitlings Sprache als Spiegel seiner Welteinstellung. Phil. Diss. Heidelberg 1923 (MS)

26 布登济格,海尔曼:《早期资本主义时代的德国无产阶级的文化和它对

社会主义文化思想的意义》，1923年劳恩堡—易北德文版（此书后来改称《威·魏特林和早期德国社会主义》1934年海德堡德文版）。BUDDENSIEG, HERMANN, Die Kultur des dt. Proletariats im Zeitalter des Frühkapitalismus und ihre Bedeutung für die Kulturidee des Sozialismus. Lauenburg/Elbe 1923（Eine Restauflage dieses Buches trägt den Titel: W. Weitling und der frühe deutsche Sozialismus. Heidelberg 1934）

27 卡列，弗·：《威·魏特林。共产主义的理论》，学位论文（法学系），1905年巴黎法文版。CAILLÉ, F., W. Weitling. Théoricien du Communisme, Thèse pour le Doctorat (Faculté de Droit). Paris 1905

28 克拉克，弗雷德里克：《一个被忽视的社会主义者》，载于《美国政治和社会科学院年鉴》1895年费拉德尔菲亚英文版第5卷第718－739页。CLARK, FREDERICK C., A neglected Socialist. In: Annals of the American Academy of Political and Social Science, Bd. 5, Philadelphia 1895, S. 718－739

29 康拉第，阿·：《魏特林的政治转变》，载于《新时代》杂志1919年斯图加特德文版第37年卷第2卷第10－18页。CONRADY, A., Weitlings politische Wandlungen. In: Die Neue Zeit, 37. Jg., Bd. 2, Stuttgart 1919, S. 10－18

30 格尔伯尔，格奥尔格：《卡·马克思和威·魏特林之间的关系》，载于《传播新研究成果科学年鉴》1957年东柏林德文版第6年卷第470－484页。GERBER, GEORG, Die Beziehungen zwischen K. Marx und W. Weitling. In: Wissenschaftliche Annalen zur Verbreitung neuer Forschúngsergebnisse, 6. Jg., Berlin (Ost) 1957, S. 470－484

31 海尼施，W. A.：《秘密文件中的魏特林》，载于《国际。马克思主义的实践和理论杂志》1931年柏林德文版第14年卷第1－3期第44－48、85－89和133－136页。H(AENISCH), W. A., Weitling in den Geheimakten. In: Die Internationale. Zeitschrift für Praxis und Theorie des Marxismus, 14. Jg., Berlin 1931, 1.－3. Heft, S. 44－48, 85－89 und 133－136

32 霍夫曼，弗兰茨：《魏特林的〈和谐与自由的保证〉的教育思想》，载于《教育家》1956年东柏林德文版第11年卷第94－103页。HOFMANN,

FRANZ,Pädagogische Gedanken in Weitlings 〈Garantien der Harmonie und Freiheit〉. In:Pädagogik,11. Jg. ,Berlin (Ost) 1956,S. 94－103

33 胡施克,沃尔弗冈:《魏特林的血统》,载《族谱学。德国家庭学科杂志》1968年德文版第17年卷第9卷第1－9页(参看埃里希·巴尔托洛缪斯《威·魏特林的血统》德文版第132页)。HUSCHKE,WOLFGANG, Zur Herkunft W. Weitlings. In: Genealogie. Deutsche Zeitschrift für Familienkunde, Bd. 9, 17. Jg. (1968) S. 1 － 9 (vgl. a. a. O. : Erich Bartholomäus,Zur Herkunft W. Weitlings,S. 132)

34 约霍,沃尔弗冈:《威·魏特林。他的著作的思想内容的根据历史联系的阐述》(哲学学位论文,1931年于海德堡市),1932年美因河畔韦特海姆德文版。JOHO, WOLFGANG, W. Weitling. Der Ideengehalt seiner Schriften, entwikkelt aus den geschichtlichen Zusammenhängen (Phil. Diss. Heidelberg 1931). Wertheim/Main 1932

35 约霍,沃尔弗冈:《正义之梦。手工业帮工、叛逆者和预言家威·魏特林的生平》,1956年东柏林德文版。JOHO, WOLFGANG, Traum von der Gerechtigkeit. Die Lebensgeschichte des Handwerksgesellen, Rebellen und Propheten W. Weitling,Berlin (Ost) 1956

36 云格,瓦尔特:《共产主义的鼓动家马格德堡的威·魏特林。他的生平和著作》,法学和政治学学位论文,1926年维尔茨堡德文版(打字稿)。JUNG, WALTER, Der kommunistische Agitator W. Weitling aus Magdeburg. Sein Leben und seine Werke. Rechts-und Staatswissenschaftl. Diss. Würzburg 1926 (MS)

37 卡勒尔,埃米尔:《威·魏特林。他的鼓动和学说的根据历史联系的叙述》,1887年霍廷根—苏黎世德文版(即《社会民主丛书》第11辑)。KALER, EMIL, W. Weitling. Seine Agitation und Lehre im geschichtlichen Zusammenhange dargestellt. Hottingen-Zürich 1887 (＝Sozialdemokratische Bibliothek, Heft 11)

38 科瓦尔斯基,威尔纳:《魏特林在瑞士的刊物和魏特林的研究》,载于《历史科学杂志》1958年东柏林德文版第6年卷第824－841页。KOWALSKI, WERNER, Die Schweizer Weitling-Zeitschriften und die Weitling-

Forschung. In: Zeitschrift für Geschichtswissenschaft, 6. Jg., Berlin (Ost) 1958, S. 824－841

39 孔茨,威利:《德国"共产主义者"威·魏特林。早期工人运动的特点和世界观》,载于《人民在生成中》,文化政治杂志,1939年莱比锡德文版第7年卷第442－452页。KUNZ, WILLI, Der deutsche 〈Kommunist〉 W. Weitling. Charakter und Weltanschauung in der frühen Arbeiterbewegung. In: Volk im Werden. Zeitschrift für Kulturpolitik, 7. Jg., Leipzig 1939, S. 442－452

40 朗格贝克尔,威尔纳:《威·魏特林作为第一个德国无产阶级教育理论家》,学位论文,1961年波茨坦高等教育学院德文版。LANGBECKER, WERNER, W. Weitling als erster Erziehungstheoretiker des dt. Proletariats. Diss. Pädagog. Hochschule Potsdam 1961

41 朗格贝克尔,威尔纳:《德国工人在马克思主义时期以前的教育要求。以威·魏特林为例加以阐述》,载于《波茨坦高等教育学院学报(社会和语言科学类)》1965年第9年卷第227－230页。LANGBECKER, WERNER, Die pädagogischen Forderungen der dt. Arbeiter in der vormarxistischen Periode. Dargestellt am Beispiel W. Weitlings. In: Wissenschaftliche Zeitschrift der Pädagogischen Hochschule Potsdam, Gesellschafts-und Sprachwissenschftliche Reihe, 9. Jg. (1965) S. 227－230

42 列奥纳特,亨利希:《威·魏特林和他的报纸〈初选选民〉》,载于《新的德国报刊》,自由德国工会联合会所属德国报刊联合会月刊,1948年柏林德文版第2年卷第9－10期第18－19页。LEONARD, HEINRICH, W. Weitling und seine Zeitung 〈Der Urwähler〉. In: Neue Deutsche Presse. Monatsschrift des Verbandes der Deutschen Presse im FDGB, 2. Jg., Berlin 1948, Nr. 9/10, S. 18－19

43 利佩尔特,古斯达夫:《威·魏特林》,载于《政治学袖珍词典》1894年耶拿德文版第6卷第668－671页。LIPPERT, GUSTAV, W. Weitling. In: Handwörterbuch der Staatswissenschaften, Bd. 6, Jena 1894, S. 668－671

44 梅林,弗兰茨:《传记性导言。〈和谐与自由的保证〉纪念版》1908年柏林

德文版(即《社会主义著作重版》第 2 卷)。MEHRING,FRANZ,Biographische Einleitung. Garantien der Harmonie und Freiheit, Jubiläumsausgabe. Berlin 1908(=Sozialistische Neudrucke,Bd. 2)

45 梅林,弗兰茨:《魏特林和蒲鲁东》,载于《新时代》杂志 1909 年斯图加特德文版第 27 年卷第 1 卷。MEHRING,FRANZ,Weitling und Proudhon. In:Die Neue Zeit,27. Jg. ,Bd. 1,Stuttgart 1909,S. 593－595

46 米尔克,卡尔:《德国早期社会主义。在魏特林和赫斯著作中的社会和历史》,1931 年斯图加特和柏林德文版(即《历史学说和社会学说研究》第 4 期)。MIELCKE,KARL,Deutscher Frühsozialismus. Gesellschaft und Geschichte in den Schriften von Weitling und Hess. Stuttgart und Berlin 1931(=Forschungen zur Geschichts-und Gesellschaftslehre,Heft 4)

47 米勒施坦,汉斯:《马克思和空想主义者威·魏特林》,载于《马克思主义一百周年》,赛米尔·伯恩施坦编,1948 年纽约英文版第 113－129 页(即《科学和社会》第 12 卷)。MÜHLESTEIN,HANS,Marx and the Utopian W. Weitling. In:A Centenary of Marxism,hg. von Samuel Bernstein,New York 1948,S. 113－129 (=Science and Society,Bd. 12)

48 普鲁士,瓦尔特:《威·魏特林。第一个德国社会主义者》1946 年韦德尔德文版(即《伟大的榜样》第 14 辑)。PREUSS,WALTER,W. Weitling. Der erste dt. Sozialist. Wedel 1946 (=Die grossen Vorbilder,Heft 14)

49 赖歇瑙,夏绿蒂·冯·:《威·魏特林》,载于《施穆勒立法、管理和国民经济年鉴》1925 年慕尼黑和莱比锡德文版第 49 年卷第 293－328 页。REICHENAU,CHARLOTTE VON,W. Weitling. In:Schmollers Jahrbuch für Gesetzgebung, Verwaltung und Volkswirtschaft, 49. Jg. , München und Leipzig 1925,S. 293－328

50 勒布里茨,君特赫:《在欧文、魏特林和贝拉米的社会空想中的职业准备》,载于《职业教育》1959 年东柏林德文版第 13 年卷第 204－208 页。RÖBLITZ,GÜNTHER,Die Berufsvorbereitung in den sozialen Utopien von Owen,Weitling und Bellamy. In:Berufsbildung,13. Jg. ,Berlin (Ost) 1959,S. 204－208

51 宰德尔—赫普纳，瓦尔特劳德：《威·魏特林。第一个德国共产主义理论家》，载于《莱比锡卡尔·马克思大学学报（社会科学和语言科学类）》1956－1957 年莱比锡德文版第 6 年卷第 215－247 页。SEIDEL-HÖPPNIR，WALTRAUD，W. Weitling. Der erste dt. Theoretiker des Kommunismus. In：Wissenschaftliche Zeitschrift der Karl-Marx-Universität Leipzig. Gesellschafts-und Sprachwissenschaftliche Reihe，6. Jg.，Leipzig 1956/57，S. 215－247

52 宰德尔—赫普纳，瓦尔特劳德：《威·魏特林。第一个德国共产主义理论家和鼓动家》，1961 年东柏林德文版。SEIDEL-HÖPPNER，WALTRAUD，W. Weitling. Der erste dt. Theoretiker und Agitator des Kommunismus. Berlin（Ost）1961

53 载勒尔，塞巴斯提安：《著作家威·魏特林和苏黎世的共产主义的喧闹。一份已是合法的、但被瓦利斯枢密院扣压、现在在这里公布于众的辩护书》，1843 年伯尔尼德文版。（SEILER，SEBASTIAN）Der Schriftsteller W. Weitling und der Kommunistenlärm in Zürich. Eine Verteidigungsschrift，die，bereits gesetzt，aber vom Walliser Staatsrat unterdrückt，jetzt hier dem Publikum geboten wird. Bern 1843

54 施德尔，沃尔弗冈：《威·魏特林和三月革命前德国手工业工人的政治诗歌。德国早期社会主义者被遗忘的早期政治诗歌》，载于《国际社会历史评论》1960 年阿森英文版第 5 卷第 265－290 页。SCHIEDER，WOLFGANG，W. Weitling und die deutsche politische Handwerkerlyrik im Vormärz. Vergessene pol. Lieder aus der Frühzeit der dt. Frühsozialisten. In：International Review of Social History，Bd. 5，Assen 1960，S. 265－290

55 施莱贝尔，埃德蒙：《威·魏特林》，载于《德国中部人物传略》1927 年马格德堡德文版第 2 卷第 267－290 页。SCHREIBER，EDMUND，W. Weitling. In：Mitteldeutsche Lebensbilder，Bd. 2，Magdeburg 1927，S. 267－290

56 特雷比茨基，伊·：《魏特林的社会纲领中的正义概念》，载于《哲学研究》1967 年第 48 期第 135－150 页。TREBICKI，J.，Koncepcja

sprawiedliwošci w programie spolecznym Wilhelma Weitlinga. In: Studia filozoficzne, 48 (1967) S. 135—150

57 沃尔金，维・彼・:《魏特林的社会学说》，载于《历史问题》杂志 1961 年莫斯科俄文版第 5 卷第 8 期第 726 页。VOLGIN, V. P., Social'noe ucenie Veitlinga. In: Voprosy Istorii, Bd. 5, Moskau 1961, Nr. 8, S. 726

58 符伊洛米尔，马尔茨：《法国和魏特林及其学生 1841—1845 年在瑞士的活动》，载于《社会历史文库》1965 年汉诺威德文版第 5 卷第 247—271 页。VUILLEUMIER, MARC, Frankreich und die Tätigkeit Weitlings und seiner Schüler in der Schweiz (1841—1845). In: Archiv für Sozialgeschichte, Bd. 5, Hannover 1965, S. 247—271

59 〔匿名〕:《威・魏特林》，载于《批判的论战论丛。1844 和 1845 年的北德意志报纸》1846 年柏林德文版第 43—48 页。(ANONYM) W. Weitling. In: Beiträge zum Feldzuge der Kritik. Norddeutsche Blätter für 1844 und 1845, Berlin 1846, S. 43—48

60 〔匿名〕:《威・魏特林和他的和谐与自由体系》，载于《未来。社会主义评论》第 1 年卷(1877—1878)，1878 年柏林德文版第 583—594 和 606—615 页。(ANONYM) W. Weitlingund sein System der Harmonie und Freiheit. In: Die Zukunft. Sozialistische Revue, 1. Jg. (1877/78), Berlin 1878, S. 583—594 und S. 606—615

61 维特尔舍弗尔，奥托：《威・魏特林》，载于《德国人传记大全》1896 年莱比锡德文版第 41 卷第 624 页以下。WITTELSHÖFER, OTTO, W. Weitling. In: Allgemeine Deutsche Biographie, Bd. 41, Leipzig 1896, S. 624 f

62 维特克，卡尔：《威・魏特林的文学成就》，载于《月刊》1948 年麦迪逊英文版第 40 卷第 63—68 页。WITTKE, CARL, W. Weitling's Literary Efforts. In: Monatshefte, Bd. 40, Madison 1948, S. 63—68

63 维特克，卡尔：《马克思和魏特林》，载于《政治理论论丛》，献给乔治・H. 萨宾，1948 年伊萨卡英文版第 179—193 页。WITTKE, CARL, Marx and Weitling. In: Essays in Political Theory. Presented to George H. Sabine, Ithaca 1948, S. 179—193

64 维特克，卡尔：《空想共产主义者。十九世纪中叶改革家威·魏特林传记》1950年巴吞鲁日英文版。WITTKE, CARL, The Utopian Communist. A Biography of W. Weitling Nineteenth-Century Reformer. Baton Rouge 1950

四、涉及魏特林的有关著作和刊物文章

65 阿德勒，格奥尔格：《德国早期的社会政治工人运动的历史，并特别注意有影响的理论》，1885年布勒斯劳德文版(1966年美因河畔法兰克福重版)。ADLER, GEORG, Die Geschichte der ersten Sozialpolitischen Arbeiterbewegung in Deutschland mit besonderer Rücksicht auf die einwirkenden Theorien. Breslau 1885 (Nachdruck Frankfurt/M. 1966)

66 安德勒，查理：《共产党宣言。历史介绍和注解》，1910年巴黎法文版(即《社会主义丛书》第9—10卷)。ANDLER, CHARLES, Le Manifeste Communiste. Introduction historique et commentaire. Paris 1910(=Bibliothèque Socialiste, Bd. 9/10)

67 安得列阿斯，贝尔特和沃尔弗冈·门克：《〈德意志意识形态〉的新日期。附卡尔·马克思的一封新发现的信和其他文件(其中有四封新发现的魏特林的信)》，载《社会主义历史文库》1968年汉诺威德文版第8卷。ANDREAS, BERT und WOLFGANG MÖNKE, Neue Daten zur Deutschen Ideologie. Mit einem unbekannten Brief von Karl Marx und anderen Dokumenten(u. a. vier unbekannte Briefe Weitlings). In: Archiv für Sozialgeschichte, Bd. 8, Hannover 1968

68 安年科夫，巴维尔·瓦西里也维奇：《美妙的十年(1838—1848；关于1864年魏特林和马克思的争论的报道)》，载于《欧洲通报》1880年圣彼得堡俄文版第15年卷第497—499页(德译文：《一个俄国人谈卡尔·马克思》，载于《新时代》杂志1883年斯图加特德文版第1年卷第236—241页)。ANNENKOW, PAWEL WASSILJEWITSCH, Ein denkwürdiges Jahrzehnt(1838—1848; Bericht über Auseinandersetzung Weitling-Marx 1846). Vestnik Evropy, 15. Jg., S. Petersburg 1880, S. 497—499(dt. Übersetzung: Eine russische Stimme über Karl Marx, in:

Die Neue Zeit,1. Jg. ,Stuttgart 1883,S. 236－241)

69 巴尔尼科夫,恩斯特:《夏绿蒂·冯·赖歇瑙的魏特林分析中的"再洗礼派"的神话》,载于《基督教和社会主义》1932年基尔德文版第6卷第113－121页。BARNIKOL,ERNST,Die Wiedertäufersekten-Legende in Charlotte von Reichenaus Weitling-Analyse. In:Christentum und Sozialismus,Bd. 6,Kiel 1932,S. 113－121

70 贝克尔,奥古斯特:《宗教的和无神论的早期社会主义史,由奥古斯特·贝克尔1847年写作和格奥尔格·库尔曼交给梅特涅的秘密报告的第一版》,载于《基督教和社会主义》1932年基尔德文版第6卷。BECKER,AUGUST,Geschichte des religiösen und atheistichen Frühsozialismus. Erstausgabe des von August Becker 1847 verfassten und von Georg Kuhlmann eingelieferten Geheimberichtes an Metternich. In:Christentum und Sozialismus,Bd. 6,Kiel 1932

71 鲍威尔,布鲁诺:《1842－1846年德国党派斗争全史》,1847年夏洛腾堡德文版第1－3卷(1964年阿伦重版)。BAUER,BRUNO,Vollständige Geschichte der Partheikämpfe in Deutschland während der Jahre 1842－1846,Bd. 1－3. Charlottenburg 1847 (Nachdruck Aalen 1964)

72 勃鲁门贝尔格,威纳尔:《为自由斗争》,1959年柏林和汉诺威德文版。BLUMENBERG,WERNER,Kämpfer für die Freiheit. Berlin und Hannover 1959

73 博普·哈特维希:《在时代潮流影响下十九世纪德国手工业的发展》,1932年帕德博恩德文版(即《哥利斯学会社会史和经济史分部发表的著作》第4册)。BOPP,HARTWIG,Die Entwicklung des dt. Handwerksgesellentums im 19. Jahrhundert unter dem Einfluss der Zeitströmungen. Paderborn 1932 (=Veröffentlichungen der Sektion für Sozial-und Wirtschaftsgeschichte der Görres-Gesellschaft,Heft 4)

74 布雷特施奈德,威纳尔:《在伦敦的德国早期社会主义的发展和意义》(哲学学位论文,1936年哥尼斯堡),1936年博特罗普德文版。BRETTSCHNEIDER,WERNER,Entwicklung und Bedeutung des dt. Frühsoziallismus in London (Phil. Diss. Königsberg 1936). Bottrop 1936

75 布律盖尔，路德维希：《奥地利社会民主党史》，1922 年维也纳德文版第 1 卷。BRÜGEL, LUDWIG, Geschichte der österreichischen Sozialdemokratie, Bd. 1. Wien 1922

76 布鲁盖尔，奥托：《1836—1843 年在瑞士的德国手工业工人联合会史。1841—1843 年魏特林的作用》（哲学学位论文，1931 年伯尔尼德文版），1932 年伯尔尼和莱比锡德文版。BRUGGER, OTTO, Geschichte der dt. Handwerkervereine in der Schweiz 1836—1843. Die Wirksamkeit Weitlings 1841—1843 (phil. Diss. Bern 1931). Bern und Leipzig 1932

77 柯尔，G. D. H.：《社会主义思想史。1789—1850 年的先驱者》，1965 年纽约英文版（即《社会主义思想史》第 1 卷）。COLE, G. D. H., Socialist Thought. The Forerunners 1789—1850. New York 1965 (= A History of Socialist Thought, Bd. 1)

78 科尔纽，奥古斯特：《卡·马克思和弗·恩斯格。生平和著作》，1954 和 1962 年东柏林德文版第 1—2 卷；1968 年东柏林和魏玛德文版第 3 卷。CORNU, AUGUST, K. Marx und Fr. Engels. Leben und Werk, Bd. 1—2. Berlin (Ost) 1954 und 1962; Bd. 3. Berlin (Ost) und Weimar 1968

79 多贝尔特，艾特尔·沃尔夫：《在美国的德国民主主义者。一九四八年革命的参加者和他们的著作》，1958 年哥廷根德文版。DOBERT, EITEL WOLF, Deutsche Demokraten in Amerika. Die Achtundvierziger und ihre Schriften. Göttingen 1958

80 恩格尔贝尔格，恩斯特：《略论正义者同盟的历史政治特点》，载于《莱比锡大学学报》（社会科学和语言科学类）1951—1952 年莱比锡德文版第 1 年卷第 5 册第 61—66 页。ENGELBERG, ERNST, Einiges über den historischpolitischen Charakter des Bundes der Gerechten. In: Wissenschaftliche Zeitschrift der Universität Leipzig. Gesellschafts-und Sprachwissenschaftliche Reihe, 1. Jg., Leipzig 1951/52, Heft 5, S. 61—66

81 费林格，奥古斯特·威廉：《卡尔·沙佩尔和工人运动截至 1848 年革命的发端时期。从大学生协会至共产主义。关于手工业工人共产主义的历史的一篇论文》，哲学学位论文，1922 年罗斯托克德文版（打字稿）。FEHLING, AUGUST WILHELM, Karl Schapper und die Anfänge der

Arbeiterbewegung bis zur Revolution von 1848. Von der Burschenschaft zum Kommunismus. Ein Beitrag zur Geschichte des Handwerker-Kommunismus. Phil. Diss. Rostock 1922 (MS)

81a 费尔德尔,海尔维希:《马克思和恩格斯在革命的前夕》,1960年东柏林德文版(即柏林德国科学院《通史和德国史》第7卷)。FÖRDER,HERWIG,Marx und Engels am Vorabend der Revolution. Berlin (Ost) 1960 (=Deutsche Akademie der Wissenschaften zu Berlin. Allgemeine und deutsche Geschichte,Bd. 7)

82 格里达戚,马里奥:《世界大战爆发以前瑞士社会主义思想的发展》,1935年苏黎世德文版(即《苏黎世国民经济学研究》第24卷)。GRIDAZZI,MARIO,Die Entwicklung der sozialistischen Ideen in der Schweiz bis zum Ausbruch des Weltkrieges. Zürich 1935 (=Züricher Volkswirtschaftliche Forschungen,Bd. 24)

83 格林,罗伯特:《瑞士社会主义思想史》,1931年苏黎世德文版。GRIMM,ROBERT,Geschichte der sozialistischen Ideen in der Schweiz. Zürich 1931

84 海比希,泰奥多尔:《工人运动人物传略》,1955年魏恩海姆和柏林德文版。HÄBICH,THEODOR,Lebensbilder aus der Arbeiterbewegung. Weinheim und Berlin 1955

85 霍夫曼,威纳尔:《十九和二十世纪社会运动思想史》,1970年柏林德文版(即《格申丛书》第1205—1205[a]卷)HOFMANN,WERNER Ideengeschichte der sozialen Bewegung des 19. und 20. Jahrhunderts. Berlin 1970 (=Sammlung Göschen,Bd. 1205/1205[a])

86 康捷尔,J. P.:《马克思和恩格斯——共产主义者同盟的组织者》,1953年莫斯科俄文版。KANDEL,J. P.,Marx und Engels. Die Organisatoren des Bundes der Kommunisten. Moskau 1953 (russ.)

87 凯施滕贝尔格,列奥:《共产主义和社会主义史人物评述》,载于《德语》1901年维也纳德文版第21年卷。KESTENBERG,LEO,Charakterbilder aus der Geschichte des Kommunismus und Sozialismus. In:Deutsche Worte,21. Jg.,Wien 1901

88 科尔,弗里茨和威纳尔·克劳泽:《最初的社会主义者》,1967 年奥尔滕和弗赖堡德文版(即《世界革命文件集》第 1 卷)。KOOL,FRITS und WERNER KRAUSE,Die frühen Sozialisten. Olten und Freiburg 1967 (=Dokumente der Weltrevolution,Bd. 1)

89 科瓦尔斯基,威纳尔:《流动手工业帮工和 1833—1839 年德国工人运动的开端》,哲学学位论文,1960 年哈雷德文版(打字稿)。KOWALSKI, WERNER,Die wandernden Handwerksgesellen und die Anfänge der dt. Arbeiterbewegung 1833—1839. Diss. Phil. Halle 1960(MS)

90 科瓦尔斯基,威纳尔:《正义者同盟的前史和产生》,1962 年东柏林德文版(即《哈雷马丁·路德大学德国史研究所丛书》第 1 卷)。KOWALSKI,WERNER,Vorgeschichte und Entstehung des Bundes der Gerechten. Berlin (Ost) 1962 (=Schriftenreihe des Instituts für dt. Geschichte an der Martin-Luther-Universität Halle,Bd. 1)

91 劳芬贝尔格,亨利希:《汉堡、阿尔托纳和近郊工人运动史》,1911 年汉堡德文版。LAUFENBERG, HEINRICH, Geschichte der Arbeiterbewegung in Hamburg,Altona und Umgegend. Hamburg 1911

92 马林,弗里德里希:《约 1840—1860 年最初的德国工人运动中的宗教因素和反宗教因素》,载于《纪念 A. 冯·哈尔纳克》1921 年图宾根德文版第 183—214 页。MAHLING,FRIEDRICH,Das religiöse und antireligiöse in der ersten dt. Arbeiterbewegung von ca. 1840—1860. In: Festgabe für A. von Harnack,Tübingen 1921,S. 183—214

93 马林,弗里德里希:《教会对 1839—1862 年工人运动的意见》,载于《新教会杂志》1922 年莱比锡和埃尔兰根第 33 年卷第 115—167 页。MAHLING, FRIEDRICH, Kirchliche Stimmen zur Arbeiterbewegung von 1839—1862. In: Neue Kirchl. Zschr. , 33. Jg. , Leipzig u. Erlangen 1922,S. 115—167

94 梅林,弗兰茨:《德国社会民主党史》,1903 年斯图加特德文版第 1 卷(1960 年东柏林重版)。MEHRING,FRANZ,Geschichte der Deutschen SoziIademokratie,Bd. 1. Stuttgart 1903 (Neudruck Berlin Ost 1960)

95 穆克勒,弗里德里希:《伟大的社会主义者》,1920 年莱比锡和柏林德文

版第 2 卷（即《自然界和精神世界》第 270 期）。MUCKLE，FRIEDRICH，Die grossen Sozialisten，Bd. 2. Leipzig und Berlin 1920（=Aus Natur und Geisteswelt，Nr. 270）

96 弥勒，汉斯：《社会主义一词的起源和历史以及它的运用》，1967 年汉诺威德文版。MÜLLER，HANS，Ursprung und Geschichte des Wortes Sozialismus und seiner Verwandten. Hannover 1967

97 涅特劳，麦克斯：《1845 年伦敦德国共产主义者的讨论》，载于《社会主义和工人运动历史文库》1922 年莱比锡德文版第 10 年卷第 362－391 页（1965 年格拉茨重版）。NETTLAU，MAX，Londoner dt. kommunistische Diskussionen 1845. In：Archiv für die Geschichte des Sozialismus und der Arbeiterbewegung，10. Jg.，Leipzig 1922，S. 362 － 391（Nachdruck Graz 1965）

98 诺伊曼，库尔特·H：《在一八四八年革命中犹太人对社会主义的伪造》，1939 年柏林德文版。NEUMANN，KURT H.，Die jüdische Verfälschung des Sozialismus in der Revolution von 1848. Berlin 1939

99 朗姆，提洛：《作为法哲学家和社会哲学家的伟大的社会主义者》，1955 年斯图加特德文版第 1 卷。RAMM，THILO，Die grossen Sozialisten als Rechts und Sozialphilosophen，Bd. 1. Stuttgart 1955

100 朗梅耳迈耶尔，欧根尼：《1838 至 1845 年在瑞士的思想激进的德国人的运动》，哲学学位论文，1922 年美因河畔法兰克福德文版（打字稿）。RAMMELMEYER，EUGENIE，Bewegungen der radikal gesinnten Deutschen in der Schweiz während der Jahre 1838 bis 1845. Diss. Phil. Frankfurt/M. 1922（MS）

101 载勒尔，塞巴斯提安：《关于瑞士的共产主义。对布伦奇里博士先生根据（所谓根据！）在魏特林那里发现的文件所作的给委员会的关于瑞士的共产主义者的报告的剖析》，1843 年伯尔尼德文版。（SEILER，SEBASTIAN）Über den Kommunismus in der Schweiz. Eine Beleuchtung des Kommissionalberichtes des Herrn Dr. Bluntschli über die Kommunisten in der Schweiz（angeblich！）nach den bei Weitling vorgefundenen Papieren. Bern 1843

102 载勒尔，塞巴斯提安：《财产在危险中！或者德国和瑞士为什么要害怕共产主义和理性信仰？》，1843年伯尔尼德文版（SEILER，SEBASTIAN）Das Eigenthum in Gefahr! oder was haben Deutschland und die Schweiz vom Kommunismus und Vernunftglauben zu fürchten? Bern 1843

103 〔匿名〕：《社会主义者和工人领袖传略》，1923年柏林德文版（即《公共机构和国家机构工人启蒙和进修丛书》第10辑）。（Anonym）Sozialisten und Arbeiterführer. Kurze Biographien. Berlin 1923（= Schriften zur Aufklärung und Weiterbildung der Gemeinde-und Staatsarbeiter，Nr. 10）

104 沙纳汉，威廉·奥·：《1815－1871年面对社会问题的德国新教》，1962年慕尼黑德文版。SHANAHAN，WILLIAM O.，Der dt. Protestantismus vor der sozialen Frage 1815－1871. München 1962

105 施塔德尔曼，鲁道夫和沃尔弗朗姆·费舍：《1800年前后德国手工业工人的教育环境。歌德时代小市民社会学的研究》，1955年柏林德文版。STADELMANN，RUDOLF und WOLFRAM FISCHER，Die Bildungswelt des dt. Handwerkers um 1800. Studien zur Soziologie des Kleinbürgers im Zeitalter Goethes. Berlin 1955

106 施德尔，沃尔弗冈：《德国工人运动的开端。1830年7月革命后的十年中的在国外的协会》（哲学学位论文，1962年于海德堡市），1963年斯图加特德文版（即《工业界。现代社会史研究领域丛书》第4卷）。SCHIEDER，WOLFGANG，Anfänge der dt. Arbeiterbewegung. Auslandsvereine im Jahrzehnt nach der Julirevolution von 1830，（Phil. Diss. Heidelberg 1962）. Stuttgart 1963，（= Industrielle Welt. Schriftenreihe des Arbeitskreises moderne Sozialgeschichte，Bd. 4）

107 施留特尔，海尔曼：《在美国的德国工人运动的开端》，1907年斯图加特德文版。SCHLÜTER，HERMANN，Die Anfänge der dt. Arbeiterbewegung in Amerika. Stutgart 1907

108 施米特—魏森费尔斯，爱德华：《十二个裁缝。杰出的行会伙计的历史形象》，1878年斯图加特德文版（即《德国手工业工人丛书》第1卷）。SCHMIDT-WEISSENFELS，EDUARD，Zwölf Schneider，Historische Bilder der bemerkenswertesten Zunftgenossen. Stuttgart 1878（= Dt.

Handwerkerbibliothek, Bd. 1)

109 施拉埃普勒,恩斯特:《正义者同盟。它1840—1847年在伦敦的活动》,载于《社会历史文库》1962年汉诺威德文版第2卷第5—29页。SCHRAEPLER, ERNST, Der Bund der Gerechten. Seine Tätigkeit in London 1840—1847. In: Archiv für Sozialgeschichte, Bd. 2, Hannover 1962, S. 5—29

110 韦尔尼克,库尔特:《手工业帮工共产主义和卡尔·马克思对它的批判》,载于《大柏林的手工业工人》1953年东柏林德文版第7年卷。WERNICKE, KURT, Der Handwerksburschen kommunismus und seine Kritik durch Karl Marx. In: Das Gross-Berliner Handwerk, 7. Jg., Berlin (Ost) 1953

111 温克勒,格尔哈德:《共产主义者同盟史文件汇编》,1957年东柏林德文版(即《工人运动的历史和理论论丛》第15辑)。WINKLER, GERHARD, Dokumente zur Geschichte des Bunde der Kommunisten. Berlin (Ost) 1957 (=Beiträge zur Geschichte und Theorie der Arbeiterbewegung, Heft 15)

112 温尼希,奥古斯特:《从无产阶级到工人阶级》,1930年汉堡和柏林德文版。WINNIG, AUGUST, Vom Proletariat zum Arbeitertum. Hamburg und Berlin 1930

图书在版编目(CIP)数据

现实的人类和理想的人类;一个贫苦罪人的福音/(德)威廉·魏特林著;胡文建,顾家庆译.——北京:商务印书馆,2017
(汉译世界学术名著丛书:120年纪念版:珍藏本)
ISBN 978-7-100-14365-3

Ⅰ.①现… Ⅱ.①威… ②胡… ③顾… Ⅲ.①空想共产主义 Ⅳ.①D091.6

中国版本图书馆CIP数据核字(2017)第151909号

汉译世界学术名著丛书
(120年纪念版·珍藏本)
现实的人类和理想的人类
一个贫苦罪人的福音
〔德〕威廉·魏特林 著
胡文建 顾家庆 译

商 务 印 书 馆 出 版
(北京王府井大街36号 邮政编码100710)
商 务 印 书 馆 发 行
北京市十月印刷有限公司印刷
ISBN 978-7-100-14365-3

2017年12月第1版 开本710×1000 1/16
2017年12月北京第1次印刷 印张18½
定价:98.00元